高职高专物流管理专业精品系列教材

快递公司物流运营实务

（第二版）

花永剑 主编 ／ 王娜 副主编

清华大学出版社
北京

内 容 简 介

本书按照快递公司物流运营实际工作过程设计课程教学内容，并结合学生的实际情况和职业岗位要求，对课程教学内容进行了合理的安排，以帮助学生掌握快递公司的物流管理知识和技能。本书在编写中充分体现以能力培养为主的思想，注重基础理论知识与实践能力培养的平衡。全书共分八个项目，内容包括快递业发展历程分析与流程介绍、网点业务及管理、分拨中心业务及管理、快递运输、快递公司客服业务管理、快递公司物流成本管理、快递公司供应链管理、快递企业人力资源管理，每个项目又分为若干个任务模块。每个项目都安排有关键词、案例导入、情景导航、资料链接、即问即答、课后练习等栏目，便于学生结合快递业务的实际运作来学习。

本书适合应用型大学职业技术院校物流管理专业、速递服务与管理专业及其他相关专业的教学使用，也可作为物流从业人员的参考读物。

图书在版编目(CIP)数据

快递公司物流运营实务/花永剑主编．—2版．—北京：清华大学出版社，2017(2021.8重印)
(高职高专物流管理专业精品系列教材)
ISBN 978-7-302-48142-3

Ⅰ.①快… Ⅱ.①花… Ⅲ.①物流—运营管理—高等职业教育—教材 Ⅳ.①F252.1

中国版本图书馆CIP数据核字(2017)第208468号

责任编辑：左卫霞
封面设计：常雪影
责任校对：刘 静
责任印制：杨 艳

出版发行：清华大学出版社
网 址：http：//www. tup. com. cn，http：//www. wqbook. com
地 址：北京清华大学学研大厦A座 邮 编：100084
社 总 机：010-62770175 邮 购：010-62786544
投稿与读者服务：010-62776969，c-service@tup. tsinghua. edu. cn
质量反馈：010-62772015，zhiliang@tup. tsinghua. edu. cn
课件下载：http：//www. tup. com. cn，010-83470410
印 装 者：三河市少明印务有限公司
经 销：全国新华书店
开 本：185mm×260mm 印 张：14.25 字 数：328千字
版 次：2013年8月第1版 2017年12月第2版 印 次：2021年8月第9次印刷
定 价：39.00元

产品编号：076105-02

FOREWORD

第二版前言

据有关部门统计，自2006年以来，国内日均快件派送量每年以30%以上的速度递增，2016年，我国快件全年业务量已突破300亿件，位居世界第一。快递业务持续高速增长，业内巨头纷纷上市，新的快递格局正在形成。在互联网技术快速发展的今天，快递公司的信息化、自动化作业水平不断提升，对企业自身的规范管理与员工的专业性提出了更高的要求。各大快递公司日渐重视快递运营队伍的建设与发展，不断探索与推动和高职院校全方位合作培养现代物流专业人才。为了满足学校对快递类课程的教学需求，我们于2013年8月出版《快递公司物流运营实务》第一版，四年时间过去了，国内外快递市场发生了许多变化。随着新技术、新方法的不断应用，快递公司的作业流程与管理方式也进行相应调整，在此背景下，我们再次校企合作，在原有版本的基础上进行修订，共同编写了《快递公司物流运营实务》第二版。

再版后的图书仍保留第一版特色：产教结合，服务于现代服务业；校企合作，与企业实际业务结合紧密；理实一体化；实用性与前沿性相结合。与第一版相比，本次改版主要在以下三个方面进行了调整。

(1) 主要内容上的调整。在项目四中增加了运输路由规划部分，在项目七中增加了快递与终端落地配部分。

(2) 具体细节上的调整。随着互联网新技术的兴起与广泛应用，快递企业的具体业务操作出现了一些变化，教材在这些方面进行了更新，以使读者学习的内容能与企业的实际操作尽可能保持一致。

(3) 相关资料链接的调整。第一版中所借鉴的多数案例来自于2012年前的企业实际操作，近年来企业实际操作已发生了很大改变，故本次改版对资料链接中的内容进行了更新。

本书由花永剑担任主编，负责大纲的制定，稿件的增删、修改、统稿和定稿等工作；由王娜担任副主编。具体编写分工为：项目一、项目二、项目五、项目六由花永剑编写，项目三、项目四、项目七、项目八由王娜编写。浙江商业职业技术学院皇甫梅风、刘潇潇、李志君、崔星等老师和上海韵达速递有限公司周益军、东生统等领导也为本书的编写提供了相关资料，在此一并表示感谢。

本书在编写过程中借鉴了许多同行的教研成果,参阅了大量的国内外教材、期刊资料,使用了快递物流咨询网,以及顺丰、韵达、申通、圆通等快递公司网页上的相关资料,在此特向这些资料的作者表示深深的感谢。

由于编者水平有限,书中疏漏和不足之处在所难免。本书主编的电子邮箱是hzhuayongjian@163.com,敬请广大读者批评,并提出修改意见,以利于本书今后的改进。

编　者

2017年7月于杭州

FOREWORD

第一版前言

据有关部门统计，自 2006 年以来，国内日均快件派送量每年以 30%以上的速度递增，目前日均快件派送量已超 2 000 万件。快递业务发展迅猛，各大公司扩张速度很快，相关业务管理人才的缺口比较大。为保持稳健的增长，各大公司日渐重视快递队伍的规范发展，与高职院校合作培养专业人才的公司越来越多。目前市场上，专门介绍快递物流知识的高职高专教材几乎没有，相关学校在授课时只能拼凑一些讲义，在此背景下，我们选择校企合作来共同编写本书。

本书按照快递公司物流运营的实务来设计课程教学内容，并结合学生的实际情况和职业岗位要求，对课程教学内容进行了合理的重构与整合，以帮助学生培养快递公司的物流管理技能，从而使教学更符合实际工作的需要。本书在编写中采取理论与实际相结合的方法，充分体现以能力培养为主的思想，注重基础理论知识与实践能力培养的平衡。本书充分强调了高职院校“理论必需、够用”的理念，突出学生基本操作技能的培养，重视实践教育环节的教学特点。本书的实训教学环节不仅更新了实践教学内容，提高了实践教学比例，而且进行了教学模式的创新，有效地实现了课程教学内容与学生技能培养和岗位需求的结合。通过“教、学、做”立体化的学习，使学生既能掌握必需的理论架构，又能培养实际操作技能。

本书共分八个项目，分别是快递业发展历程分析与流程介绍、网点业务及管理、分拨中心业务及管理、快递运输、快递公司客服业务管理、快递公司物流成本管理、快递公司供应链管理以及快递企业人力资源管理，每个项目又分为若干个任务模块。每个项目都安排有关键词、案例导入、情景导航、资料链接、案例链接、即问即答、课后练习等栏目，便于学生结合快递业务的实际运作来学习。

本书有以下五个方面的特色。

(1) 快递业务运作领域首创。快递业务隶属于第三方物流，涉及运输、仓储、配送、信息管理等内容，它以单件为主、品类众多，与传统物流业务区别很大，本书针对上述特点编写，它填补了国内该类型高职教材的空白。本书内容紧扣快递业务的运作，对于其他第三方物流领域也有借鉴作用。

(2) 产教结合，服务现代服务业。随着电子商务的快速发展，快递业已成为现代服务业中关系民生的重要组成部分。本书体现了快递行业发展的要求，对接快递行业相应岗位的职业标准和岗位要求，行业特点鲜明，不仅可用于高职物流管理及相关专业教学，也可供快递公司员工培训使用。

(3) 校企合作,与企业实际业务结合紧密。本书由学校和企业专业人士共同参与编写,编写人员全部具有快递企业的工作经历。书中穿插大量企业实际业务的案例,对重要案例还有相关点评。同时,本书每一项目模块都是按照项目导向制编写,任务布置明确,操作要点介绍详细,便于学生实践。

(4) 理实一体化。本书从高职学生的培养目标出发,在编写时体现了理论够用,重视实践的方针。书中将理论和实践有效地结合在一起,讲理论、重实践,浅显易懂。本书方便学生学中练、练中学,养成良好的习惯。

(5) 实用性与前沿性相结合。本书融合了国内一流快递公司的实际业务运营情况,特别是业务第一线的资料,实用性强。同时又强调先进性,对国际一流快递公司的业务运作以及发展趋势也做了一定深度的介绍,有利于学习者对企业实际业务进行一定的改进与优化。

本书的编写人员都是来自教学一线的教师,他们有着丰富的物流企业实践工作经验,具备较强的业务技能和较高的管理水平。本书在编写过程中强调实用性和可操作性,力求内容与实际工作流程相一致;还吸收了当前快递公司物流业务理论与实践中的最新成果与技术,选取了具有典型性的案例。

本书由花永剑担任主编,负责编写大纲的制定,稿件的增删、修改、统稿和定稿等工作;由王娜担任副主编。本书的编写分工是:项目一、项目二、项目五、项目六由花永剑编写,项目三、项目四、项目七、项目八由王娜编写。浙江商业职业技术学院的皇甫梅风、刘潇潇、李志君等和上海韵达速递有限公司的陈智强、干江坤、赵超等也为本书的编写提供了相关资料,在此一并表示感谢。

本书在编写过程中借鉴了许多同行的教研成果,参阅了大量的国内外教材、期刊资料,使用了快递物流咨询网以及顺丰、韵达、申通、圆通等快递公司网页上的相关资料,在此特向这些资料的作者表示深深的感谢。

由于编写时间仓促以及编者水平有限,书中疏漏和不足之处在所难免。本书主编的电子邮箱是 hzhuayongjian@163.com,敬请广大读者批评并提出修改意见,以利于本书今后的改进。

编　者

2013 年 5 月

CONTENTS

目　录

项目一

快递业发展历程分析与流程介绍

学习目标

★ 了解国内外快递业发展的历史。
★ 理解近年来国内快递业迅速发展的原因。
★ 掌握快递业务的总体流程及各主要节点的具体流程。
★ 能熟练地绘制快递业务的流程图。
★ 能熟练地对快递业的现状进行分析。

关键词

快递业务　发展历程　操作流程

案例导入

信用与责任

15 世纪,荷兰的几个水手组织了一次探险航行,目的是寻找一条属于自己的通往中国和东印度群岛的航线。起航前,荷兰商人把一些准备和中国进行贸易的商品装上船。随后,肩负着重任的水手们出发了。

他们抵达北冰洋后,夏季已经结束。探险船被冻结在冰水中,水手们被迫登岸,在岛上修建木屋,等待春天的来临。由于饥寒交迫,有些水手因饥饿而患病,有的甚至不幸死去。但是水手们没有一个去动那批几乎全是服装和食品的货物。

由于船长期受冰块挤压而破损,冰雪融化后,水手们只得站在齐腰深的冰水中修船。上岸后,水手们首先是把货物打开来晒干,因为他们想在尽可能好的状况下将货物带回荷兰。

一年后,历经磨难的水手终于回到了荷兰。此时,他们早已一无所有,但货物却完好无损。他们收获了信用,从此,荷兰的海上贸易逐渐发展起来。

任务一　快递业发展历程

情景导航

温实是一名刚刚加入 YD 速运公司的新员工,他很希望了解快递业是如何发展起来的、中国的快递业为什么在近年发展得这么快,以及在快递企业工作前景怎么样。

一、国外快递业务的发展历程

快递业务最早是于20世纪初在欧美等国发展起来的,近百年的发展使它日益强大和完善。以下就以业界赫赫有名的全球三大快递公司的发展历程为例,管中窥豹,了解一下国外快递业务的发展历程。

(一) UPS

UPS(联合包裹运送服务公司)属于美国,于1907年8月作为一家信使公司创立于美国华盛顿州西雅图市。通过明确的致力于支持全球商业的目标,UPS如今已发展成为拥有497亿美元资产的大公司,总部位于美国亚特兰大。作为世界上最大的快递承运商与包裹递送公司之一,UPS同时也是专业的运输、物流、资本与电子商务服务的领导性的提供者。每天,UPS都在世界上200多个国家和地区管理着物流、资金流与信息流。UPS亚太地区创建于1988年,总部设在新加坡,服务区域为亚太地区的40多个国家与地区,当地雇员有13 300人(全球共有42.53万人)。亚太地区运送车队共有各种车辆超过1 400辆(有篷包裹货车、卡车和摩托车),操作机构(分拨中心与中心)超过344个,为其服务的机场有16个,亚太地区航空分拨中心包括中国台北地区、中国香港地区、新加坡和菲律宾潘帕嘉。2016年,UPS营业收入达631.38亿美元。

(二) FedEx

FedEx(联邦快递)属于美国,于1971年6月成立于美国德拉瓦市,总部设在美国田纳西州孟菲斯市,目前为220多个国家及地区提供快递运输服务。其在亚太地区的32个国家和地区有近8 600名员工,公司的亚太区总部设在中国香港,同时在上海、东京、新加坡均设有区域性总部。1995年9月,联邦快递在菲律宾苏比克湾建立了其第一家亚太运转中心,并通过其亚洲一日达网络提供全方位的亚洲隔日递送服务。根据公司在美国成功运作的"中心辐射"创新运转理念,亚太运转中心现已连接了亚洲地区18个主要经济与金融中心。联邦快递每个工作日运送的包裹超过320万个,其在全球拥有超过14万名员工、5万余个投递点、1 000架飞机和5万辆汽车。2016年,FedEx营业收入达501.61亿美元。

以下是联邦快递在中国发展的关键事件。

1989年,首次获政府批准为中国香港、中国台湾地区提供运送服务。

1992年,将太平洋总部从美国夏威夷迁至中国香港。

2002年,成为首家向中国内地客户提供服务的国际速递商。

2003年,开设全新直航航班,将深圳与美国阿拉斯加安克雷奇的转运中心连接,首次为中国客户提供前往北美的次日速递服务。

2004年10月,美国交通部正式授予联邦快递每周12班往返中美的货运航班,让联邦快递每周飞往中国的货机增至23班。11月,在上海设立中国业务分区总部。

2005年3月,开通全球航空速递业首条中国内地直飞欧洲的航线,每日由上海飞往法兰克福。4月,美国交通部批准联邦快递新增3班货机飞往中国。8月,开通连接中国和印度的新次日航线。

2006年1月,投资1.5亿美元于广州白云国际机场新建的亚太转运中心动工。

2007 年年初，在中国推出次日送达国内服务。该服务被快速推广至 30 多个中国城市，并为全中国 200 多个城市和乡镇提供指定日期的递送服务。位于杭州萧山国际机场的转运中心每小时最多可以分拣 9 000 个包裹。

2008 年，联邦快递为中国 9 个主要城市提供次早达服务，并延长了长三角、珠三角、北京和天津地区的截件时间。12 月，联邦快递位于广州的全新亚太区转运中心成功进行首次航班操作测试，并宣布全新转运中心的投入使用时间。

2009 年 6 月，联邦快递在中国武汉设立客户服务中心，为华东地区的国际快递客户和全中国的国内限时快递客户提供服务。引入次日达服务，连通中国内地、中国香港、新加坡与法国和德国之间的快递网络。提升发往欧洲的 FedEx International Priority 服务（联邦快递国际优先服务），货件只需一个工作日即可送达，此服务适用于周一到周四从中国香港、上海和新加坡发往法兰克福、科隆和巴黎的货件。10 月起，提升在中国上海的联邦快递国际入境快递服务。

2010 年 1 月，开通首条波音 777 货运航线，并将中国上海与位于美国田纳西州孟菲斯的联邦快递超级转运中心连接起来。3 月，推出首条连接中国香港与美国田纳西州孟菲斯的联邦快递超级转运中心的波音 777 货运航线，并在中国香港与法国巴黎的欧洲转运中心之间推出了全新的隔日达服务。与中国台湾“中华邮政”签署商业代理协议，为联邦快递在台湾地区增设了约 1 000 个服务网点，并分阶段在超过 1 000 个“中华邮政”终端提供 FedEx International Priority 服务，设立联邦快递授权的运输中心，部署完成后将覆盖台湾地区超过 95%的邮政递送区域，并使这些区域内的客户受益。10 月，联邦快递推出两条新航线来加强中美之间的连通性：一条为由中国北京飞往美国阿拉斯加州安克雷奇市（经停韩国仁川）的跨太平洋航线；另一条则是将中国深圳与美国田纳西州孟菲斯市的联邦快递超级转运中心相连接的波音 777 航线。

2011 年 3 月，在中国苏州设立全新联邦快递站点，占地 2 230 平方米。5 月，推出 FedEx International First 服务（联邦快递国际最优先服务），这是一项指定日期的清关型门到门服务，可于承诺日当天上午 10 点前将货件送达中国东部、南部和新加坡。9 月，在上海开设了最大的联邦快递站点，以满足当地日益增长的客户需求和包裹数量。

2012 年 10 月，与上海机场集团有限公司（SAA）签署协议，将在中国建立全新联邦快递上海国际快件和货运中心，预计于 2017 年投入使用。10 月，通过增设中国台北与联邦快递国际转运中心（美国孟菲斯）之间的波音 777 货运直达航班，对从中国台湾至美国的出口货件的电话截件时间延长至两小时。

2013 年 7 月，完成扩建位于北京首都国际机场的口岸操作中心，从而进一步提升了国际货物处理能力，以满足华北地区日益增长的客户需求。8 月，在 13 个亚太区市场拓展温控包装（TCP）产品组合，引入全新的“冷藏运输”包装选项，可为需要将温度控制在 2～8℃的货件提供高达 96 小时的冷藏环境。10 月，进一步提升冷链配送方案，满足医疗行业和对货件温度有较高要求的客户需求，方案包括热敏毯、冷链运输包装选项、深度冷冻运输解决方案，以及 ShipmentWatch（装运信息跟踪）。

2014 年 3 月，进一步提升网络版托运工具 FedEx Ship Manager（联邦快递船运管理软件）的性能，FedEx Ship Manager 泰语版正式上线，中国出境货件的空运提单与商业发票的数量也随之降低。10月,将包括中国大陆、印度尼西亚、韩国、马来西亚、菲律宾、新加坡和泰国等在内的31个国家或地区纳入 FedEx International First 早班服务范畴。

2015年3月,在中国台湾对使用联邦快递国际优先服务®托运到指定目的地的特定危险品,采用门到门的取件及投递服务。客户无需另行安排地面往返机场之间的运输。6月,中国台湾地区有超过5 000家7-11便利店开始提供联邦快递服务。至此,联邦快递的零售服务点已超过6 300家,其中有1 300多家的联邦快递授权寄件中心分布于"中华邮局"、Eslite书店、柯达快递商店和 Sir Speedy 中心。8月,在中国大陆推出了一系列"一站式"冷链解决方案,这些方案能惠及货件需要冷藏运输的客户。

2016年1月在中国大陆推出了"联邦快递优先定制服务"(FCF)。该服务适用于出口到全球或从美国和主要亚洲国家进口的货物。它主要针对需要对温度控制、货物安全和运输过程进行高度监控的行业。

(三) DHL

DHL(敦豪国际公司)属于德国,由 Adrian Dalsey,Larry Hillblom 及 Robert Lynn 于1969年9月在加利福尼亚成立,是最早进入中国的跨国快递巨头。目前 DHL 在229个国家有675 000个目的站、20 000多辆汽车、60 000多名员工,并且在美国及欧洲有300多架飞机。DHL 总部在比利时的布鲁塞尔,由德国邮政、DANZAS 和 DHL 三部分整合而成;现在完全由德国邮政全球网络拥有。DHL 在40多年前由三名朝气蓬勃的创业者——Adrian Dalsey, Larry Hillblom 和 Robert Lynn 共同创建,一直以惊人的速度在发展。

追溯到1969年,DHL的创始人自己乘坐飞机来往于旧金山和檀香山之间运送货物单证,为今后事业的发展方向迈出了一小步。多年后,DHL 拓展了网络建设,逐步将业务拓展到世界各个角落。同时,随着市场扩大,市场环境日益复杂。为了适应本地及全球客户需求的变化,DHL 对自身进行了重组。目前,DHL 的国际网络已经连接了世界上220多个国家和地区,员工达到300 000人。此外,DHL 在快递、空运与海运、国际运输、合同物流解决方案及国际邮递等领域提供了无可比拟的专业性服务。从1969年的3名员工到目前的30余万名员工,DHL 一如既往地秉承专业精神与服务理念。DHL 品牌所代表的个性化服务承诺、积极主动的解决方案与本地优势已深入人心。DHL 成功的核心在于其员工始终关注客户需求,并提供定制化的解决方案。DHL 是德国邮政环球网络旗下的一个品牌。2016年,DHL 营业收入达776.06亿美元。

以上三家公司都于20世纪80年代进入中国,因为政策的限制,都和中外运公司合资成立了公司。它们在全球各有优势,例如从中国出发,FedEx 和 UPS 的强项在美洲线路和日本线路,DHL 则是去日本、东南亚、澳洲有优势。

受中国巨大的速递市场的诱惑,FedEx 和 UPS 两家国际速递市场的巨无霸纷纷加大投资力度,抢夺远程快递市场份额。FedEx 为中国内地客户提供了亚洲一日达和北美一日达业务,位于北京、上海、广州、深圳及周边城市的客户的快件,可在下一个工作日被送达15个亚洲城市和美国,以及加拿大的主要城市。

据资料显示,国际性的大速递公司在国际速递业务方面占有明显的优势,UPS、FedEx、DHL 三大快递公司目前占据了中国国际快递业务80%的市场份额。

二、中国快递业务的发展历程

中国第一家快递企业成立于1979年。随着中国改革开放的发展，日趋激烈的市场竞争环境要求社会能够提供更加快捷、安全的物品传递服务，同时不断改善的交通状况及信息管理技术也为这种需求提供了可能，中国快递业由此应运而生。1980年中国邮政开办全球邮政特快专递业务(EMS)，随后国际快递巨头也纷纷通过合资、委托代理等方式进入中国市场。但随着市场经济的进一步发展，邮政企业已经无法满足外贸行业对报关材料、样品等快速传递的需求，民营快递企业因此迅速崛起。1993年，顺丰速运和申通快递分别在珠三角、长三角成立，1994年年初，宅急送在北京成立。2005年12月，中国按照WTO协议全面对外资开放物流及快递业。2007年9月，《快递服务》邮政行业标准的发布为快递业提供了规范的服务行业标准。2008年7月，《快递市场管理办法》正式实施。2009年10月1日，《快递业务经营许可管理办法》和新修改的《中华人民共和国邮政法》(简称《邮政法》)同步实施，首次在法律上明确了快递企业的地位，并提出了快递业的准入门槛。2015年4月，全国人民代表大会常务委员会对《邮政法》重新进行了修订，对快件的签收、赔偿等具体业务制定了相应的操作标准。

中国快递业的发展时间并不长，特别是近年来发展迅速的民营快递企业，是从1993年才正式开始的，可以将近二十年的发展细分为以下几个阶段。

(一) 1993年：民营快递元年

一切始于1993年！

深圳，24岁的港商王卫创立顺丰，趁着邓小平南行后珠三角的各种货物涌进我国香港地区，以私人挟带快件的方式往返奔波于深港两地，走向事业的黄金发展期。

北京，日本归来的陈平聚集了7个人，在不到10m²的大学宿舍里创立了宅急送的前身——双臣快运，以送烤鸭、帮人搬家和洗抽油烟机为生。

与此同时，杭州某工厂，20岁出头的浙江桐庐人聂腾飞和淳安人詹际盛，点燃了华东民营快递的星星之火。那时的他们，绝对想不到这点星星之火，此后竟成为中国快递业内最强大的势力集群。他们自己也将随之成为华东民营快递的领军人，而他们的家乡桐庐也会被誉为“民营快递之乡”。

还在工厂当小工、为未来焦虑的聂腾飞和詹际盛，从詹际盛的弟弟詹际炜的工作中看到了一扇改变命运的门。詹际炜当时的工作是代人去火车站提货，再运到杭州市区的客户手中。聂腾飞和詹际盛发现，杭州很多贸易公司的报关单需要送到上海，若通过邮政来投递，最快也需要三四天。为了不耽误货物出关，这一过程往往时间紧迫，报关单第二天就必须要到达上海。杭州的贸易公司普遍为此头痛。

由此，两人萌生了一个可以被称之为“快递雏形”的想法——帮助这些贸易公司把报关单在第二天就送到上海。聂腾飞和詹际盛双双从工厂辞职，创办了申通公司，聂腾飞任总经理。当时杭州到上海的火车晚上八九点出发，次日凌晨三四点到，票价15元。两人商定：聂腾飞白天在杭州拉业务和接单，每份报关单收100元，晚上坐火车到上海，第二天凌晨詹际盛在上海火车站接应，再把报关单投递到上海市区。两人管这种业务叫“代人出差”。这种前所未有的业务一经推出,大受杭州贸易公司的欢迎。即使在起步阶段,每天只有一单的业务量,100 元的价格减去 30 元的车票,70 元的高毛利也让申通公司得以生存壮大。第一年,在奔波的艰辛中,他们赚了近 2 万元。

(二) 1994—1997 年:低成本快速扩张

由于对公司的未来发展存有分歧,詹际盛 1994 年从申通抽身而出,成立了另一家快递公司。1994 年 10 月,杭州天目山路一间不到 $5m^2$ 的小门店,詹际盛和弟弟詹际炜打起了“天天快递”的招牌。白天,詹家两兄弟一边拿着广告传单散发于杭州各个写字楼,一边接下顾客的报关单。晚上,他们按天轮流乘火车去上海,再于凌晨穿梭在上海的各条马路寻找投递点。这般艰辛不言而喻。有一次,詹际盛凌晨 3 点到达上海,匆匆赶到东大名路 378 号上海远洋集团,结果对方还没上班,大门紧闭。11 月的天气寒意袭人,又冷又饿的他哆嗦着找到路边一个卖烧饼的小贩。他买了个烧饼站在烤炉旁,一边与小贩聊天,一边取暖。为了能在炉边站得更久,他竟然一连吃了 6 个烧饼。

浙江人喜欢抱团取暖。听闻聂腾飞和詹际盛都当了老板,有的乡亲便投奔而来。大家一合计,如果各自分散到各个城市,就可以把沪杭的线状业务变成区域乃至全国的网状业务,如此一来,两家公司的业务量将呈几何级数的增长。

唯一的问题就是如何分配利益。申通快递和天天快递的办法是:向总部缴纳几百元的押金就可以开网点。寄件网点独占快件的收入并负担运费,而收件网点无偿地派送快件。例如杭州网点把一份快件 100 元的收费全部纳入自己腰包,再花 15 元的火车票把快件送到上海,上海则必须接收杭州的快件,并无偿地把它送到本地收件人手里。反之,从上海到杭州也是如此。近二十年来,这一规定一直被华东民营快递军团奉为根本法则,也是民营快递快速扩张的经典模式。

最关键之处在于,他们可以独占从本地发出的快件收入减去运费所得的高毛利,使他们能够很容易地扎根下来。由于客户量和业务量直接关系到自己的腰包,这种利益分配规则更能够充分调动他们开拓业务的积极性。一时间,华东民营快递业群雄并起,一个个敢打敢拼的桐庐人和淳安人闯进了一个个陌生的城市,在快递领域攻城略地。

1995 年,申通开拓了宁波、金华和东阳,而天天则奔赴绍兴。1996 年,申通进军南京、苏州两大重镇,而天天出兵上海。1997 年,申通冲出华东,闯进北京、广州、武汉、成都和青岛,而天天则选择了深耕华东,一连抢占了南京、无锡、宁波、嘉兴、镇江和慈溪等地。

申通和天天由此形成的各自网络优势,使得两家公司开始携手——网络共享,天地一时无比开阔。

(三) 1998—2003 年:三种模式齐头并进

1998 年,王卫的顺丰已经在局部垄断了深港货运,在顺德到香港地区的陆路货运通道上,顺丰的市场份额已经占到了 70%。

北京的陈平也开始向全国发力,宅急送一口气在上海、广州、沈阳、成都等七个城市开设分公司。

申通却遭遇变故,聂腾飞在一场车祸中英年早逝,申通上海总经理陈德军接过权杖。

而天天快递的詹际盛仰仗着华东地区发达的铁路网,把天天的业务做得如火如荼。

他把总部迁到上海，同时规范开设网点的制度，形成了初步的加盟体系，加盟商必须使用总部统一的面单，总部从一张面单中向加盟商收 1 元，扣去成本 0.3 元，净赚 0.7 元。

至此，民营快递阵营已经泾渭分明地分为三种路数：顺丰采取所有网点直营的模式，价格高但速度快，主攻中高端市场；宅急送也为网点直营，价格和速度相对顺丰较低，主要业务为小件包裹；申通、天天等华东军团则手握加盟模式的扩张利刃，以低成本支撑低价格，竞争最为惨烈。

如果说顺丰和宅急送的出拳是有套路的，那么华东军团的风格就是灵活。更直白的说法是，只要管用，什么招都能使。

2001 年，申通在全国已拥有 100 多家网点，年营业额逼近亿元大关，而天天的网点也达到了 58 家。然而华东军团的日子并不好过，业内无序的价格血战已经伤及它们的筋骨。以沪杭线为例，申通和天天起家时 100 元的价格在 2001 年已经杀到了 22～25 元，一些后来的小公司、黑快递甚至十几元都在做。

到 2003 年，申通在全国有 500 多个网点、1 万多名投递员之时，申通各地的诸侯们再也撑不下去了，投递员有底薪，还要上保险，加上公司的各种开支，如果一味低价，无异于自杀。据说很多申通的地方诸侯竟然一度被价格战逼得发不起投递员的工资。

穷极则变。申通变阵的逻辑很简单：发不起工资，干脆就不发。以前“加盟商雇用投递员”的模式变为“一级加盟商再发展二级加盟商”。

按照业内的称呼，一级加盟商为大酋长，负责省市一级。二级加盟商为小酋长，受大酋长管辖，负责城市里某片区或某几条街道。小酋长虽然没有之前的基本工资，反而还要向大酋长缴押金，但他们的身份已经从员工变为老板，可以把自己做的业务全部收入囊中，如果做得好，所得收入将比以前更多。

新模式不仅大幅降低了公司和大酋长的成本，而且还极大地激发了小酋长的积极性。新模式迅速在申通、天天等华东民营快递的网络中铺开。由于小酋长掌握了终端定价权，可以在自己的一亩三分地内向客户灵活地报价，价格血战变得更为混乱、惨烈。

低价和狠折是业内常规的竞争手段，不赚钱甚至赔点本也不算稀奇。对于大多来自社会中下层、正值年轻气盛的快递从业人员来说，真实的拳脚相向甚至刀光剑影似乎可以比其他方式更痛快地一分高下。

（四）2004—2009 年：部分淘汰

2004 年，顺丰刚刚打了一场漂亮的“非典”反击战，正以 50％的增长速度向前冲刺。顺丰的主要利润区广东省正是“非典”的重灾区，许多人不再出门而选择快递，使顺丰的业务量突然井喷。“非典”也使得航空公司的生意非常萧条，航空运价大幅下跌。顺丰趁势租下 5 架 737 全货机，成为国内第一家使用全货运专机的民营速递企业。

在价格战中杀得你死我活的华东军团，只能眼睁睁地看着顺丰的飞机划过天空，翱翔于中高端市场，与外资阵营的高手过招。而北京的宅急送，情况更为不妙——刚经历了一场“削藩集权”的内耗，又在盲目扩张时遭遇华东军团新模式掀起的价格战，其利润率陡降 20％，并首度报亏。

2004 年俨然成为民营快递发展史上的一道分水岭。

这一年，有两个重要人物相继来到上海考察市场。当他们发现“仅上海到昆山一线，每天的快递总量能达到1万单”时,两人产生了截然不同的感想——一个积极,一个消极。两人之后的命运是:两种感想引出两条相反方向的命运曲线,绕了一个大圈子后,最终还是交汇于一个共同的终点。积极的一个,是东道(DDS)快递的创始人部伟。看到华东这块市场大蛋糕,他忍不住拿起了刀叉。消极的一个,则是小红马快递的创始人曹杰。他明显地感到,小红马决然拼不过华东军团,以及华南的顺丰。

华东军团和顺丰能够迅速扩张的一个很重要的原因是,它们的大本营——经济发达的长三角和珠三角拥有庞大的城市群,绝佳的地理优势促成了一张具有强大盈利能力的局域网络,能为华东军团和顺丰向全国扩张输血给养。

而京城同城快递出身的小红马,在华北地区仅有京津一线可以仰仗,其全国网络基本是与各地的快递公司合作而搭建的。因为小红马上海的合作伙伴不稳定,更换频繁,还时常有私拆邮件的现象。而上海网点收发量仅次于北京,其地位至关重要,曹杰在上海恰好有一支做电子商务配送的百人团队,在其他各地合作伙伴的强烈要求下,曹杰不得不将这支颇具盈利能力的团队转改成快递网点配送团队,以配合全国网络。

欲在华东军团的心脏地带兴风作浪的小红马团队,很快遭到了华东军团小酋长们的围堵,一方面,小红马的价格一度低至亏本的3票10元,但都难以打开上海市场的局面;另一方面,由于其他各地合作伙伴的货件发到上海的时间不一、地点各异,他们不得不每天四五趟地奔波于上海市的东南西北。

既要服务好客户,又要服务好合作伙伴,小红马的上海部队只得无奈地疲于奔命。与之形成反差的是,华东各个军团的上海总部每天只需要打开计算机,看看当天的业务量,就能根据面单利润算出当日盈利。不到一年,上海小红马最终没能逃过被撤掉的命运。

2008年对于北京的民营快递业是灰暗的一年。在同行的冲击下,两面曾经风光的旗帜——小红马和宅急送都在这一年失去了光彩。

退守北京后的小红马随即在大本营遭遇了华东军团的低价冲击。2006年小红马北京同城快递的报价是:三环之内10元,四环之内15元,业务量大的商务区,打折下来也有10元。而申通、天天等华东公司在北京的同城快递已经杀到了三四元的超低价,而且这些公司的业务员对于客户如狼似虎地抢夺,已经让小红马难以招架。

2008年10月,曹杰将小红马在北京的业务分区域打包卖给仍希望继续做快递的老员工,并承诺一年的品牌过渡期,一年之后再宣布小红马退出,以减小对接盘者的负面影响。

几乎与此同时,陈平黯然离开苦心经营15年的宅急送。他在宅急送最后的日子里,一度力图将公司主营业务从“包裹和大件”转向“小件和邮件”。因为同样的价格,宅急送要送一个较重的包裹,而顺丰、申通和天天只送一封很轻的信函。光从运送工具来看,同行只需一辆单车就可以送二三十封信函,而宅急送则需要发动汽车来搬运一两个大件和包裹。

但宅急送的转型已经为时已晚。在速度上,直营网络已相当成熟的顺丰,其限时快递服务无人能出其右。它在广东、北京和长三角的“当日达”业务正如日中天。在网络广度和价格上,申通和天天等华东的公司已经不给外人留下半点空间。面对这样一张密不透风的大网,连联邦快递和UPS等外资快递巨头都望而兴叹,只得局限于国外快递业务,更

何况风光不再的宅急送。2009 年，沪杭线的价格已经下降到 8～10 元，最夸张的还有自杀性的 5 元低价。

东道快递的部伟就是在这般惨烈的背景下，在前面两次失败后，于 2009 年 3 月第三次挺进华东。出征前有人提醒他：华东竞争惨烈就像攀登喜马拉雅山，用强行军的方式登顶氧气（钱）消耗很大，必须备足氧气（3 亿元以上用三年的时间）。而实际东道快递进入华东只携带了不足 3 000 万元。东道这次的价格屠刀低得吓人：同城 2 元，省内 5 元，跨省 8 元。而其他快递公司一般分别收 5 元、10 元和 15 元。然而，这般低价根本不足以让东道在短期具备造血供氧的能力，反而是一直在放血。很快，东道便缺氧（钱）了。资金链紧绷，使东道被迫挪用代收货款周转，但窟窿还是渐渐大得填不上。就在周转不灵、濒临倒闭的时候，部伟发出《告员工书》，要求每个员工，上至他本人下至每个派件员，每人每月拿出 1/3 工资来拯救东道，等东山再起时返还。但是，一切已经于事无补。

2009 年 10 月 1 日，民营快递的达摩克利斯之剑——新《邮政法》正式实施。新法将邮政专营的标准设置为同城快递 50g 以下、异地快递 100g 以下。这无疑是夺走了民营快递最丰厚的一块蛋糕。如果严格按照新法执行，大多数公司不但会经营困难，甚至还会面临倒闭。时下新法“专营”的细则还未出台，各个民营快递老板的反对之声已不绝于耳。民营快递与政策的博弈，经历了多年的模糊与混沌后，终于打开了天窗，进入白热化的阶段。

就在新法正式实施的前夕，小红马高调宣布正式退出快递市场。

11 月，东道出现“窒息”，其上海、江苏、浙江和安徽所有网点停止运营。2010 年 1 月 23 日，东道彻底倒闭，部伟被拘。东道的客户们闻风集体追缴千万元货款，导致广州岗顶地区交通崩溃，引起公众关注。

而与之形成反差的是，2009 年年末，顺丰第一架自购飞机起航，这家低调而稳健的公司一直为业内仰视。天天快递在全国已有 150 多家一级加盟商，每天业务量有 40 多万件；韵达快递拥有 500 多家一级加盟商，每天业务量有 80 多万件。照每件单赚 1 元估算，它们每天都有几十万元进账。

（五）2010 年至今：规范发展，纷纷上市

韵达货运借壳的 A 股公司新海股份于 2016 年 11 月 8 日发布公告称，经中国证监会上市公司并购重组审核委员会审核，公司本次重大资产重组事项获得有条件通过。公司股票 11 月 9 日起复牌。这也意味着，韵达成为继圆通、顺丰后，又一个借壳登陆 A 股的民营快递企业。2016 年 7 月 1 日，新海股份公告称，拟以全部资产及负债与韵达货运全体股东持有的韵达货运 100% 股权的等值部分进行置换，交易中拟置出资产初步作价 6.61 亿元，拟置入资产初步作价 180 亿元，差额部分由公司以发行股份的方式自韵达货运全体股东处购买。股份发行价格为 19.79 元/股。按照新海股份发布的公告，2016 年 1～3 月，韵达货运实现营业收入约为 13 亿元，净利润约为 1.9 亿元，完成业务量 5.94 亿件。韵达承诺，2016—2018 年度合并报表范围扣除非经常性损益后归属于母公司所有者的净利润分别不低于 11.30 亿元、13.60 亿元和 15.60 亿元。

目前，国内五大民营快递企业竞相上市，除中通选择赴美 IPO 之路外，顺丰、圆通、申通和韵达四家民营快递都选择了借壳上市。在国内快递企业中，顺丰、“三通一达”（申通、圆通、中通、韵达)属于第一梯队，顺丰重点发展商务市场，“三通一达”则以电商市场为主。快递企业上市融资后，会升级企业的经营模式，包括加强自身网络的建设，同时拓展业务范围，未来重点在产业链上下游的拓展，对电商的依托会越来越小。

近年来，快递业增速减缓，价格战、人力成本上涨等造成经营成本不断上涨，导致经营利润率不断下降。中国国家邮政局公布的数据显示，2016 年我国快递业业务量达 313.5 亿件，同比增长 51.7%，连续 6 年保持 50%以上的高速增长。快递业的增速大幅放缓与当下的市场环境有直接关系，在国民消费信心下滑的情况下，包括电商、快递等行业将受到冲击。而要突破目前同质化的行业竞争，扩展规模，提升竞争力需要大量的资金支持。这些资金主要用于基础设施、机械化、自动化建设。由于快递企业上市后需要利润承诺，未来这几家上市的快递企业将由价格竞争向服务竞争转型。

2015 年 10 月，国务院出台了《国务院关于促进快递业发展的若干意见》，明确了快递行业对稳定经济增长、促进经济结构调整以及提高居民生活质量的重要作用，并指出，未来国家将在快递行业深入推进简政放权、优化快递市场环境、健全法规规划体系、加大政策支持力度等。这些政策的实施将为快递行业的快速发展奠定良好的基础。

对于快递企业来说，单靠原始资本积累，发展速度会比较慢。同时，上市对于整个企业的发展来说，也能够更规范化。上市或将成为快递企业分水岭，一些服务能力差的快递企业将被市场淘汰。对于快递企业来说，未来的商业模式和运营模式会变得很重要，如今产品单一、只打价格战的模式不可持续。当前的“洗牌”更多是市场地位的“洗牌”，最终会有差异化的发展方向。比如，将来大型快递公司会朝着综合物流转型，中型快递公司向专业化转型，小型快递公司会向个性化转型。同时，竞争形式也会由国内竞争转向国际竞争，价格竞争转向人才、装备的竞争，单一产品向多元化产品竞争。

即问即答 1-1

国内快递企业快速成长的原因有哪些?

三、国内快递业的现状

(一) 国内快递三足鼎立

目前，国内快递行业是中国邮政、民营快递和国际快递企业三足鼎立。2009 年冬天快递业的“涨价风波”和 2010 年年初民营快递企业 DDS(深圳东道物流公司)的轰然倒闭，让市场不得不重新思量中国快递业的未来。经过多年的高速发展，快递业已成为社会商品流通的重要通道。面对国内快递业服务质量差、核心竞争力低的局面，运用并购手段推动快递业整合重组将成为快递业持续健康发展的必由之路。

快递是在承诺的时限内快速完成将信件、包裹、印刷品等物品，按照封装上的名址递送给特定个人或者单位的寄递活动。然而快递与传统的邮政业务在运输对象性质上存在较大差异，传统邮政业以信函为主要传递对象，其实质是信息流的传递，而快递业的实物流特性更为明显。虽然，快递业与物流业具有较多的相似之处，但通常来讲，快递业所运

输的货物重量更轻、体积更小，在时间上比物流业要求更高。可见，快递业是介于物流业和传统邮政业之间相对独立的新兴行业。

我国快递业经过 30 多年的发展，已经形成了一个规模庞大的产业。按照快递企业的性质及规模，可以将我国快递业企业分为四类：第一类是外资快递企业，包括联邦快递(FedEx)、敦豪(DHL)、联合包裹(UPS)等，外资快递企业具有丰富的经验、雄厚的资金以及发达的全球网络；第二类是国有快递企业，包括中国邮政(EMS)、民航快递(CAE)、中铁快运(CRE)等，国有快递企业依靠其背景优势和完善的国内网络而在国内快递市场处于领先地位；第三类是大型民营快递企业，包括顺丰速运、宅急送、申通快递等，大型民营快递企业在局部市场站稳脚跟后，已逐步向全国扩张；第四类是小型民营快递企业，这类企业规模小、经营灵活，但管理比较混乱，其主要经营特定区域的同城快递和省内快递业务。

（二）快递业并购动因

新《邮政法》出台之前，我国快递业在法律上处于真空状态，1986 年的《邮政法》使快递企业长期背负“黑快递”之名。而随着快递市场的规模不断扩大及新《邮政法》的实施，快递业并购整合条件逐渐成熟。

1. 行业前景为并购提供动机

持续稳定增长的国内宏观经济，为快递业提供了良好的经济基础。而近年来兴起的网络购物市场，也为快递业提供了新的业务增长点。数据显示：2016 年我国网络零售额达 5.16 万亿元，占同期社会消费零售总额的 15.5%。由于网络购物特别是 C2C 交易通常选择第三方快递企业进行商品配送，因此网络购物为快递业提供了充足的业务来源。与国内最大的 C2C 交易平台淘宝网合作密切的圆通、申通等快递企业，其六成以上的业务量都来自网购交易。

快递市场巨大的发展潜力，为快递企业提供了广阔的发展空间。快递企业除采取加盟、自建操作点等方式开拓市场外，还可以利用收购、兼并现有快递企业等方式快速扩大市场规模。

2. 行业特征为并购提供动力

快递行业具有显著的规模经济特征，快递企业之间的整合可从多方面产生管理协同效应。首先，快递企业并购可以扩大市场覆盖范围，延伸快递网络，由此提高企业业务量并增加业务收入。其次，快递企业整合可提升企业的品牌价值，特别是知名的大型快递企业整合小型快递企业之后，可以使大企业的品牌、声誉等无形资产得到充分利用。最后，快递企业整合可优化快递员、车辆配置，提高企业揽收、投递效率，从而降低经营成本。快递行业的这种行业特征，决定了该行业应具有适度的集中性，快递行业目前较低的集中度必将通过并购整合而提升。

3. 政策调整为并购提供机遇

《中华人民共和国邮政法》(2015 年修正)(以下简称《邮政法》)规定快递业务实行经营许可制度，并设置了快递行业的准入门槛，第五十二条第二款规定：“在省、自治区、直辖市范围内经营的，注册资本不低于人民币五十万元，跨省、自治区、直辖市经营的，注册资本不低于人民币一百万元，经营国际快递业务的，注册资本不低于人民币二百万元；”第五十五条规定:“快递企业不得经营由邮政企业专营的信件寄递业务,不得寄递国家机关公文。”虽然邮政企业专营目前尚未正式出台,但《邮政企业专营业务范围的规定(草案)》拟将同城快递 50 克以下、异地 100 克以下的业务划为邮政企业专营范围。

目前在国内登记备案的 5 000 多家快递企业中,大多数企业的规模都较小,提高快递行业的门槛将把部分经营者挡在门外。而邮政专营范围的划定,也将使众多小快递企业面临生存危机。分量轻、体积小的快件业务正是快递企业利润蛋糕上的黄油,目前占据部分快递企业业务量的 40%～60%。行业政策的调整将增强部分从业者的退出意愿,而这其中不乏具有一定市场地位、管理规范的企业,这些企业将成为大型快递企业并购的合适对象。

(三) 快递业并购模式

快递业并购整合动因及行业格局,决定了快递业的整合将以两种模式展开,即快递业的横向并购模式和快递业的纵向并购模式。

1. 快递业的横向并购

快递业的横向并购是指快递企业之间的相互整合,依据当前市场格局可能出现大型民营快递企业收购小型民营快递企业和外资快递收购民营快递两种交易。目前,快递业中大型民营企业如顺丰速运、申通快递等业务主要集中在经济发达的一线城市,在中小城市的网络较为薄弱。随着一线城市竞争加剧及中小城市快递需求的增长,向中小城市扩张成为大型快递企业的必然选择。而中小城市快递市场目前主要被当地小型快递企业占据,这些小型企业在本地市场通常具有较广泛的配送网络,但资本实力有限,在行业政策的影响、调整下面临出局危险。此时,大型民营快递企业收购这些小型快递企业,不仅可以完善大型民营快递企业的网络体系,也将使小型快递企业获得资金及技术上的支持。

外资企业目前主要占据国际及港澳台地区的快递市场,规模庞大的国内快递市场对外资快递企业充满诱惑。虽然新《邮政法》规定:“外商不得投资经营信件的国内快递业务”,但《邮政法》并没有对“外商”概念进行详细规定,这使得外资快递企业对该市场仍充满遐想。通过收购具有一定规模的民营快递企业,从而“迂回”进入国内快递市场或将是外资快递企业的现实选择。2009 年上半年,DHL 通过在华子公司中外运—敦豪以 3 亿元的价格收购上海的全一快递,引发了外资快递企业在华扩张的新一轮热潮。

2. 快递业的纵向并购

快递业的纵向并购是指快递企业向快递产业链上下游扩张,未来快递业的纵向并购将以快递企业整合交通运输企业为主。目前,国内快递企业除中国邮政外,其他在快速运输方面都存在着一定障碍,这已经成为快递企业的发展瓶颈。民营快递企业的运输主要以公路运输为主,使用航空运输的企业较少。而国际快递行业的发展经验表明,航空运输是提高快递企业竞争力的重要途径。2010 年年初,由顺丰速运参股成立的顺丰航空完成首航,标志着民营快递企业正式进军航空快递市场。随着国内快递企业实力的不断壮大及航空领域的逐步开放,民营快递企业参股、控股航空企业的条件正日渐成熟。

而外资快递企业在中国快递市场的纵向整合，将可能以公路运输企业为主。外资快递企业强大的资金实力使其在航空快递领域具有绝对优势，但支撑航空快递的公路运输体系是其在华发展的软肋。外资快递企业急需通过公路运输以完善其快递网络体系，从而扩大快递网络的覆盖范围。2007 年 3 月，TNT（天地快运）完成对国内公路货物运输领先企业华宇物流集团的收购，以增强其在华的配送能力。

总之，我国快递行业在快速发展的同时，受行业内在特征驱动及政策调整等因素的影响，进行内部的并购整合已经势在必行。在未来的行业整合中，将主要以大型民营快递企业和外资快递企业的横向并购和纵向并购为主。

（四）快递与电商互动发展

21 世纪以来，我国的电子商务获得了快速的发展，与之相对应的，快递产业也取得了井喷式的增长。如图 1-1 和图 1-2 所示，2016 年我国网络购物市场规模达 5.16 万亿元，2008—2016 年，中国网络零售市场交易规模增长近 50 倍，网购需求的爆发式增长给快递行业带来了新的增长动力，催生出巨大的国内快递服务需求，民营快递企业借此高速成长，不断壮大，在国内快递市场中逐步占据优势地位。

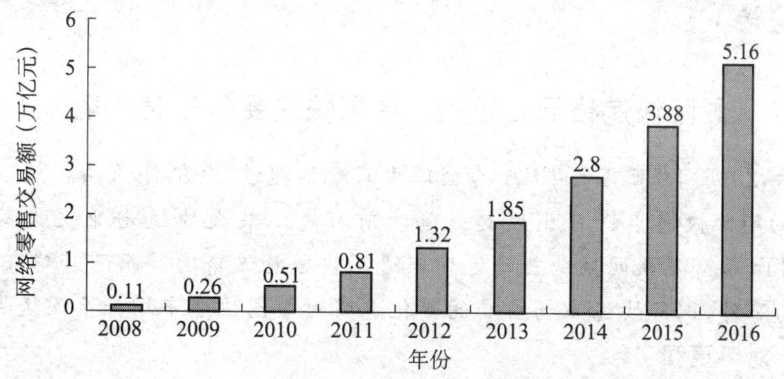

图 1-1 我国近年网络零售交易额增长图

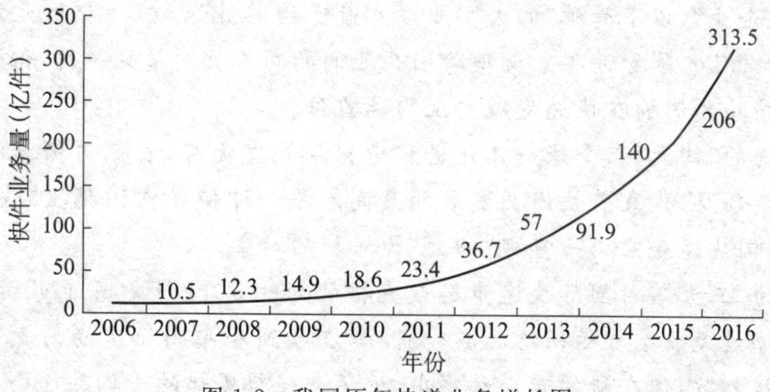

图 1-2 我国历年快递业务增长图

根据国家邮政局统计，2006—2016 年，我国快递业务量复合增速达 40%，业务量从 2006 年的 10 亿件增长到 2016 年的 313.5 亿件，增长 30 多倍，并在 2014 年首度超过美国，规模持续保持全球第一。业务收入规模近 2 800 亿元，近十年复合增速 28%。2016 年，我国快递收入规模突破 4 000 亿元，收入规模较 2006 年的 300 亿元增长超过 13 倍，近十年复合增速达30%。快递收入增速不及业务量增速主要原因是快递单价逐年下降。

宏观经济的好坏直接影响客户对于快递服务的需求量,当宏观经济环境不断好转的时候,社会经济活动活跃度提升,客户对于快递服务的需求量就会增加;反之,当宏观经济增速下滑,客户消费意愿下降,对快递服务的需求将随着下降。

2007—2016年,网购市场规模复合增速达70%。近年来我国电子商务尤其是网络购物快速兴起,我国网络购物市场规模从2007年的520亿元,增长到2016年5.16万亿元,复合增速达70%,网购规模占全社会商品零售总额的比例已超过10%。激增的市场需求使得快递业爆发式增长,快递业60%的业务量来自电商。根据国家邮政局数据,快递业务量规模从2007年的12亿件增长到2016年的313.5亿件,复合增速达43%,快递业务收入亦从343亿元增长到超过4 000亿元,复合增速达30%。

据测算,到2018年,我国网络购物规模将达到约7.8万亿元,2016—2018年仍将保持27%的复合增速,根据前文快递业收入与网购规模的关系模型,预计到2018年快递业收入约5 000亿元,2016—2018年复合增速为22%。

国际快递格局正重构　中国快递要争一席之地

数据显示,2016年,亚马逊FBA为全球卖家配送超过20亿件商品。

2016年的国际快递市场可谓风起云涌。前有史上最大快递企业收购案——FedEx成功收购TNT,后有互联网巨头亚马逊宣布进军快递物流市场。而随着越来越多的中国快递企业布局海外,国际快递市场格局的变化也将对中国快递市场产生深远影响。

4－1＝3,对手更强了

2016年5月25日,成立于1946年的TNT在创立70年后成为历史。在中国被称为"四大国际快递企业"(以下简称"四大")中成立最晚的FedEx以44亿欧元成功并购同为"四大"之一的TNT。尽管近年来大型跨国企业间的同业收购屡见不鲜,但这宗收购案的规模和对市场格局的影响在快递发展史上均属首位。

发轫于欧美的"四大"在全球一体化进程中把握先发优势,长期占据国际快递市场领先地位和产业链顶层,代表着快递业发展的最高水平。即使在中国稳坐"快递第一大国"宝座的今天,中国快递企业仍一直视"四大"为对标的对象。

"四大"成为"三大",对国际快递市场最直接的影响是FedEx携TNT欧洲与东南亚网络和自身全球最大航空货运网络之威,提升其在欧洲和东南亚市场的竞争力。虽然旧的市场秩序已被打破,但在新的市场秩序中,近年来强势崛起的中国快递企业将面临更高的产业壁垒和更强劲的对手。

特别是那些以欧洲和东南亚地区为跳板布局全球市场的中国快递企业,将承受更大的竞争压力。作为全程全网的现代服务业,快递业向来是"赢者通吃"——领先者一旦坐稳领先地位,后来者反超需要耗费极大的资源和成本。

但中国快递企业并非毫无机会。对FedEx而言,吃下TNT并非易事。业内人士预

计，双方彻底完成并购后的融合过程至少需要两年以上的时间。不管并购会为中国快递企业带来更大的机遇还是更严峻的挑战，刚刚形成的市场秩序都远不如旧秩序稳固。强大对手立足未稳之时，正是后来者打破市场秩序最佳的时间窗口。

在国务院《关于促进快递业发展的若干意见》出台后，中国快递企业掀起一股“出海”的热潮。除中邮速递依托万国邮联体系和邮关合作的资源优势、顺丰在海外自建货运网络外，其他快递企业在“向外”发展时依然保持加盟制的“出厂设置”，主要客户也多以海外华人华侨为主。

那么，这些快递企业在2017年，以及更长的一段时间内都需要面对这样一个问题：在中国快递市场如鱼得水的加盟制，是否能让欧美国家和主要新兴经济体的消费者买账？仅从中通赴美上市的过程来看，加盟制作为商业模式，在中国市场的成功确实获得了美国资本市场的认可，但这与获得美国消费者的认可是完全不同的概念。而要打开全球市场，美国是重中之重。因此，在“出海”的航程中，中国快递企业依然任重而道远。

1＋1＞2，模式更多了

2016年，能与FedEx收购案相提并论的国际快递市场大事件，还有FedEx的大客户亚马逊宣布进军快递物流市场。尽管在此之前亚马逊实际上已涉足快递物流领域多年，但其将“自建快递物流网络”作为企业发展目标正式对外公开，依然给市场带来不小的震动。

受这一变化影响最大的当属FedEx和UPS。亚马逊的举措实际上已经宣告，即使是世界上最出色的两家快递企业，也无法满足自身日益增长的快递物流服务需求。尽管亚马逊、FedEx和UPS一直宣称彼此间不受此举措影响，并将一如既往地发展多年来所保持的良好合作关系，但亚马逊所建立的快递物流网络与FedEx和UPS之间事实上已经形成同业竞争。

让亚马逊如此有底气的是其不断扩大的业务规模。相关数据显示，2015年，亚马逊快递业务量约为10亿件。与此形成鲜明对比的是，FedEx在2016财年的快递业务量约为30亿件。这意味着亚马逊的快递业务量已达FedEx的1/3。即使在全球范围内，能达到这种业务规模的快递企业也寥寥无几。

从企业核心竞争力看，亚马逊同时拥有不输于阿里巴巴的云计算技术水平和不输于京东的自建快递物流服务体系。与走社会化协同物流路线的阿里巴巴和走自建物流路线的京东相比，亚马逊目前的快递物流战略也像是两大中国竞争者的折中版本。其目的并不难理解：一方面，开放的平台属性决定了亚马逊乐于成为快递企业的大客户；另一方面，当亚马逊发现自己可以凭借技术和规模上的优势从自建快递物流网络中获益（特别是与会员服务相结合）时，它也不可能放过这个商机。

对中国电商企业而言，亚马逊无疑是国际电子商务市场的领导者和样板，其快递物流模式一直备受关注。尽管起点不同，但阿里巴巴和京东的快递物流模式正在逐渐向亚马逊的“折中版”靠拢——阿里巴巴旗下的菜鸟网络逐步扩大自建仓储网络；京东自建快递物流网络正式对外开放。究其原因，激烈竞争多年后，双方都意识到电商快递物流领域的复杂程度之高，是一道需要考量企业发展成本、资源、效率、质量和方向的综合题，单纯地依靠社会化协同或自建都不能完全解决问题。

2017年的“大”和“小”“长”和“短”

基于上述国际快递市场的格局变化,“大的越来越大”和“小的越来越小”的格局分化,与“长的越来越长”和“短的越来越短”的链路分化,都极有可能发生在2017年的中国快递市场。

“大的越来越大”,是由于国际快递市场领先企业规模不断扩大,以及市场集中度不断提升,中国快递企业欲与之竞争,必然也要不断扩大自身规模。特别是在资本更多地介入后,中国快递市场有望在数年内从目前的多头竞争格局调整为服务价格和质量更稳定的寡头竞争格局。依托于庞大的人口基数和消费潜力,规模扩张将是中国快递企业未来几年的发展主旋律。而如何在规模扩张的同时,提升发展水平和发展质量,有效发挥规模扩张的优势,将成为中国快递企业赶超国际同业领先者的关键。

“小的越来越小”,是由于国际快递市场精细的社会化分工经验正在逐步传导至中国。在领先企业已经树立行业壁垒的前提下,后来者基本不可能再建立起拥有全球或全境流通能力的网络。在这种情况下,切入市场中的某一个细分领域,将成为越来越多企业的选择。以菜鸟网络为例,其服务供应商多为心怡科技(负责仓储管理)、万象物流(负责落地配)和理物分拨(负责分拨规划)等专攻某一细分市场领域的中小企业。

“长的越来越长”,是由于国际快递市场领先企业多为综合物流服务供应商,并非仅仅局限于快递业务,这也将成为未来中国快递企业普遍的转型方向。与只从事快递业务的企业相比,综合物流服务供应商可为多个行业提供供应链一站式解决方案,并能根据不同行业和不同企业的特点进行个性化处理,在产业链和价值链上的地位更高,不可替代性更强。

“短的越来越短”,是由于大数据、云计算和人工智能在国际快递市场的广泛应用,大大缩短了传统快件处理流程的链路。实际上,2016年“双十一”期间,部分集中发货的快件已可实现从发件地不经过任何分拣中心,直达派件网点。同时,移动互联网的发展使快递业的信息传播链路越来越短。快递员通过手持终端设备可随时联系企业总部与消费者两端,信息处理效率大大提升。

可以预见的是,2017年中国快递企业将更多地参与到全球流通领域的市场竞争中。中国快递业在探索建立真正拥有国际竞争力的“快递航母”的路上,将考验政府和市场主体是否拥有足够的远见和魄力。

——根据亿邦动力网刊发文章进行修改

任务二　快递业务流程介绍

情景导航

王明刚进入YD速运有限公司客服部门工作,亟需对公司经营的快递业务流程有一个大致的了解。作为公司的老员工,你应如何向其介绍快递业务的主要流程?

一、快递业务基础知识介绍

(一)定义与特点

按照《快递市场管理办法》的规定,快递,是指在承诺的时限内快速完成的寄递活动。

寄递，是指将信件、包裹、印刷品等物品按照封装上的名址递送给特定个人或者单位的活动，包括收寄、分拣、运输、投递等环节。快递服务邮政行业标准对快件重量的规定为：国内单件快件重量不宜超过 50kg；对快件的单件包装规格规定为：任何一边的长度不宜超过 150cm，长、宽、高三边长度之和不宜超过 300cm。

快递服务是通过网络实现的，快递网络可分为快件传递网络和信息传输网络。快件传递网络是由快递呼叫中心、收派处理点或营业网点、处理中心和运输线路，按照一定的原则和方式组织起来并在调度运营中心的指挥下，按照一定的运行规则传递快件的网络系统。快递信息网络是指在快件传递过程中伴随着相关信息的传输网络，这些信息包括单个快件运单的信息、快件总包信息、总包路的信息，以及快件传递过程中每个节点产生的信息等。

与其他物流业务相比，快递服务具有以下特点。

(1) 快递服务的本质反映在一个"快"字上，快速是快递服务的灵魂。

(2) 快递服务是"门到门""桌到桌"的便捷服务。

(3) 快递服务需要具有完善、高效的服务网络和合理的覆盖网点。

(4) 快递服务能够提供业务全程监控和实时查询。

(5) 快递服务要求快件须单独封装、具有名址、符合重量和尺寸限制，并实行差别定价和付费结算方式。

即问即答 1-2

快递业务与零担快运业务有何区别？

(二) 快递的分类

根据不同的分类标准，快递可分为不同的快递服务种类。

1. 按照快件种类分类

(1) 到付件：指由收件方付快递费用的快件。

(2) 保价件：指客户在寄递快件时，除缴纳运费外，还按照声明价值的费率缴纳保价费的快件。保价件使用特殊面单，面单上必须注明保价金额并按规定收取相应的保价费。

(3) VIP 快件：指针对公司 VIP 客户所发的快件，VIP 快件的面单颜色和条码都与普通快件不同，且面单上显著"VIP"字体标注。

(4) 文件快件：指使用公司专用信封包装的重量小于 0.5kg 的快件。

(5) 代收货款快件：指发货客户将商品出售给到达客户，快递公司可替发货客户向到达客户收回货款的快件。

(6) 电子商务快件：指"线上"下单的快件。

2. 按网络规模分类

(1) 国际快递：指在两个或两个以上国家(或地区)之间所进行的快递、物流业务。

(2) 国内异地快递：寄件人和收件人分别在中华人民共和国内地不同城市的快递服务。

(3) 同城快递：寄件人和收件人在中华人民共和国内地同一城市内的快递服务。

3. 按送达时间分类

(1) 当日达限时服务：要求在投递当天即完成货物的送达交付服务。

(2) 次晨达限时服务:在当日截件时间前取件,于取件后下一个工作日中午12点前送达。

(3) 次日达限时服务:在当日截件时间前取件,于取件后下一个工作日下午6点前送达。

(4) 隔日达限时服务:在当日截件时间前取件,于取件后第二个工作日下午6点前送达。

(5) 国内普达服务:在投递物品后按照客户的指定时间完成送达交付服务。

4. 按运输方式分类

(1) 航空运输:指航空快递企业通过航空运输,收取发件人的包裹和快件并按照承诺的时间将其送交指定地点或者收件人,并将运送过程的全部情况包括即时信息提供给有关人员查询的门对门速递服务。航空运输已经成为快运的最常用方式之一。

(2) 公路运输:利用机动车包括汽车、货车和摩托车及非机动车(如人力三轮等)公路交通运输工具完成快递运输服务。公路运输是目前运输量最大的快运方式。

(3) 铁路运输:中国铁路小件货物特快专递运输,简称中铁快运,英文全称:CHINA RAILWAY EXPRESS,缩写为CRE,国内网络已遍及包括中国香港在内的120多个大、中城市,形成连锁服务网络。

(4) 水路运输:水路快运即用相对最快的方式从事水上运输,在客户指定时间内将货物安全送达目的地。

二、快递业务基本流程

快递业务始于客户寄件,终于客户收件签收,中间要经过网点揽收发件、分拨中心分拣发件和网点到件派送等环节,其核心流程如图1-3所示。

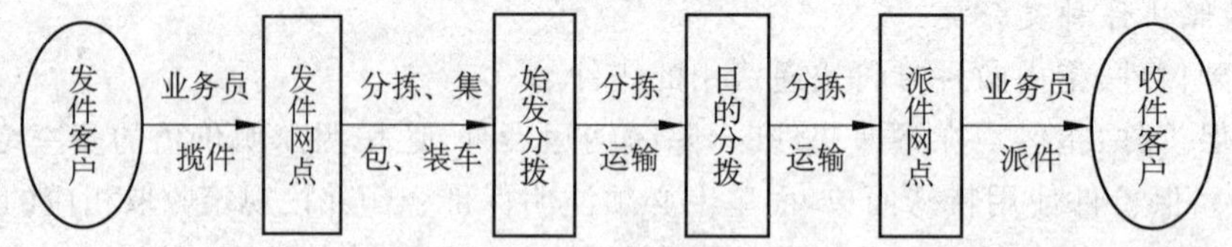

图1-3 快递业务核心流程图

在实际业务中,具体的操作则要复杂得多。在始发网点,接到客户的发件信息后,会通过电话或手持终端给递送员发出接件指令。递送员到客户处收好件,请客户填好面单后,应及时回网点进行快件交接。网点业务员对当天收集起来的快件进行检查分拣,然后安排装上分拨中心的小货车,同时在网上发出预报运单录入信息。

在终端网点的衔接上,有时由于路途比较遥远需要两个分拨中心进行中转。这两个分拨中心的流程基本是一致的,一般是先接收预报,然后进行提货交接,对快件进行分拣,按目的地进行集货装车,发往下一站。

在派件网点,业务员接到分拨中心的预报后,安排货车进站,按操作规定卸下属于本网点派送的快件。在根据终端具体目的地进行分拣后,交接给网点的递送员,他们将快件装上电动车、三轮车或小面包车等交通工具进行派送。在派件结束后,递送员应及时将派件信息通过手持终端或扫描仪扫描上传，整个快件业务流程结束。需要说明的是，终端网点同时具有收件和派件功能。

快件业务具体流程如图 1-4 所示。

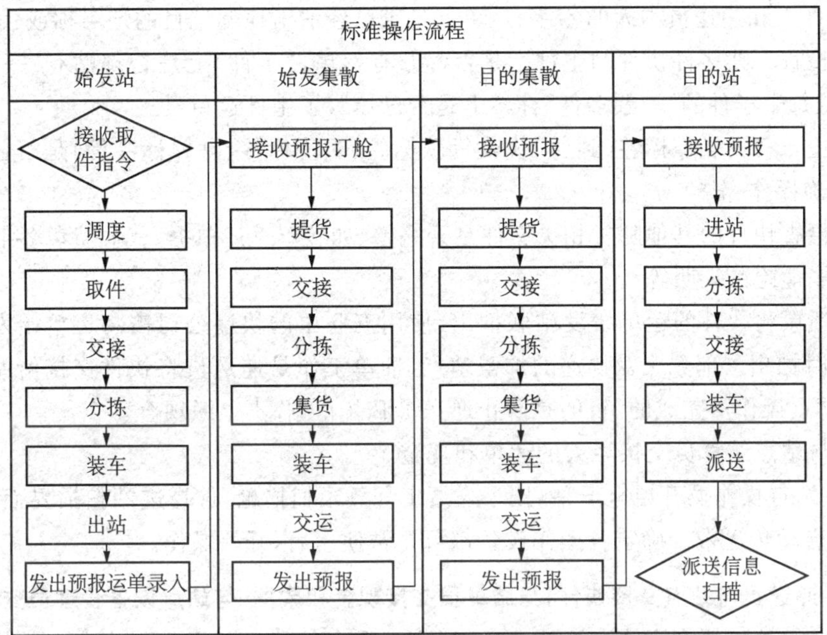

图 1-4　快件业务具体流程图

即问即答 1-3

对快件一般是通过什么来进行分拣的？这对面单的填写提出了哪些要求？

三、始发站点标准操作流程

始发站点标准操作流程如下。

（一）递送员取件交接

递送员在取件结束后，应在规定的时间内回到站点交接快件，或者与巡回取件班车交接（有部分快递企业每天有 2～6 个交接批次）。

（二）递送员理件、操作员做好接收快件准备

（1）递送员到达站点或巡回快件班车后，先清点自己所取快件的票数和件数（有扫描枪的递送员在这个环节需核对扫描枪中取件扫描的件数与实际件数是否一致，无扫描枪的递送员核对取件记录表中记录的件数与实际件数是否一致）。

（2）清点件数完毕后，逐个检查快件外包装的完好程度，以及是否符合本公司对承运快件的包装要求，不符合的需要当场进行再包装加固，直至符合要求为止。

（3）再次检查快件是否符合本公司的包裹接受政策（是否为危险品、禁限寄品、体积

重量是否超限、报价是否超限等)。

(4) 仔细检查快件的运单是否都已经填写完好(运单填写文字是否清晰可见;收发件人详细地址和联络方式、票件重、价格及付费方式等必填项是否已填写正确;运单上是否已经有发件人和递送员本人的签字;运单上是否已经清晰地标记目的地名称或代码)。

(5) 检查一票多件快件的主件上是否都贴有运单,“子件”上是否都贴有“一票多件”标签;确认每个子件的“一票多件”标签上是否已填写了主件运单号。

(6) 检查各类操作标签(到付、代收货款标签、重货标签、易碎标签等)是否已经按公司要求正确操作完毕。

(7) 检查快件的其他随货相关文件是否完整(如签单返还单据、代收货款签收单等客户单据、非危险品证明等)。

(8) 逐票将快件的运单始发站联抽出,使用五联单的快递公司需将运单始发站联和结算联同时抽出。部分民营快递的加盟站点,抽单工作是递送员将快件交接给站点操作员后,由站点操作员完成的,目的是防止递送员私扣单据、不上缴现金。

(9) 与站点结算员交接当天的运单和现金。

(10) 站点操作员开启电子秤,用个人员工号登录扫描枪,选择进站扫描界面,有传送带的站点启动传送带。确定各操作设备都可正常使用后,开始操作。

(三) 递送员与站点交接快件,与结算员交接现金和票据,与站点设备管理员交接扫描枪

(1) 递送员逐件将快件交给站点操作员(一票多件的快件必须作为一个整体交接),站点操作员根据本公司包装和快件接收规范检查快件,并审核运单是否填写完好。对于不合格的快件,需协助递送员改进,如加固包装等。

(2) 检查完毕后,站点操作员对符合要求的快件进行称重,同时逐件进行“进站扫描”,这样快件重量在扫描的同时就已输入系统。

(3) 递送员与站点操作员交接快件完毕后,携带刚刚抽出的运单,连同现金和发票等票据,到结算员处交接。

(4) 递送员将扫描枪交接给站点设备管理员。如果本站点使用的是没有自动上传功能的扫描枪,则设备管理员负责将扫描枪中的信息上传到系统中。没有扫描枪的站点,递送员交取件记录单。

以上工作都完成后,递送员向操作主管或站点经理汇报当日工作情况。

(四) 站点操作员分拣快件

(1) 站点操作员按照运单上标记的目的地名称或代码,根据本站点的分拣方案进行分拣。

① 站点操作员必须确保快件在指定的区域内按照分拣方案进行分拣。分拣后的快件也必须摆放在明确标识的指定区域。

② 文件及小包裹的分拣方法:将前往同一站点或同一集散中心的快件放置在一个容器内。大件分拣方法:将前往同一站点或同一集散中心的快件摆放或堆垛在一起。

③ 快件摆放方向:无论是传送带分拣还是手工分拣,所有快件在分拣过程中都必须保证运单一面向上。文件封和防水袋装的快件也要将有运单的一面朝同一个方向摆放,

以便于分拣、扫描。

④ 分拣过程要轻拿轻放，不能抛、扔、踩踏快件，也不要坐在快件上。

(2) 将发往同一站点或同一集散中心的快件进行集装操作。

① 根据标准路由和本站点集装方案，事先准备好集装袋。

② 将施封锁和集装操作标签挂在集装袋外部。

③ 在集装操作标签上注明“目的地名称或代码”和“施封锁号”。

④ 扫描集装操作标签号后，开始扫描属于该集装袋的快件，并将扫描后的快件放入集装袋内。

⑤ 集装袋装满后(装纳到袋子容量的85%即为装满)，在集装操作标签上写明“集装件数”。

⑥ 用施封锁将袋口和集装操作标签扎紧。

⑦ 将扫描的信息保存到扫描枪中。

(五) 装车

(1) 将留站的货物放在指定区域内，并用扫描枪对快件进行“留站扫描”。

(2) 按照分拣方案，将出站的快件和集装袋装上指定的班车。装载时注意轻拿轻放，切忌摔、抛、扔。重货、大货和集装袋需摆放在靠车厢门口的位置上。

(3) 装车的同时逐件、逐袋对快件进行“出站扫描”，必须做到扫一件装一件。

(4) 装车完毕后，即刻清理操作场地和分拣筐、篮，检查有没有遗漏的快件。

(5) 确定没有遗漏快件后，班车司机锁好车厢。站点操作员再用施封锁将车厢开关插销锁起。

(6) 站点操作员制作班车封车签(使用集装标签即可)，扫描签号，并在标签上记录车辆装载包裹数、集装袋数和封车的施封锁编号，将标签交给司机。

(7) 班车司机在规定时间将班车驶离站点，开往下一个站点或集散中心。

(六) 预报和信息录入

(1) 站点操作员将刚刚使用过的扫描枪与计算机相连接，将扫描数据传输到信息系统中并保存。保存完毕后，应在系统中复查一下信息是否已输入系统，如果无法查询到，应即刻检查信息上传失败与否，直至可以成功查询为止。

(2) 根据刚刚发出班车的票件数量和重量信息，在系统中向班车的接收站点或集散中心发送预报。市面上常见的绝大部分快递管理系统都可以实现预报自动发送功能。

(3) 站点操作员将递送员交接的运单始发站联信息输入系统中。输入过程要求：输入内容完整真实，输入时间及时(站点的输单时间一般都要求在当日晚12:00前完成)。

(4) 如有运单图像上传需求的快递公司，站点操作员还需要在规定的截止时间前(一般都要求在当日晚12：00前)将运单图像通过扫描仪传输并保存到系统中。

快件始发站标准操作流程如图1-5所示。

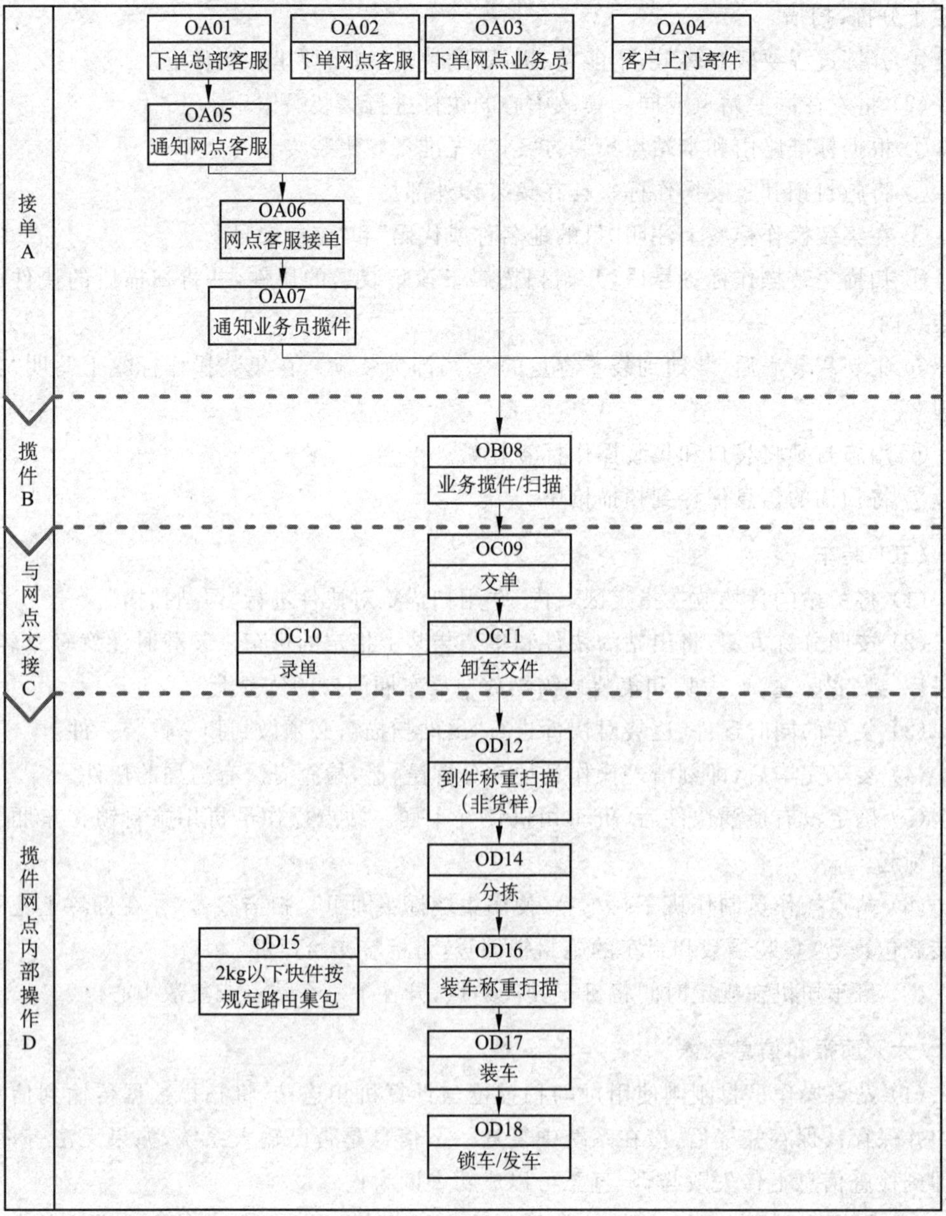

接单A

OA01 下单总部客服
OA02 下单网点客服
OA03 下单网点业务员
OA04 客户上门寄件
OA05 通知网点客服
OA06 网点客服接单
OA07 通知业务员揽件

揽件B

OB08 业务揽件/扫描

与网点交接C

OC09 交单
OC10 录单
OC11 卸车交件

揽件网点内部操作D

OD12 到件称重扫描(非货样)
OD14 分拣
OD15 2kg以下快件按规定路由集包
OD16 装车称重扫描
OD17 装车
OD18 锁车/发车

图 1-5　快件始发站标准流程图

即问即答 1-4

在始发站应如何预防快件调包现象?

四、集散中心标准操作流程

集散中心标准操作流程如下。

（一）接受预报

（1）进出港联络员随时关注和接收系统中上一环节操作单位发来的货物信息预报。

（2）进出港联络员将预报信息及提货单按照提货点（机场、火车站、大巴站、零担班车站）进行整理、归类和校对，制作《提货预报单》。

（3）进出港联络员将所有提货证明和《提货预报单》交给提货员，并安排提货。

（4）统计预报中的货量，按照标准路由计划预订航空舱位。

（5）当日进港航班出现拉舱、延误、取消等异常情况时，进出港联络员需通知航班始发站，并抄送给质量监控、客服中心等相关人员。

（二）提货

（1）提货人员根据《提货预报单》，在规定时间内前往提货点提货。

（2）提货时按照《提货预报单》检查货物的数量、完好程度。

（3）如遇货物破损或丢失，立即与承运商交涉，开具破损或丢失证明，并通知集散中心进出港联络员。

（4）如遇航班拉货、延误、无单无货、有单无货或有货无单等异常情况，立即联系集散中心进出港联络员。

（5）进出港联络员收到提货员的异常信息反馈后，立即联系上一环节操作单位。

（6）提货员确保所有货物都已装车后，将车门关闭上锁，并在规定时间内回到集散中心。

（三）卸载、交接快件

（1）提货员提货回集散中心后，内场操作员卸车，根据预报内容检查货物数量和外包装完好程度，并对快件进行“进集散扫描”。提货过程如有破损、丢失件，提货员应向进出港联络员出示机场货运运输单位开具的异常货物证明，由其备案并在系统中标注。

（2）当上一环节操作单位的班车进站时，内场操作员引导其停放在指定位置，并向司机索取班车封车签。

（3）检查班车施封锁是否完整，核对施封锁号码和封车签上标注的号码是否一致，如果不一致，询问司机和上一环节操作单位。

（4）操作员将车厢打开，卸载快件并逐件、逐集装袋进行“进集散扫描”。卸载完毕需进入车厢内检查，并确认没有遗漏快件。

（5）扫描的同时查验快件的外包装是否完好，如有破损，应现场进行称重并核实运单上标注的重量，对快件进行全方位拍照，并将快件破损信息填写在《破损记录表》中，表上需取得班车司机的签字。

（6）车辆卸载完毕后，检查扫描枪上扫描的快件数量与封车签上标注的数量和系统预报的数量三者是否一致，若不一致，即刻联系上一环节操作单位，并通知集散中心经理。

（7）所有卸载的快件必须保证运单一面向上（尤其是使用传送带操作的集散中心），文件封和防水袋装的快件也要将有运单的一面朝同一个方向摆放，以便于分拣、扫描。

（四）分拣

（1）内场操作员按照班车和航班在截止操作时间上的差异，确定快件分拣的优先顺序,并进行分拣。分拣时,所有文件、小件必须放在篮筐中。

(2) 确认集装袋是否需要拆袋操作,拆袋前确认集装袋的施封锁是否完整、施封锁号码是否匹配、集装袋是否完好,若有异常,应立刻核对袋内货物数量与货物包装,若数量不对或包装破损,马上联系上一环节操作单位。

(3) 内场操作员将所有拆开的集装袋内面翻出,以便确认完全清空。清空的集装袋必须移除所有识别标签后折叠整齐,放入指定物料区保管。

(4) 内场操作员按本集散中心分拣方案将快件细分拣到指定的区域。

(5) 对即将出港的快件进行集装操作。

① 根据路由集装规范事先准备好集装袋。

② 将施封锁和集装操作标签挂在集装器外部。

③ 在集装操作标签上注明"目的地名称或代码"和"施封锁号"。

④ 扫描集装操作标签号后,开始逐件扫描属于该集装袋的快件,并将扫描后的快件放入集装袋内。

⑤ 集装器装满后,在集装操作标签上写明"集装件数"。

⑥ 用施封锁将袋口和集装操作标签扎紧。

⑦ 将刚才扫描的信息保存到扫描枪中。

(五) 装车

(1) 按照分拣方案,将出站的快件装上指定的班车。装载时注意轻拿轻放,不能抛、扔。重货、大货和集装袋需摆放在靠车厢门口的位置上。

(2) 如果一辆班车上装有发往多个站点或集散中心或多个第三方运输单位的快件时,内场操作员应用隔网或其他辅助设备将不同目的地的快件分隔开来,以方便下一环节操作单位卸货。

(3) 在装车的同时,对快件逐件、逐袋进行"集散发出"扫描。

(4) 装车完毕后,即刻清理操作场地,检查有没有遗漏的快件。

(5) 确定没有遗漏的快件后,班车司机锁好车厢,操作员再用施封锁将车厢开关插销锁起。

(6) 内场操作员制作班车封车签(使用集装标签即可)。扫描签号,并在标签上记录车辆装载包裹数、集装袋数和封车的施封锁编号,将标签交给司机。

(7) 班车司机在规定时间将班车驶离集散中心,开往下一个站点或集散中心或第三方运输单位。

(六) 发货交运

(1) 进出港联络员制作《发货预报单》,交货司机凭此预报办理发货。

(2) 交货司机在规定的时间内,到指定的发货地办理交运手续。

(3) 交货司机监督货物被承运商妥善收取,并取得目的站提货凭证。

(4) 交货司机交货完毕后须在规定的时间内回到集散中心,将所有与发货相关的单据交给进出港联络员。

（七）发出预报

（1）进出港联络员查询确认已配载航班或火车或大巴的班次、日期、始发或到达时间，确认所交付货物的实际发出情况。

（2）航班等如有异常情况，及时通过代理及运输单位内部协调配载情况，保障货物及时出运。若有航班拉舱，启动备用航班计划，并及时通知相关站点和集散中心，以便其做好准备。

（3）进出港联络员在系统中发出货物信息预报。

集散中心标准操作流程如图 1-6 和图 1-7 所示。

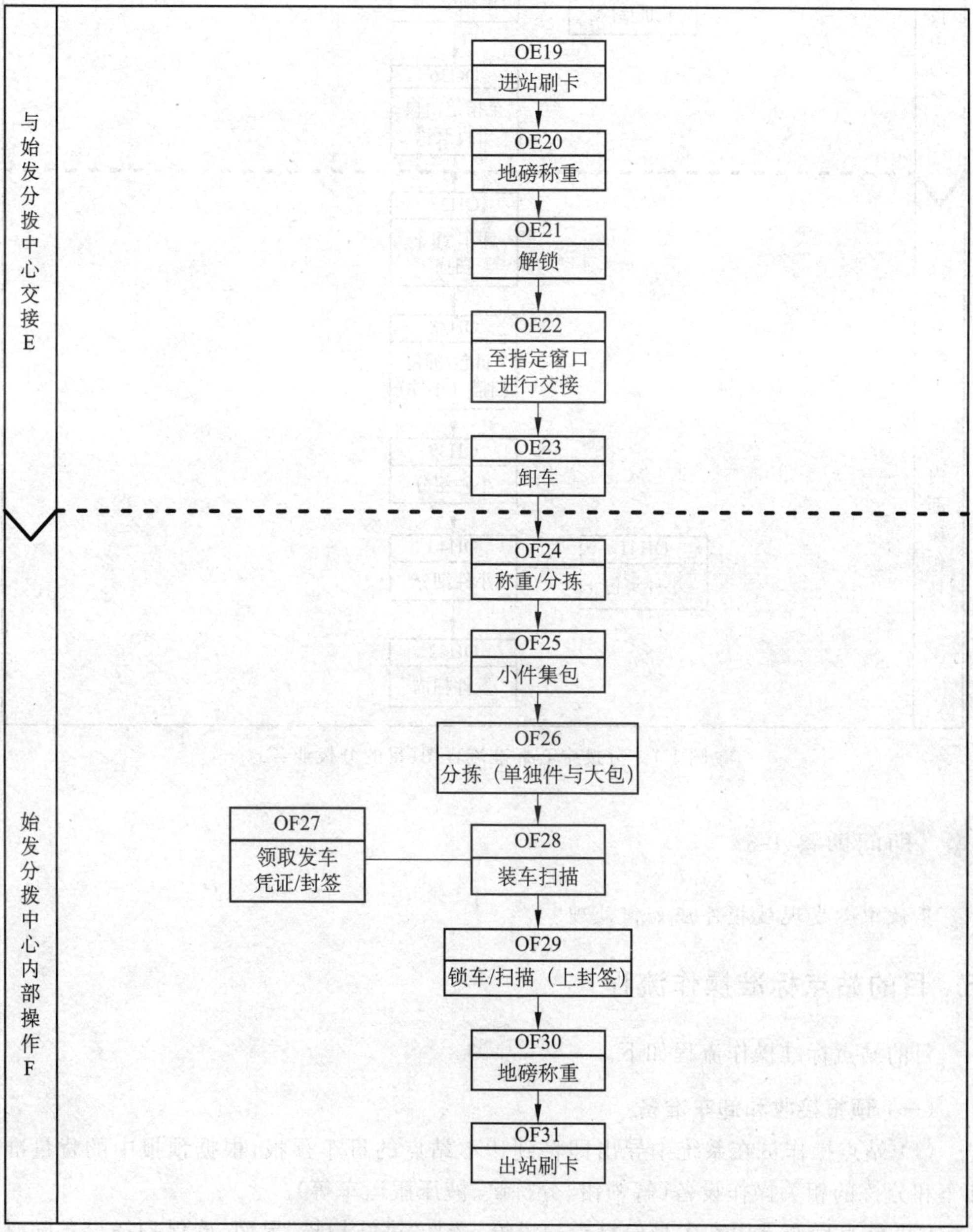

与始发分拨中心交接E

OE19 进站刷卡
OE20 地磅称重
OE21 解锁
OE22 至指定窗口进行交接
OE23 卸车

始发分拨中心内部操作F

OF24 称重/分拣
OF25 小件集包
OF26 分拣（单独件与大包）
OF27 领取发车凭证/封签
OF28 装车扫描
OF29 锁车/扫描（上封签）
OF30 地磅称重
OF31 出站刷卡

图 1-6　分拨中心标准流程图（始发分拨业务）

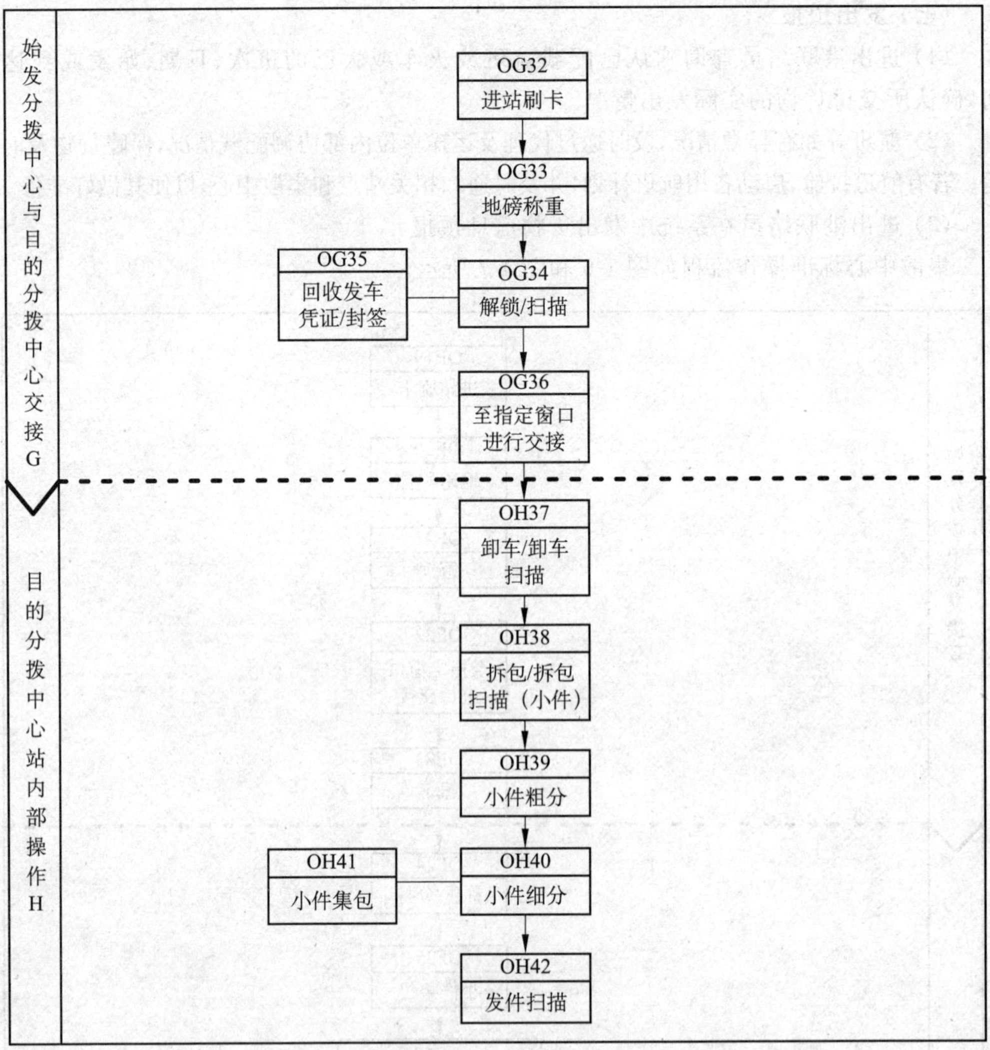

始发分拨中心与目的分拨中心交接G		
		OG32 进站刷卡
		OG33 地磅称重
	OG35 回收发车凭证/封签	OG34 解锁/扫描
		OG36 至指定窗口进行交接
目的分拨中心站内部操作H		OH37 卸车/卸车扫描
		OH38 拆包/拆包扫描（小件）
		OH39 小件粗分
	OH41 小件集包	OH40 小件细分
		OH42 发件扫描

图 1-7　分拨中心标准流程图(目的分拨业务)

即问即答 1-5

集散中心发现破损件应如何处理?

五、目的站点标准操作流程

目的站点标准操作流程如下。

(一) 预报接收和卸车准备

(1) 站点操作员在系统中导出即将到达本站点的班车预报,根据预报中的货量准备卸车和分拣的相关操作设备(解锁钳、分拣筐、液压搬运车等)。

(2) 站点操作员用本人身份登录扫描枪,选择“进站扫描”界面,确保扫描设备随时可以操作。

（二）卸载班车

(1) 班车进站后，站点操作员引导指挥班车停放在指定的位置上。

(2) 站点操作员从司机处获得封车签。

(3) 站点操作员检查班车上的施封锁是否完好，施封锁号码是否与封车签一致。

(4) 站点操作员打开车厢，卸载快件并逐件、逐集装袋进行“进站扫描”。卸载完毕后须进入车厢内检查是否有遗漏快件。

(5) 扫描的同时查验快件的外包装是否完好，如有破损，现场进行称重并核实运单上标注的重量，对快件进行全方位拍照，并将快件破损信息填写在《破损记录表》中，表格上须取得班车司机的签字。

(6) 扫描的同时检查运单上的快件目的地是否属于本站点，如果不是，应立刻进行“快件错发”扫描，并将情况反馈给操作主管。

(7) 车辆卸载完毕后，检查扫描枪上扫描的快件数量与封车签上标注的数量以及系统预报的件数是否一致，如果不一致，即刻汇报给操作主管，由操作主管或委托专人联系上一操作站点或集散中心。

(8) 所有卸载的快件必须保证运单一面向上，文件封和防水袋装的快件也要将有运单的一面朝同一个方向摆放，以便于分拣。

（三）分拣快件

(1) 对集装袋进行拆袋操作。拆袋前确认集装袋的施封锁完整、号码匹配正确和集装袋完好。如果发现施封锁被损坏、号码不符或集装袋破损，应先拍照，再立刻核对袋内货物数量、检查货物包装，如有异常，即刻汇报给操作主管，由操作主管或委托专人联系上一操作站点或集散中心。

(2) 集装袋中的快件全部被取出后，站点操作员应将所有集装袋的内面翻出，以便确认完全清空。清空的集装袋必须在清除所有标识、标签、字迹后折叠整齐，放入指定物料区保管。

(3) 站点操作员根据运单上的派送地址，对照本站点的递送路区，将快件分拣到相应的区域。整个操作过程中快件都不可直接接触地面。

(4) 将留站自提、错发、破损、待二次中转等无须递送员带出站点派送的快件单独挑选出来，摆放至指定的区域内，并进行“货物留站”扫描。

（四）递送员出站派送

(1) 递送员领取快件后，按照派送路线顺序将快件排序。

(2) 按排列好的顺序给快件进行“出站派送”扫描。扫描后在系统中导出并打印“派送记录单”，便于作派送记录。系统没有导出打印功能的站点，手工抄写快件信息到“派送记录单”上。

(3) 站点操作员和递送员一起仔细检查操作分拣区域，确保无遗漏的快件。

(4) 递送员将快件按照派送路线顺序装车或装包，然后出站派送。

（五）站点操作员比对数据

站点操作员在系统中比对“进站扫描”件数和“出站派送”扫描件数，看数据是否一致。如果不一致，看是否符合以下计算方法：“进站扫描”件数＝“出站派送”扫描件数＋“货物留站”扫描件数＋“错发”扫描件数。

（六）派送完毕后的信息录入

(1) 递送员派送完毕回站后将派送成功的快件的目的站联和派送记录单交接给站点操作员，将派送不成功的快件交接给站点操作员并说明派送失败的情况，站点操作员对快件进行“异常情况”扫描（有的公司也称为“问题件”扫描或“派送失败”扫描），快件暂存站内指定区域。

(2) 站点操作员在规定时间内将派送成功的信息输入系统。

(3) 站点操作员在规定时间内将派送成功的快件的目的站联图像上传到系统中。

目的站标准操作流程如图 1-8 所示。

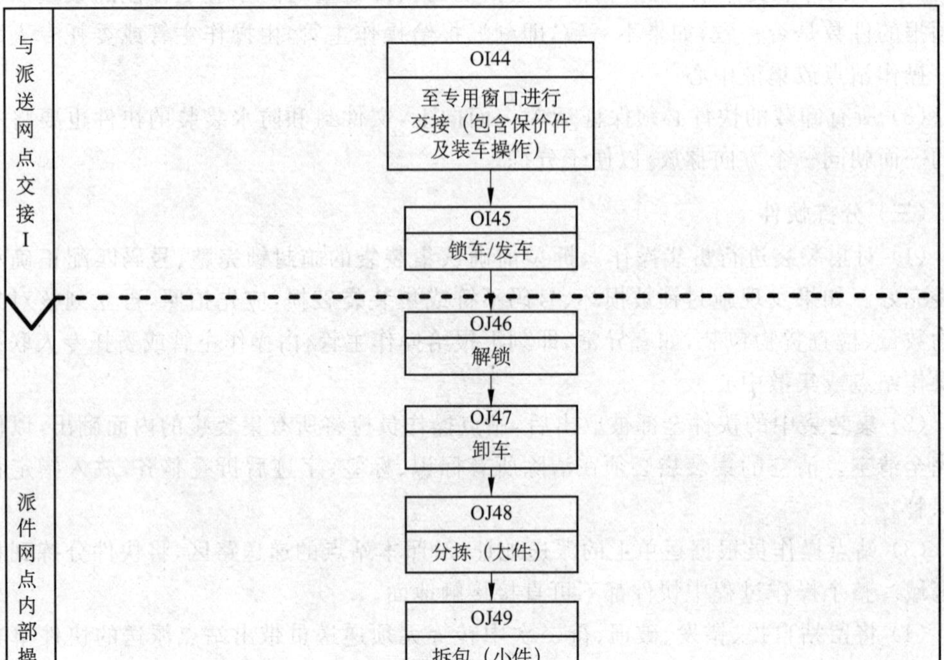

图 1-8 目的站标准操作流程图（派件业务流程）

项目小结

本项目对国内外快递业的发展进行了梳理，重点介绍了国际三大快递公司和国内的顺丰与“三通一达”快递公司发展的过程，分析了快递业近年来迅速成长的原因及目前存在的问题。作业流程在企业里是非常重要的，它会直接影响到业务运作的效率与客户的满意度。学生必须理解并掌握快递业务的总体流程和各主要环节的具体流程，因为这是对快递公司进行有效管理的基础。

课后练习

一、问答题

1. 查阅资料，分析国内快递公司与国际三大快递公司的区别所在。
2. 国内快递业迅速发展的原因是什么？
3. 你对国内快递业未来的发展趋势怎么看？
4. 你认为应该如何从流程上避免野蛮作业的现象？

二、案例分析

案例一

快递公司倒闭，上千客户堵路追债

2010 年 10 月的一天，因不满公司拖欠代收货款，上千名 DDS 快递公司客户在天河岗顶总统大酒店前方路段上讨说法，导致该路段完全瘫痪。事发后，上百名警察到现场维持秩序。据在场客户称，他们多半属于天河一带电脑城的商户，代表了上千家企业，被拖欠金额达几千万元。

在天河区岗顶总统大酒店前方的 T 字路段上，警察在从南往北方向的路口处拉起封锁线，行经车辆只能掉头离去；而从西往东方向则完全堵死，车辆纷纷从 BRT 工程北侧通行，加重了北侧的交通压力。事发处，上千人拥围着一部警车，时不时有人发出“还钱”的怒吼。

据其中一名客户介绍，他前日接到消息称，DDS 快递公司即将倒闭，但几千名客户的代收货款却想置之不理。于是，客户们从昨天中午开始就到公司想讨回血汗钱。不料公司人员对此事不闻不问，还粗口骂人。情急之下，只好一同将公司高层人员围困在路中心。

记者爬到高处，发现层层人群中间，被围着一台警车。警车里漆黑一片，但不时有手机灯光亮起，照出几个黑色身影。客户李先生说：“车上坐着四个人，分别是 DDS 快递公司的区域经理和财务总监。下午 6 时许，警察想将他们从公司带走，被我们发现后，马上团团围住警车，不让车上的人离开。不能让他们走，放走他们，我们的钱就没有着落了。”

此时已近晚上 8 点。人数不仅没有减少，反而有增多的趋势。在拥堵的人群外围，上百名警察组成一面人墙，阻止外面的人继续往里挤。晚 8 时许，有警察开始登记客户们的

“代收货款”,不少客户纷纷将单据交给警察备案。一名客户称:“公司欠了我们大笔代收货款,现在公司快要倒闭了,大多数人被欠了几百上千块钱,多的甚至被欠了30万元,这些都是我们的血汗钱,哪容得被公司抢占了去。”

——摘自《信息时报》

问题:

(1) 当年部分快递公司倒闭的原因是什么?这些公司倒闭会造成什么后果?

(2) 你认为应如何规范国内快递业的发展?

案例二

顺丰快递0:01就发出了第一单

2016年11月11日上午9点,下沙的杭州跨境电商综合试验区(简称综试区)里,工作人员在物流仓库熟练地扫描、打包、送检。为了迎战“双十一”,下沙综试区临时新增了9个仓库,面积达到4.9万平方米。

“在下沙综试区仓库,现在有超过1 200万件备货,‘双十一’期间将向全国各地发送550万单快递。验单、出货压力很大。”在下沙杭州跨境电商综试区工作的海关人员介绍说。

“双十一”快递运单量增加,极大地考验着各快递公司。据国家邮政局测算,2016年快递行业有268万名一线人员投入到“双十一”的快递服务当中,较上一年增长超过50%,干线车辆增长59%,航空运力增长约40%。

顺丰快递杭州地区相关工作人员告诉钱报记者,“双十一”零点的钟声刚刚敲响,公司就已经发出了第一单快递。“是我们瓜沥仓储一个大客户的快件,0:01发出的,很快就送到了客户手中。”高效的送货得益于大数据+仓配体系优势,根据网络大数据预测,商家会提前锁定到区县的畅销型号,并把相关商品提前下沉到对应的中心、网点,让商品距离用户最近。快递公司在接到系统订单后,第一时间将商品出库装车,才能如此快的将商品送达消费者。

“为了备战2016年的‘双十一’,我们做足了准备。”在快递运输上,启用了顺丰航空100多条航线资源,加大直飞减少转飞。“前不久,顺丰航空全货机顺利首航兰州、乌鲁木齐,相比以前转飞的模式,快递运输能节省一两天的时间,而且也节省了物流运输成本。”工作人员告诉钱报记者。

——根据钱报网上相关报道改编

问题:

(1)“双十一”快递企业为什么能做到高效作业?

(2) 简要分析快递行业与电商产业两者的关系。

三、实训操作

请利用Excel工具画出目的站操作流程图。

网点业务及管理

学习目标

★ 了解影响快递公司网点选址的因素。

★ 掌握快递公司网点布局与岗位设置的情况。

★ 理解并掌握快递公司网点加盟的有关规定。

★ 能熟练地进行收件与派件操作。

★ 能熟练地对新开网点进行内部布局。

关键词

快递网点　网点选址　网点布局　岗位设置　收件　派件　加盟管理

针对快递“暴力损件”等问题　快件现场验货不可少

给外省朋友邮寄广西特产芒果，不料水果迟到了也烂了，网上欢欢喜喜购买家居用品，收货后发现坏了，对于赔偿，快递商还扯皮……2017年2月15日，针对快递“迟送货”“野蛮物流”“暴力损件”等问题，南宁市工商局12315指挥中心发布消费提示，消费者邮件可提前“保价”、特殊物品找专业快递、收货现场验货，这些细节很重要。

两箱芒果走10天，腐烂变质没法吃

李女士反映，2016年8月，她通过某快递公司给远在河北沧州的朋友邮寄两箱金煌芒，共40斤，30个。走了10天，包裹还未到朋友手里，焦急的李女士多次询问南宁、沧州的快递公司，两边却相互推诿，对包裹迟到问题没有理会。朋友好不容易收到包裹，却发现不仅箱子破了洞，芒果也早已腐烂变质，还少了4个。李女士感到无奈，于是通过快递公司总部询问包裹延迟送达原因并要求赔偿，快递公司回复称：因近段时间快递件特别多，每个站点基本都是爆仓，再加上人手不足，出现延误、遗漏现象。至于消费者的赔偿要求，由于包裹事先没有保价，快递公司只能按运费的5倍进行赔偿。事后，快递员不断通过电话和短信向李女士诚意道歉，李女士也感到快递员的不易，不再坚持索赔，只希望快递公司未来能提升自身的服务质量。

南宁 12315 提醒:

寄送多汁类水果最好选择专业的"水果"和"鲜活品"快递公司。由于各快递企业对投递时长的规定不同,消费者事先应做好调查了解、对比和考量。如果要寄的物品比较重要或价值较高,千万别图便宜不付或少付保价费。邮寄物品时,最好拍照或写清楚快递详单。

未拆箱验货,物品破损责任说不清

2016 年 11 月 20 日,蒋女士反映,"双十一"网购了几样家居用品,包括塑料置物架、沥水架、餐垫等一大箱。收到货时,蒋女士看到外包装纸盒完好,以为没问题,就直接签收了,待回家拆开一看才发现放置在最下面的置物架已断裂。她联系卖家,卖家回应称,发货前已检查打包好肯定没问题,是"野蛮运输"的问题,应该找快递公司;随后她又联系快递公司,得到的答复是,货品已签收,现在再说东西破损,责任说不清。蒋女士感到投诉无门,只能自认倒霉。

南宁 12315 提醒:

收快递时一定要当场拆箱验货。《快递市场管理办法》规定,经营快递业务的企业投递快件(邮件)时,应当告知收件人当面验收。快件(邮件)外包装完好的,由收件人签字确认。投递的快件(邮件)注明为易碎品及外包装出现明显破损的,企业应当告知收件人先验收内件再签收。另外,为减少投递时间,快递公司要求代签的行为比较普遍,为了避免纠纷,代签时最好先联系收件人本人。

购买苹果官换机,选择货到付款遭骗

2017 年 1 月,一名在校大学生向南宁 12315 反映,其通过淘宝购买到苹果官换机,卖家巧舌如簧,让其改为微信联系,并选择货到付款。他认为没啥损失,便同意货到付款。如今快递公司已送货上门并收了货款,他拆箱后发现被骗,收到的货物并非苹果手机。其欲找卖家理论,发现微信已被卖家拉黑,想通过快递公司追回钱财,快递公司表示已签收的包裹无法处理,而且快递单填写潦草,发货方只写了"深圳"二字。

南宁 12315 提醒:

现在有些不法分子利用货到付款玩起了骗钱花样。他们借助快递货到付款和代收货款这两种业务,趁消费者不备之机诈骗钱财。提醒收件人在收件时务必拆箱验货,发现不妥立即拒签,对快递单上没有写明寄件人详细信息的,更应提高警惕,以免造成财产损失。

——根据《南宁晚报》相关报道修改

任务一　网点的选址、布局与岗位设置

情景导航

A 是位于杭州城西与余杭交界处的一个新建小区,周边已建有十多个楼盘,已经有近一万户居民入住。现在该地区 YD 公司还没有开设网点,请问在这里开设网点是否合适?新网点在选址时需考虑哪些因素?

网点(有的公司称为分站、营业部/厅、站点、点部),是快递公司在单个城市中最小、最

基本的操作单位。它负责该城市或城市某一区域内快件的揽收、运输、分拣与派送工作，它具备财务结算、营销、质量控制等功能。

一、网点的岗位设置及对应职责

在快递公司的网点，一般会根据需要设置调度、快件操作、行政后勤、质量监控、车辆管理等岗位。网点岗位职责设置说明如表2-1所示。

表2-1　网点岗位职责设置说明表

岗位	职能说明	现有快递企业的岗位设置情况	
		特许加盟模式	外资或其他“自营”模式
调度	将取件指令传达给递送员；合理调度取、派件资源（人和车）	每个站点均设置，一般是本站点取件电话的接听（兼投诉处理客服），调度取、派件资源	此类公司硬件设备较好，递送员通常都配有可无线传输的扫描枪（PDA），取、派任务可通过扫描枪直接获取，不需要人工电话通知。所以只在极个别的大站才设置调度岗位，主要作用不是传达取、派任务，而是根据当天的货量情况合理调度取、派资源
快件操作	快件在站内的操作	每个站点均设置，设置数量根据站点规模而定，规模小的站点还会由递送员兼任	履行该职能的人数与货量、递送员人数有着严格的比例关系，公司按照此比例关系来为站点设置具体人数
行政后勤	站内的行政、后勤保障工作（如物料管理、操作设备维修保养等）	往往由其他岗位人员兼职	由专职人员负责此项工作
质量监控	制作各种反映质量情况的报表，汇报和跟进本站点各种服务缺失问题	极少站点设置该岗位	基本上每个站点都设置该岗位，并由专职人员负责
车辆管理	掌握车辆的使用情况，负责车辆的维修，配置与监控班车运输资源，管理分供方	规模大的站点设置该岗位，规模小的站点基本不设置	规模大的站点设置该岗位，规模小的站点由其他员工兼任

具体各岗位的职责详列如下。

（一）调度岗位职责

调度岗位职责包括以下几项。

（1）根据客服或大客户的取件指令，将取件任务及时准确地传达给路区中的递送员。

（2）与递送员保持畅通的联系，了解取、派件任务的完成情况。

（3）在取、派件高峰时期，根据各递送员的取、派件量，合理调配取件任务。

（4）监控递送员在路区中的工作情况，及时应对异常情况，并上报重大情况。

（5）对递送员的工作绩效和路区划分情况给予合理化建议，掌握每个递送员的平均取件响应时间和工作负荷情况。

(二) 操作员岗位职责

操作员岗位职责包括以下几项。

(1) 按照要求检查并接收递送员收取的快件,协助递送员进行快件的包装和运单检查。

(2) 按照站点分拣方案对出站快件进行分拣、集装、暂存、装车;按本操作站点的路区划分对进站快件进行分拣。

(3) 审核递送员带出派送的快件。

(4) 严格按操作流程逐件扫描快件和集装包,并及时上传到系统。

(5) 将出站快件的运单信息及时准确地录入到系统中,并将派送信息及时准确地反馈到系统中(递送员没有配备无线扫描枪的站点)。

(6) 在特殊情况下,负责支援客户服务工作以及递送员的紧急取、派工作。

(7) 负责快件信息预报的发送、接收和站点间的联络工作。

(三) 行政后勤岗位职责

行政后勤岗位职责包括以下几项。

(1) 负责站内的行政、人事考勤工作。

(2) 站内安保、保洁,及工装、操作设备、办公用品的分发与保管。

(3) 物料管理。

(4) 对除机动车之外的操作设备进行维修及常规的维护和保养。

(四) 质量监控员岗位职责

质量监控员岗位职责包括以下几项。

(1) 上报和跟进本站点的各种操作缺失问题。

(2) 制作并按时上报本站点的质控报告;研究上级提供的质控报告;跟进本站点既定的操作指标,对达不到要求的考核指标进行分析。

(3) 对于操作的现有情况和改进措施提供合理化建议。

(4) 负责与本站点操作相关的培训工作和培训组织工作,并跟进培训效果;配合上级推行操作标准、流程和新项目的实施。

(五) 车辆管理员岗位职责

车辆管理员岗位职责包括以下几项。

(1) 监督每日正点班车和加班车辆的发运情况、配载情况、车辆空舱等情况,用 GPS 监控车辆行驶的路由是否合理、是否按既定时间行驶等情况。

(2) 站点车辆耗油、行驶里程、运行安全等数据的收集、整理、归档与保存;所有车辆的维修和养护。

(3) 处理车辆运行中的突发事件。

(4) 负责与运输分供方的联系工作,定期对分供方进行业务培训,提出改进建议。

(5) 车辆报修故障的月报统计工作,并分析人为或机械因素;对当地的运输市场进行定期调研，寻找替补分供方。

即问即答 2-1

一家网点上述这些岗位是否都要设立？为什么？

二、网点的选址

（一）影响网点选址的因素

站点选址的原则是：最大限度提高操作效率，最大限度优化操作成本。站点选址应考虑以下因素。

1. 地理位置

递送员在路上的行驶时间实际上是只耗费成本（车辆运输成本、车辆里程折旧、人员工资成本），不产生效益的劳动时间。因此，理想的地理位置是位于覆盖服务区域的中心位置，以便使从站点到客户处的路程更短，耗费时间更少，让递送员用更多的工作时间去取件和派件，而不是浪费在路上。当然，在大客户集中的地带（快件主要产出地）可以根据快件量的多少设置专人或临时站点，目的是方便递送员的取派作业，提高整个快件流转过程的时效。

2. 交通便利性

在选址前，最好驾驶机动车和非机动车对该物业附近高峰时段的交通情况做一个全面的了解。需要了解的内容主要有：往返集散中心是否快捷、所选站点周边的交通是否便利、是否存在扰民情况等。当然，在寸土寸金的城市里，很难选到十全十美的物业，很多快递企业的站点（尤其是在市区内的）周围多少都会存在一些拥堵现象。在租赁前，最好详细了解附近道路的主要拥堵时段，是否与站内转运车辆的主要进出时间一致，如果冲突，建议重新选址。如果用量化指标来选址，就是在考虑交通拥堵的情况下，覆盖范围的半径距离不超过半小时车程。

3. 停车便利性

所选站点门口最好能有多个停车位，在门前倒车、掉头也有充足的空间。

4. 相关风险

相关风险包括：①拆迁。城市发展日新月异，即使在郊区，城市化的发展速度也在加快。站点所在地可能会因为城市规划的需要而面临拆迁，而重新选址和搬迁会带来很大的工作量和搬迁费用。因此，在选址过程中，需要联络城市规划部门，了解备选地址在未来五年内是否属于拆迁规划范围，以避免不必要的损失。②租赁物业手续的合法性。根据我国的法律、法规，商业用房的出租必须具备房管部门核发的房屋产权证以及房屋租赁许可证，最好还需要提供本房屋的消防设施达标合格证。③租赁期限的稳定性。站点签订租赁合同的物业使用应该有一定的稳定性，一般的考虑年限为五年，甚至是五年以上。无论是操作面积、仓储面积、停车面积还是办公室面积，都要根据未来发展的预期做相应的预算和规划。如果房屋面积和结构能够方便租赁者在业务发展的不同阶段对租赁场地进行拆分,则更加理想。

5. 房屋结构

操作间的高度最好超过4.5m,操作区便于车辆进出,操作间内廊柱越少越好,库区最好是长方形,租赁场地的面积应该为将来的业务发展预留拓展的空间。

6. 基本配套设施

上下水、电力、电话、宽带网络、消防设备等基本配套齐全;无线通信设备(扫描枪、手机等)在该物业内信号良好。

7. 装修

快递站点与商业性经营场所不同,墙体、地面做一般处理即可,颜色可以根据企业文化的CI进行组合;操作场地一定要做地坪防尘,以免人车设备操作时地面起灰,污染快件,同时也会危害员工的身体健康;操作区的平均湿度应在60%左右,如果是在南方(长江以南),有些建筑物的墙体、角落容易发霉渗水,这样的物业最好在租赁前要求业主进行防水、防潮处理。

8. 治安环境

站点内时有高价值快件滞留,操作区也会停放车辆及配备电脑等办公设备。因此,物业的治安环境也是至关重要的,尽量不要选择太偏僻或周围没有其他建筑物的物业。

9. 性价比

性价比是选择物业最重要的因素之一。在评估性价比时,除了房租以外,还需要计算车辆在途中的时间与油耗成本,并按照租赁年限计算总的时间和油耗成本,用该成本与房租成本相加后综合评估。例如,某站点有两个备选地址(以下分别称为甲地和乙地),房屋结构、面积都基本相同,但地理位置有些差异,甲地距离市区较近,进出所辖服务区的时间短,租赁价格是5万元/月;乙地距离市区比甲地远10km,进出所辖服务区的时间稍长,租赁价格是3.5万元/月。表面看乙地的租赁价格比甲地便宜18万元/年,但在实际操作中,有三个隐性成本需要列出,如表2-2所示。

表2-2 三个隐性成本

乙地增加的成本项目	计算公式(粗算)	备　注
递送车辆每天进出站点和所辖服务区的油耗	递送车数量×20km的油耗×该站点一年的工作天数	如果有二次分拨,应该将千米数翻倍,以此类推
多行驶10km所耗费的劳动时间折合成工资后的成本	日工资÷日工作时间×耗时	
车辆损耗	递送车数量×单辆车耗损	

将以上额外增加的成本与两地租金的差价做比较,最后再根据差额、现金流动状况、快递业务员的取派件效率、快件操作时效等因素进行综合评估,做出性价比最高的决策。

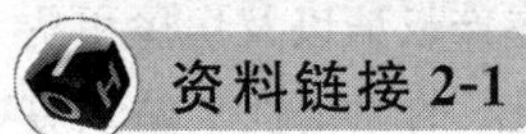

圆通速递终端网点下沉社区

2017年1月19日,国金交运团队组织对圆通速递进行调研,与公司进行深入沟通,形成以下内容。

圆通速递公司收入组成为向加盟商收取的面单费(每单 0.8～0.9 元)、中转费(按每件重量及派送距离决定)及派送费(每单 1～1.5 元);目前根据市场竞争程度,公司依旧会给予加盟商一定程度补贴,所以中转费毛利为负。公司启动“大众创业、天下加盟”项目,通过妈妈驿站的形式将终端网点下沉社区,有效解决快递最后一公里问题,同时直面终端客户,引入更多业务流量,终端网点可以销售日常用品来延长收益链条。在干线方面,公司一直重视机队建设,以提供高速高效的快递运输服务。但是由于飞机引进不仅需要一次性的采购成本,后续维修及保养也需要大量支出,所以机队建设速度不是越快越好,需要伴随着相应市场培养来吸收相应成本。现公司自有货机 5 架,均是客改货,预计 2017 年年底公司机队规模将达到 11 架。

布局局域型商务件网络,探索多元化产品:现在公司产品结构依旧是电商件占主导地位,占比约为 70%,商务件约占比 15%。未来在开展商务件网络布局上,考虑业务分布及成本管控,相比较全网覆盖,局域型网络将更为合适。在多元化业务开展方面,大件电商将是短期发展趋势。大件电商业务需要的网络及仓配与公司现有资源相匹配,所以公司可以以更快捷的速度及更低廉的成本开展该业务。在零担业务方面,由于行业复杂度及专业性很高,开展此项业务的前期投入多及培养时间长,兼并收购相关成熟企业或是较好选择。

未来或将开启新一轮价格战:如果未来市场增速开始下降,设计产能富裕,就有可能再次诱发价格战。所以这两年谁储备得好,就有可能在价格战中存活下去。公司现在处于投入与培养阶段,战略需要一步步落地。这涉及资本支出与短期收益的平衡问题。现在市场需求依旧保持较高增长,收入端快递价格降幅也在不断缩小,公司致力于管控成本提升效率,所以未来单从经营层面看,公司快递业务收益预计会保持较高增速。但是在推动长远战略项目上需要大量的资本开支,有可能会拖累短期利润率。所以在短期收益与长期战略投入上,公司需要合理平衡。

——根据南方财富网相关资料整理而成

(二) 网点选址的步骤

网点选址的步骤包括以下几个。

1. 进行规划

将站点或集散中心服务区域未来 5～10 年快件量的预测数据(包括竞争对手的相关数据)提交给计划工程部(有的公司没有设立该部门,相关工作交由运营中心负责),由计划工程部进行规划、设计、布局、编制年度总投资预算,然后征求相关部门的意见及建议,并经修订后提交给高层管理人员会议或董事会审核通过,且成立项目小组。

2. 调研与论证

项目小组根据以上规划进行站点或集散中心的选址、询价,对备选站点或集散中心进行现场调研,编制推荐方案论证报告、投资预算及施工周期,征求相关部门的意见及建议,经修订后提交给高层管理人员会议或董事会审核通过。

3. 办理相关手续

一般程序为:谈判(购买价格或租赁的价格、租期等)、查验需要购买或租赁物业的相关合法证件、与预算比对、测算快件所承担的单位成本、拟订合同、律师审核、正式签订合同。

4. 采购相关设备与施工

对土建工程及采购设备应采取招标形式:采购设备时,至少邀请三家以上供应商参与报价或邀请多家进行投标,对所采购的设备应当保障在3~5年内不落后于行业中等水平(包括考量性价比)。采购流程结束后就开始签订合同、施工、安装、调试、试运行。

即问即答 2-2

网点选址工作一般是由谁来完成的?

(三) 网点场地布局

网点场地应该按照不同的操作功能进行划分,并按照每个区域的工作特性,分别进行装修和布置。一个标准的站点,主要有以下区域。

1. 车辆停放区

车辆停放区是本站点所属车辆(包括助力车和摩托车)的站内行驶和停放区域。其中停放区域具体又可分为站点班车停放区和站点取、派件车辆停放区,该区域与站点大门之间应该有足够的宽度且通道无障碍物,以便车辆进出。另外,为保障员工和车辆进出的安全,车辆停放区应该在醒目位置张贴限速里程标识牌。

车辆进入和车辆离开的行驶线路应事先规划,并在地面上做明显标示,以提醒驾驶员按照行驶线路行驶。车辆应按照车位上的车牌号标示停放。这不仅有利于车辆的管理和进出库安全,对树立规范的站内操作气氛也都大有裨益。

当然,对于北京、上海、广州、深圳等房租成本较高的一线城市市区,可以不设车辆停放区。

2. 仓储区

这个区域用来存放站点操作物料和特殊快件(高值快件、滞留快件、客户自提快件及待中转的快件等)。鉴于物料和特殊快件都是有经济价值的物品,仓储区域应该是一个密闭的空间(单独房间或铁笼),并设有"门禁"系统和影像监控系统。钥匙由指定人员保管,每一次进出都需进行登记。

3. 分拣操作区

所有快件进入到站点内,都必须在这个指定的区域内进行装卸、扫描、分拣、集装等操作。该区域应该方便班车的停靠,以便减少快件的搬运距离。相关分拣设备应该摆放在此区域的固定位置,以方便取用,如拆开集装袋所用的钳子、文件/小件分拣筐、分拣架、各种常用物料、各种交接表等,避免需要时临时寻找、搬运,浪费操作时间。根据进站快件的派送路区和出站快件的目的地,分拣操作区需进行再分区,每个细分区都有相应的分拣方案标示张贴在醒目的位置,以方便站点操作员在地址或目的地分辨不清时随时查看,防止错发及提高集包及装载班车的效率。

因站点的递送员也会在该区域进行理货、扫描、装车等操作,所以在规划该区域面积时,应参考本站点递送员人数,其标准大约是每个递送员3m^2。

应在操作区域墙体的醒目位置设置看板区，可以用来张贴人员排班表、操作安全提示、进出站点班车信息、大客户特殊要求等当天各项操作提示信息，方便员工查询。有条件的公司可以设置电子看板。

操作区域与办公区应该是隔离的，办公室人员应该经过批准方可进入操作区。有条件的应设置摄像头全面监控该区域。

4. 办公室区域

与外勤的递送员不同，站点经理、站点操作、财务结算、IT 人员是在站内进行工作的，所以站点要根据他们的工作性质设置办公室。

财务人员办公室对安全有特殊要求，如安装“门禁”，进出必须登记，且备有保险箱用来保管当天收取的暂存现金。有的较大站点设有 IT 机房，应配备空气温度调节设备，保障服务器的安全作业环境。办公室内严禁出现快件。如有特殊情况，需要将快件带入办公室处理的，必须有领取人的信息登记，并得到操作经理的签字批准，还须记录在每天的异常日志中。

5. 休息区

有条件的站点可以设置休息区域。站内工作人员在午餐时间、递送员回站后，都可在此休息、进餐等。休息区内可以放置桌椅、冰箱、微波炉等设备，还可以放置小型的体育锻炼器械，如乒乓球台等。操作设备一律不得存放在休息区，快件更不能出现在休息区。

三、网点的质控指标

网点的质控指标包括以下几项。

(1) 取件响应时间：发件人从电话下单之时起到递送员上门取件的时间。除有约定时间外，根据目前的竞争态势，尽量在 30～60min，一般不应该超过 90min。特别是散户，在同等服务性价比的情况下，取件响应时间是他们选择快递公司时考虑的主要因素之一。

(2) 派送延误率：没能在承诺时间之内派送成功的快件的比率。

(3) 破损率：破损快件的比率。

(4) 遗失率：遗失快件的比率。

(5) 错发率：因为操作失误而转运至错误目的地的快件的比率。

(6) 运单录入完整率：在始发站每天取到的快件中，运单信息能够被真实、完整地录入到系统的快件的比率。

(7) 运单图像上传率：在目的站每天派送的快件中，运单图像能够被按时、完整地上传到系统的快件的比率。

任务二　网点业务操作

情景导航

有位李先生打来电话，告知自己住在彩虹城 6 幢 1 单元 301 室，有本书要快递给外地的朋友。你是 YD 公司该门店的收件员，请问接下来你要做哪些准备？如何完成收件工作？

一、收件

(一) 收件流程

快件收件是指快递业务员从客户处收取快件,包括验视、包装、运单填写和款项交接等环节。收件操作的流程如表 2-3 所示。

表 2-3 收件操作流程表

操作流程	时限	备注
接受调度取件指令或按照约定时间取件	接到调度取件指令的同时或按约定的时间准时前往	可通过总部调令、App 接单、电话接单等
到达寄件人地址找到发件人	一般情况接到取件指令的 60min 内	或按照公司对外承诺的时间
验视快件、包装	称重前	查看货物有无违禁品,物品的包装是否符合要求
称重、收取运费、让客户签字确认、开发票、扫描快件、上传取件信息(如果携带无线扫描枪)	尽量在 5min 之内完成	月结客户可免收费这一项;如果是到付快件,需在运单上标示,或使用专用运单
与调度核对取件是否遗漏	扫描比对前	
扫描比对,返回站点	返回站点前进行	
与站务操作员交接快件;向结算员缴纳快递费,核对“到付”件数和金额	按照规定的时间返回	

资料链接 2-2

圆通 App 曝光包含快递员抢单功能

据悉,圆通准备推出一款提高快递员工作体验和效率的手机 App“行者”,该 App 中将包含类似菜鸟裹裹 App 中的快递员抢单功能。

“行者 App 应该会和面向消费者的圆通速递 App 打通,消费者在圆通速递 App 上下单寄件后,订单会通过行者 App 推送给快递员,快递员抢单后上门取件。”有知情人表示,由于产品还未最终成型,所以具体时效等还不能确认。

据上述知情人介绍,接收订单推送(push)、一键抢单只是行者 App 的其中一项功能。该产品还将包含很多提高快递员工作体验和效率的功能,如扫描签收快递、扫描面单取件、蓝牙打印电子面单、路线导航以及方便与路上的快递员进行沟通的语音播报等。

圆通方面也给出了相应的回应,公司确实在筹备一款针对快递员的手机 App,主要目的是为了适应公司的移动互联网战略,但有部分功能尚在完善阶段,具体信息还不便透露。

据了解,菜鸟网络在一周前宣布启动“专业揽件众包计划”,消费者可以通过菜鸟裹裹 App 在线发起寄快递需求,由合作快递企业的专业快递员抢单并上门揽收,加入的快递员约20万人，后续仍会增加。值得关注的是，菜鸟公布的首批合作伙伴中，包括百世、天天、德邦、指尖快递、财神到家及快递兔6家企业，却没有一直以来与菜鸟合作甚密的圆通，难道行者App正是圆通不参与菜鸟众包计划的原因？

早有业内人士预测，菜鸟通过裹裹App开启众包服务会对快递公司造成一定威胁。"初期影响不大，因为来自消费者端的寄件请求体量不大，但抢单功能可以复制，包裹的配送也可以抢单，利用加入众包的快递员杀入最后一公里商品市场也不无可能，那样订单就会越来越多。"

有物流业内人士表示，阿里系电商订单几乎占据了"三通一达"等快递企业70%的业务量，以阿里作为业务来源的快递企业如果再把快递员交出去，确实太过危险了。"像圆通这样将快递员保护起来，通过技术'自立门户'确实是目前的最优选择，这样看来行者App未必是不参与菜鸟众包的原因，很有可能是菜鸟推出众包的结果。"

——摘自《亿邦动力网》

在以上网点收件环节中，验视快件、包装、称重收费等环节尤其重要，以下将重点说明。

(1) 验视快件。快递业务员到达收件处，从发件人手中取得快件，并对其进行查看检验，查看内容包括：是否有违禁品，快件外包装是否符合公司要求。

(2) 包装。对上一环节中未包装或者包装不合格的快件进行包装，针对不同的商品，采用合适的包装材料，合理地包装商品。目前，快递公司采用的包装材料主要有白板纸硬包信封、塑料防水袋及瓦楞纸纸箱，如图2-1所示，对于易碎物品还需要用气泡膜、气泡垫等缓冲物品进行填充。

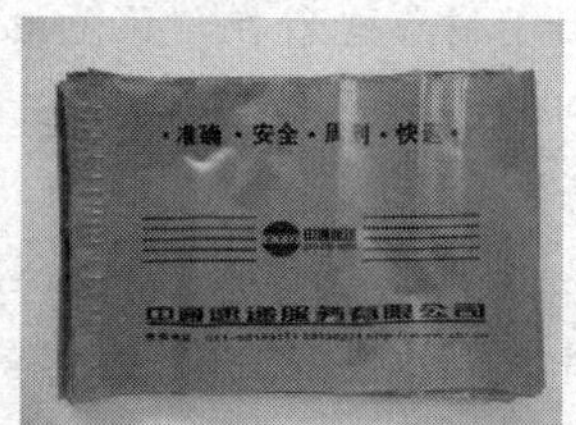

图2-1　常用包装材料

(3) 称重收费。快递业务员根据快件的始发地至目的地所在地区收费标准，结合快件重量对快件收取费用，由首重和续重两部分组成。

若快件属于轻泡货，即体积重量(长(cm)×宽(cm)×高(cm)/6 000)大于实际重量，则按体积重量进行计费。

资料链接2-3

快件丢失应该获得多少赔偿？市民与快递公司陷争议

2016年3月14日，市民王女士拨打《晨刊》热线8881111称，自己年前发了一个从日照到济南的快递，在经历了一个多月的"漫长旅程"后，快件依然没有到达。最后快递公司表示快件寄丢了，为此双方因为赔偿问题陷入争议。

市民:快件寄丢,责任在他们,想多获得些赔偿

王女士说,年前她替公司客户从济南订购一个银制手挂件,价值1 800元左右,由于挂件编绳有问题,于是退换货。2016年1月29日,她找到平日里经常用的EMS,发了一个从日照到济南的快递。

"一般正常快件三两天就到了,济南距离日照又不远。但是我这个件一个星期后还是没收到,查看物流信息一直停留在济南分拨中心。"为了尽快将快件寄过去,王女士联系了快递公司帮忙查询。

查询得知,由于过年快件比较多而造成积压货,过两天就会寄到,此时王女士也没多想。又等了几天,快件仍然没有到达目的地,这时候王女士有点担忧了,"不会寄丢了吧"。于是让快递公司继续查,结果显示仍然停留在济南分拨中心。

一直持续到3月,快件已经寄出去一个多月,还是没有找到,快递公司表示快件丢失。经过协商,快递公司承诺赔偿1 000元,但是王女士认为责任在快递公司,赔偿金额太少,虽然没有进行快递保价不能全额赔偿,但也至少应赔偿1 500元。

于是王女士投诉到济南的邮政总部。"没想到快递公司得知我投诉后,说原本赔偿1 000元改成所收取资费的三倍赔偿。"王女士说,平日里都是用这家快递,没想到发生这事后就只换来这个结果。最终王女士也没有答应该赔偿金额。

"因为熟悉,出于信任而没有买保价,况且当时揽件时也没有做出提醒。快件寄丢了,责任在他们,没想到到头来因为我的电话投诉,就改变了赔偿金额。"王女士抱怨道。

快递公司:消费者投诉到总部,只能按相关规定赔偿

接着,记者联系了山东省邮政速递物流公司日照市分公司的工作人员,该工作人员表示快递丢失确实有他们的责任,由于消费者所在单位是他们的大客户,站在客户利益的角度,申请了该赔偿金额。对于保价,当时也做了提醒,王女士也知情,但她没有买,这个1 000元的赔偿也是他们最大努力的结果。

该工作人员接着说,原本答应接受赔偿的王女士向他们提供了一些丢失快件的相关信息,以及身份证和银行卡复印件。正准备将赔偿款打给王女士时,不知出于什么原因,王女士又投诉到济南的邮政总部。

"总部接管这件事情后,就只能按照我们快递行业相关规定进行赔偿,没有保价的快递赔偿按照所收取资费的三倍。事已至此,现在我们也无能为力。"该工作人员说。

邮政管理:未保价邮件丢失最高赔偿不超过所收取资费的三倍

市邮政管理局工作人员表示,根据《中华人民共和国邮政法》第四十七条规定:"未保价的给据邮件丢失、损毁或者内件短少的,按照实际损失赔偿,但最高赔偿额不超过所收取资费的三倍;"《快递市场管理办法》第二十条规定:"在快递服务过程中,快件(邮件)发生延误、丢失、损毁和内件不符的,经营快递业务的企业应当按照与用户的约定,依法予以赔偿。"

企业与用户之间未对赔偿事项进行约定的,对于购买保价的快件(邮件),应当按照保价金额赔偿。

对于未购买保价的快件(邮件),按照《中华人民共和国邮政法》《中华人民共和国合同法》等相关法律规定赔偿。

如果消费者对处理结果不满意，可以向市邮政业申诉中心提请申诉，按照国家邮政局《邮政业消费者申诉处理办法》进行调处，也可以直接到人民法院提起诉讼。

市消协工作人员也给出了同样的答复，未保价的给据邮件丢失、损毁或者内件短少的，按照实际损失赔偿，但最高赔偿额不超过所收取资费的三倍。

同时，市消协也提醒广大市民，如果快递贵重物品一定要记得保价，就算丢失也能根据规定获得保价金额赔偿。

——摘自《黄海晨报》

（二）快递面单

快递面单指快递行业在运送货物的过程中用以记录发件人、收件人以及产品重量、价格等相关信息的单据，是发件人与快递公司交易的合同。快递面单又称快递详情单，包括快递企业 Logo、条形码、运单号、信息填写区等区域。随着电子商务平台和物流服务信息化飞速发展，面单号（或称之为运单号）成为物流服务商串联快递单、订单、商家、商品等各种信息的枢纽。

目前快递企业常用快递面单分为传统的纸质面单和电子面单两种。

（1）纸质面单采用手写或机打形式，一般有 5 联，分别为名址联、结账联、发件联、签收联、收件联，如图 2-2 所示，发件人在第一联名址联上填写所有信息，其他四联自动复印上所有信息并保管于不同的环节，其中发件联由发件人留存，结账联由收件网点保管做信息录入所用，签收联由派件网点完成签字后回收备用，收件联即收件方收件后粘贴在邮件上的信息联。

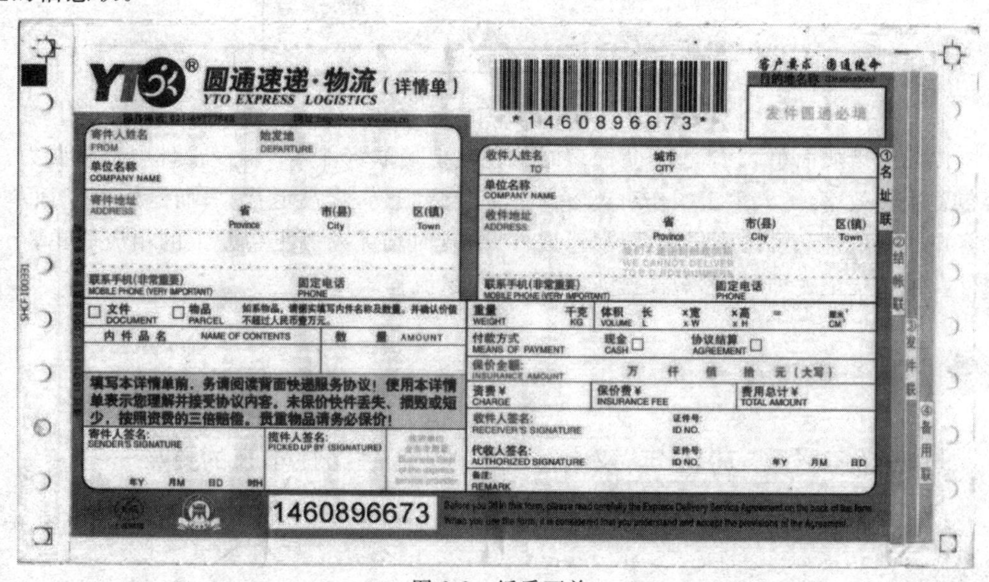

YTO® 圆通速递·物流（详情单）
YTO EXPRESS LOGISTICS

1460896673

客户要求 圆通使命

发件圆通必填

寄件人姓名 FROM　始发地 DEPARTURE

单位名称 COMPANY NAME

寄件地址 ADDRESS　省 Province　市(县) City　区(镇) Town

联系手机(非常重要) MOBILE PHONE (VERY IMPORTANT)　固定电话 PHONE

□ 文件 DOCUMENT　□ 物品 PARCEL　如系物品，请据实填写内件名称及数量，并确认价值不超过人民币壹万元。

内件品名 NAME OF CONTENTS　数量 AMOUNT

填写本详情单前，务请阅读背面快递服务协议！使用本详情单表示您理解并接受协议内容。未保价快件丢失、损毁或短少，按照资费的三倍赔偿。贵重物品请务必保价！

寄件人签名: SENDER'S SIGNATURE　年Y 月M 日D 时H

揽件人签名: PICKED UP BY (SIGNATURE)

收件人姓名 TO　城市 CITY

单位名称 COMPANY NAME

收件地址 ADDRESS　省 Province　市(县) City　区(镇) Town

WE CANNOT DELIVER

联系手机(非常重要) MOBILE PHONE (VERY IMPORTANT)　固定电话 PHONE

重量 WEIGHT 千克 KG　体积 VOLUME 长 L ×宽 ×W ×高 ×H = CM³

付款方式 MEANS OF PAYMENT　现金 CASH □　协议结算 AGREEMENT □

保价金额: INSURANCE AMOUNT　万 仟 佰 拾 元（大写）

资费￥ CHARGE　保价费￥ INSURANCE FEE　费用总计￥ TOTAL AMOUNT

收件人签名: RECEIVER'S SIGNATURE　证件号: ID NO.

代收人签名: AUTHORIZED SIGNATURE　证件号: ID NO.　年Y 月M 日D

备注: REMARK

1460896673

①名址联　②结帐联　③发件联　④备用联

图 2-2　纸质面单

（2）电子面单是指使用不干胶热敏纸按照物流公司的规定要求打印客户收派件信息的面单，在行业内也被称为热敏纸快递标签、经济型面单、二维码面单等。电子面单在国外已经成功运用多年，如联邦快递（FedEx）和联合包裹运送服务公司（UPS）。而在国内，京东、当当、易迅、一号店等从自建初期就使用了电子面单。运用电子面单寄件客户联与取件联可用电子存根代替，货到后客户在回执栏签字由快递人员撕下带回，客户留存余下的存根栏，如图 2-3 所示。

图 2-3 电子面单

传统的纸质面单联单较多，货品多时从包裹上抽取寄件客户联及取件联费时费力，耽误包裹流转效率，工人手工操作时还容易造成包裹损伤，提高退货率；而运用电子面单寄件客户联与取件联可用电子存根代替，取件、中转时均无须撕下包裹上的相应联单，上门取件直接扫描配送即可，缩短操作时间，优化配送流程。

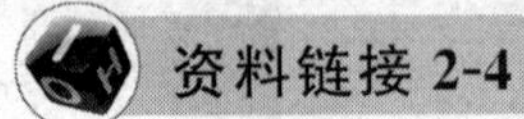

资料链接 2-4

有没有发现，2015 年“双十一”的快递包裹比往年来的更早一些

据菜鸟网络监测，天猫“双十一”第一单仅用 14 分钟就完成了送货上门，原来需要一周才能配送的单子如今 4～5 天就到货了。

其实，此次“双十一”快递加速与电子面单的全面使用密不可分，而与电子面单直接相关的环节是分拣。

菜鸟网络相关人士介绍，使用了电子面单，就不需要人工再去分拨了，系统在打面单的同时会自动显示该包裹具体的分拨路径，不需要分拣员再去识别判断。这样，就减少了快递公司分拣员的工作量，同时解决了快递公司招聘分拣员难的问题。

除了电子面单，未雨绸缪也是大招。“双十一”前夕，中国快递协会、国家邮政局、地方邮政局纷纷召开部署会、动员会、预备会。此次“双十一”，除了派员工驻场快递公司，菜鸟网络邀请了部分快递企业的高层到菜鸟网络联合办公，各家快递企业互通信息，共商对策。此外，菜鸟网络拿出1亿元激励“双十一”期间的快递包裹配送。

——摘自《快科技》

二、派件

（一）派件流程

派件是指快递服务组织将快件递送到收件人或指定地点并获得签收的过程。派件操作的流程如表2-4所示。

表 2-4 派件操作流程表

操作流程	时 限	备 注
与站务操作员核对派送区域的件数、交接签字、装车	在规定出发时间的前一个小时内进行	
设计当天派件的路线	按照设计的路线第一时间送达	
到达收件人地址	在客户处尽量在5min内完成	
让收件客户验视快件、签收、收取“到付”运费或货款、开发票、扫描快件和上传签收信息	在客户处尽量在5min内完成	1月结客户可免收费这一项；因内件破损、丢失等导致的纠纷，若无法当场解决，及时请相关负责人出面解决，不耽误其他快件的派送
核对签收单、上传签收信息、返回站点或开始取件	返回站点前进行	根据调度指令派送应急快件
与站务操作员交接签收单；向结算员缴纳到付运费和代收的货款	返回站点即可进行	

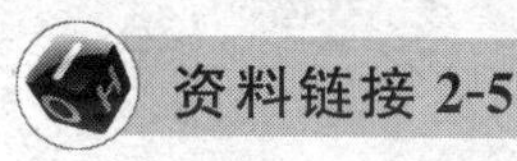

中国邮政首次使用无人机派件，节省农村送货成本

国外许多国家已经在使用无人机派送快件，而国内一直没有动静。无人机操作简单，用无人机派件可以节省人力物力，还不怕堵车，确实是个不错的选择。由于一些偏远农村也需要快递，2016年9月中国邮政在浙江开启了无人机邮路的试运行。

此次无人机派件服务在浙江和安徽交界处的偏远山区进行。由于地理位置较为偏僻，即使平时邮件量不大，但是想要顺利邮寄到每个人手中所需花费的送货成本却很高。

中国邮政采用了六旋翼无人机，位于底部的一体化货舱，能够承载的货物在5kg以内。全程都是自动飞行，最大续航里程可达20km，能够实现精准降落。在当地，采用无人机需要大约15min可以完成全程10.5km的运货飞行距离，大大节省了送货人力成本。

(二)终端自提模式

与传统物流相比,快递更注重速度和服务,是一种门到门的个性化精益物流服务。但在日常的快递派件过程中,收件人上班、外出等原因导致快件无法顺利派送,送货速度慢、快递签收难等问题致使快递企业和客户之间难以协调,物流最后一公里问题愈加明显。

终端自提是一种建立在电子商务发展基础上的新型业务,由快递企业统一将快件安置于某处,再由客户自提回家。它是电子商务结合线下物流、快递、仓储应运而生的一种新型的快递包裹收发模式,这种新型的快递自提模式目前有以下几种运作模式。

(1)快递智能自提柜,它是一个基于物联网,能够将物品(快件)进行识别、暂存、监控和管理的设备,与PC服务器一起构成智能快递投递箱系统。PC服务器能够对本系统的各个快递投递箱进行统一化管理(如快递投递箱的信息,快件的信息,用户的信息等),并对各种信息进行整合分析处理。快递员将快件送达指定地点后,只需将其存入快递投递箱,系统便自动为用户发送一条短信,包括取件地址和验证码,用户在方便的时间到达该终端前输入验证码即可取出快件。目前国内较为知名的有丰巢、E邮柜、速易通等。智能快递柜流程如图2-4所示。

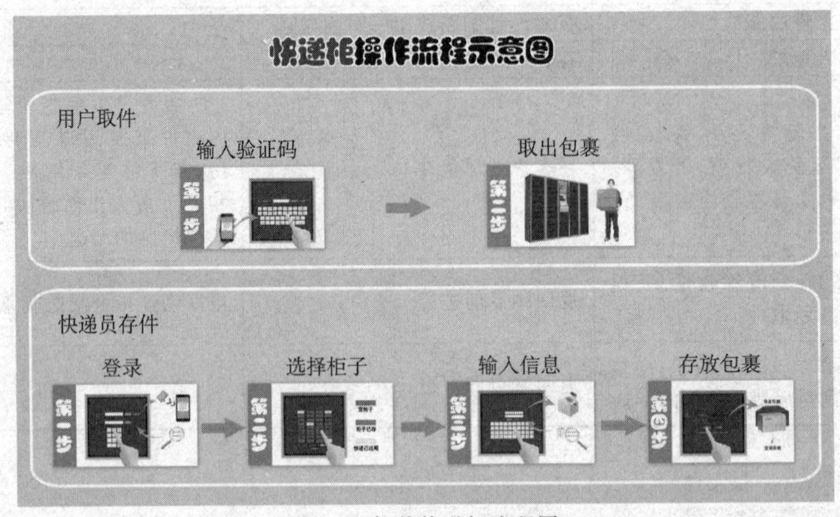

图2-4 智能快递柜流程图

(2)电子商务公司或者快递公司与便利店合作模式的快递自提点,像顺丰与7-11便利店的合作,京东与唐九便利店的合作。其他著名电子商务B2C网站与便利店、干洗店的合作等。

(3)电子商务公司组建的快递自提点,运作比较成功的有京东商城、菜鸟驿站。前者是商家自行建立,后者是由菜鸟网络牵头,以加盟商加盟的形式,运营和搭建的位于社区、行政区和交通便利位置的快递包裹的代收发和自取服务点。

(4)快递公司为了收发件方便自己运营和建立的快递自提点网络,当中要数顺丰速运的授权自营店嘿客最为出名。顺丰速递公司以自身业务发展和业务探索为前提,在国内很多地方建立了快递自提和自发网络,方便了快递包裹的收送,提高了快递包裹收送的速度。

(5)“门卫”自提,“门卫”指校区、社区的保安代理收取快件,收件人到“门卫”自提,降低了“门到门”成本。这种自提模式在企业、社区、学校普遍存在。

即问即答 2-3

终端自提的方式有何利弊？

资料链接 2-6

韵达与便利店合作深化 O2O 布局

2016 年，韵达快递宣布与 1 000 多家浙江区域内的十足连锁便利店开启合作，以深化 O2O 业务布局。这是 2015 年新年伊始韵达快递发力快递服务“最后 100m”、深化线下 O2O 电子商务布局的重要举措，为满足不同层次的客户需求，提供更加周到、便捷的便民快递与电子商务服务。

经过前期的调整对接，韵达与十足便利店完成了服务器数据共享，实现技术对接。当快件到达十足便利店，营业员扫描快件后，系统将自动发送取件信息至收件人手机，收件人凭提取码前往十足便利店领取快件，便利店营业员输入提取码后，快件即显示签收状态。

以即时性、常用性、非常温性、紧急需用性、便利性、消遣性的定位，从特色、服务、时间、空间角度满足消费者的特殊消费需求的十足连锁便利店，大部分店铺 24h 全天候营业，遍布浙江省区域内的大街小巷，提供多项人性化便民服务项目。此次合作使韵达与便利店的合作数量超过 2 000 家，极大地方便了消费者的服务需求，也为公司在 O2O 布局奠定坚实基础。

资料链接 2-7

菜鸟驿站自提模式

以由阿里巴巴旗下菜鸟网络牵头的菜鸟驿站为例，有个体、连锁、物业、校园四种渠道通过建立面向社区和校园的物流服务平台，为用户提供包裹代收、代寄等服务，致力于为消费者提供多元化的最后一公里服务，目前在全国数量已有超 4 万个。

菜鸟驿站的各项服务主要有三大作用：一是基础业务，包括代收包裹和代发快递，其目的主要是为了提高店铺知名度；二是吸引顾客流量，比如充值缴费、票券代理等服务；三是增值盈利服务，比如淘宝代购、优惠导购，将物流服务成为连接点，把菜鸟驿站引来的客流转化为店铺本来业务的收入，获得额外的收益。

三、特殊业务处理

在快件业务中，经常会由于各种原因出现一些特殊业务，对于这些业务，需要有专门的处理方法。下面就选取比较常见的贵重物品件、遗失件和延迟件分别做介绍。

(一) 贵重物品件的处理

按照国际航空协会的规定(IATA),货物价值等于或超过1 000美元/kg就被定义为贵重物品。一般情况下,贵重物品都是有形物品,通常国内民营快递公司根据各自的风险控制能力将高价值货物定位在人民币5 000～10 000元,客户托运物品的价值在此区间的,即被视为贵重物品。一般具有高价值的货物有以下几类。

(1) 金、银、铂金等贵金属及由其制成的饰品。

(2) 合法的货币、有价证券、支票或者股票、高价值邮票和信用证、信用卡等。

(3) 钻石、红宝石、祖母绿、蓝宝石、猫眼石和珍珠等。

(4) 由以上宝石镶嵌的饰品。

(5) 古董表以及宝石镶嵌的名贵手表。

(6) 由金银以及白金制成的艺术品。

(7) 手机、计算机等电子产品。

(8) 艺术品:字画、瓷器及其他艺术收藏品。

(9) 保健品:人参、虫草及其他生物制品等。

(10) 各种高科技仪器。

贵重物品件操作时应注意以下事项。

(1) 贵重物品的操作必须由固定的项目小组来完成,其人员须经过审核,他们的签名、指纹须存档。

(2) 包装要求有:①外包装必须有足够的强度,不会在装卸、运输途中破损;②为了安全起见,每件货物必须贴有一次性的、不可以恢复的封条或蜡印;③在包装外必须预留一些空白处方便贴标签;④包装外要有具体的收货人和联系方式。

(3) 快递运单上"品名"一栏必须正确地填写货物品名,如有特殊代码(如保密代码)也须一并填写,并填写整个包装的尺寸和实际重量,贴上"特殊货物"等"绿色通道"类标签或VIP标签。

(4) 贵重货物的各环节均受监控,在站点、转运中心均设有贵重物品仓库(有监控录像),等候发运时须存放于此。每一个环节的交接均有记录,包括重量记录。

(5) 转运中心接到始发站货物信息预报后,由专人负责监督操作、装货与封存的整个流程。

(6) 目的站接到转运中心货物信息预报后,由专人将贵重货物存放进贵重物品库区,并拍照存档。

(7) 由专人负责派件,必要时拍摄存档。

(8) 所有的操作环节应在有摄像监控的情况下由两人以上共同操作。

(二) 遗失件的处理

快件遗失分为整件遗失、内件遗失和内件部分遗失三种。快件遗失产生的主要原因有以下几项。

(1) 包装不当。①封箱不严,或封箱胶带的强度不够,导致包装封口在运输过程中开裂,内装货物可能因此丢失;②包装箱强度不足,在运输过程中受压后,包装箱破裂,致使货物脱落而丢失。

(2) 仓库管理不善。除了人为盗窃因素以外，为客户提供仓储服务时，因为仓库收货、发货错误而导致库存盘亏。通常，快递或物流企业只对客户托管、托运货物的外包装件数负责。如果在进出仓库的交接过程中发生差错，快递或物流公司就必须承担货物短少的责任。除外包装件数外，如果快递或物流公司还要对内件数量负责，则承担的风险就更大。这就要求操作人员在提货、进库、出库等环节实行严格的交接清点手续。定期进行库存盘点也可以降低一定的风险。对于快递货物在分拨中心点的临时存放(如周末和节假日未派送的滞留货物)，也最好能够每天进行状态扫描和比对，以便跟踪货物的状态。

(3) 运输过程中的疏漏。如果车辆后门在行驶途中意外打开，或车门封闭不严，或敞篷车内的快件因颠簸而滑落，或在装卸过程中没有严格进行清点交接，也很容易造成货物的丢失。

(4) 派送过程中的疏漏。①摩托车、电动车、自行车递送员采用捆绑方式携带货物，如果捆绑不严，会导致快件脱落。②快件没有及时送达收件人，而是留置在收货单位的传达室等非指定收货人处，从而导致丢失。③将快件送错收件人。有些递送员不仔细查看送货地址和收件人，将贵重物品或有价值的文件错送给其他人，此类快件一旦错送是很难再收回的。而且，即使当初购买了货物保险，保险公司对这种情况一般也是不予赔偿的。④有些递送员急于完成派送任务，在收件人不在场的情况下，随便找其他人代签，由此造成的遗失案例屡见不鲜。因此，特别是对于贵重货物的签收，一般不主张代签收的行为。签收一定要严格按照发货人的指示进行。需要签收单位盖章的，务必取得收货单位的盖章。对于个人签收，要验证收货人的身份。如果货物由其他单位代签收，则代签收单位必须是正规的公司或机构，代收人必须签署全名并填写经过核对无误的身份证号码。

针对快件遗失的现象，一般快递公司需要从以下几个方面采取措施。

(1) 完善货物交接流程与规范，包括：①递送员与操作员的交接。②提、发货司机与操作员的交接。③班车司机与操作员的交接。交接流程一定要能够界定和明确丢失的责任。发现货物缺失的环节应在第一时间向上一个环节追究责任。在交接过程中发现的缺失，由交接的上一个环节操作单位承担责任；在交接后发现的缺失，则由交接后的操作单位承担责任。

(2) 及时比对数据，以便第一时间发现问题。将进站实物与预告清单进行比对，可以在第一时间发现货物短少的情况，从而及早采取行动。

(3) 务必对实物进行条码扫描，而非独立的运单。

(4) 贵重货物设立高值货仓库，并进行严格的管理，包括进出登记、每日盘点、换班交接等。

(5) 操作场所尽可能安装监控设备，且监控主机存放区与操作区分离，录像资料保存三个月以上。

(6) 检查车辆是否密封完好，确保车门在行驶过程中不会松开。

(7) 文件类快件使用专用篮集中放置。

(8) 派送时，不宜将快件直接捆绑在自行车、摩托车上，宜使用带锁的箱子。小包裹和文件类快件则装入背包里。

(9) 对错发的快件密切跟进,尤其是错发到分供方的快件。

(10) 落实异常快件的管理责任,及时处理异常快件。

(11) 选用服务质量好的配送分供方。

(12) 高价值快件的派送,对签收人的身份确认十分必要。如果代签收,必须经过收件人的同意,并验证代签收人的身份证件,还可以安排客服再次联系收件人,确认快件是否收到。

(13) 尽可能不接收旧包装箱,尤其是高价值快件。

(14) 在机场提货时仔细检查货物,尤其是高价值货物。使用一些简易手段判断货物情况。①听:摇晃货物,听听是否有被掏箱的感觉;②看:看看外包装是否完好,封口处是否破裂或被人为撕开;③掂:抬起货物,感觉是否明显轻于应有的重量。

(15) 严把员工入职关,防止引入"内贼"。

(三) 延迟件的处理

通常,快件延误主要是由外界客观因素和企业内部因素造成的。外界客观因素主要有天气异常、交通意外、第三方责任和客户自身原因。企业内部因素主要有资源配置不足、操作差错、分供方选择不恰当、承运违禁物品等。

为了降低快件的延误率,一般需要从以下几方面着手。

(1) 审核快递路由工程设计是否能够满足客户的时限需求,如果工程设计本身就无法满足时限要求或采用的计划不稳定,延误就不可避免。

(2) 审视企业的组织和管理架构本身是否存在固有的缺陷,例如,管理制度不科学,导致加盟站点重取件、轻送件。如果存在这个问题,必须找到解决或平衡的措施。

(3) 审视企业的资源配置能否满足业务发展的需要,如人手、车辆资源的配备是否与业务量匹配。尤其是在操作高峰期(大货量期间)能否满足操作的需求。

(4) 评估配送分供方的操作能力和配送时限是否能够保证网络运作的要求。

(5) 在配货航班的选择上,舱位的可靠性必须重点考察。主要航线必须有备选航班。

(6) 为节日前后、航空运输的旺季准备货物及时转运的备选方案。

(7) 各转运班车的准时性必须得到保证。转运车辆的车况必须保持良好的状态。每天出车前后进行车辆检查是一个良好的工作习惯。

(8) 通过规范操作流程,减少错发、漏发等操作失误。

(9) 进行延误的统计、分析,找出延误发生的主要原因,重点解决造成延误的瓶颈。

(10) 合理调度车辆资源,避免因为工作量不平衡而造成个别路区无法及时完成派送。

(11) 对于货量激增等异常情况,提前给各个操作环节发预告,以便提前做好操作准备。

(12) 建立由质控团队、管理制度以及 IT 系统支持的服务质量跟踪系统,监控、分析和跟进每一起延误事件。

(13) 注重运单的完整,确保收件人信息的完整性、准确性。

(14) 每天及时跟进派送异常快件。

(15) 管理人员跟车了解递送路区的派送能力,解决派送能力的不足或不平衡。

(16) 采用传送带等技术，提高站内的分拣效率，确保递送员出发派送的时间。

(17) 充分利用IT系统功能，解决一票多件货物在站内的分拣困难问题。

(18) 对于节假日派送快件，进行送件前的电话预约，减少跑空的时间。

(19) 查验快件，避免接收违禁品，以防货物被安检部门扣留。

(20) 拒绝接收超大超重的航空运输货物，避免因无法通过安检或无法配上航班造成延误。

(21) 及时去除包装箱上的旧标签，以免影响各个环节的正确分拣。

(22) 加固、贴牢运单及运输标签，以防止因脱落而造成货物无法按时转运。

任务三　网点加盟管理

情景导航

YD速运有限公司近年来发展迅速，在一些大中城市网点的经营效益都不错。范哲大学毕业后在货代公司工作了两年，现在他想要加盟成为YD公司的一个网点，接下来他需要怎么做？

一、加盟连锁

加盟连锁是企业组织将该服务标章授权给加盟主，让加盟主可以用加盟总部的形象、品牌、声誉等在商业的消费市场上招徕消费者前往消费。而且加盟主在创业之前，加盟总部也会先将本身的技术、管理等经验教授给加盟主并且协助其创业与经营，双方都必须签订加盟合约，以达到事业获利为共同的合作目标；而加盟总部则可因不同的加盟性质而向加盟主收取加盟金、保证金以及权利金等。

在连锁经营的模式下，直营连锁也是比较常用的，加盟连锁与直营连锁有以下区别。

1. 产权关系不同

加盟连锁（特许连锁）是独立主体之间的合同关系，各个特许加盟店的资本是相互独立的，与总部之间没有资产纽带；而直营连锁店都属于同一资本所有，各个连锁店由总部所有并直接运营、集中管理。这是加盟连锁与直营连锁最本质的区别。特许经营总部由于利用他人的资金迅速扩大产品的市场占有率，所需资金较少。相比之下，直营连锁的发展更易受到资金和人员的限制。

2. 法律关系不同

加盟连锁（特许连锁）中特许人（总部）和被特许人（加盟店）之间的关系是合同关系，双方通过订立特许经营合同建立起关系，并通过合同明确各自的权利和义务。而直营连锁中总部与分店之间的关系则由内部管理制度进行调整。

3. 管理模式不同

加盟连锁（特许连锁）的核心是特许经营权的转让，特许人（总部）是转让方，被特许人（加盟店）是接受方，特许经营体系是通过特许者与被特许者签订特许经营合同形成的。各个加盟店的人事和财务关系相互独立，特许人无权进行干涉。而在直营连锁经营中，总部对各分店拥有所有权,对分店经营中的各项具体事务均有决定权,分店经理作为总部的一名雇员,完全按总部意志行事。

4. 涉及的经营领域不完全相同

直营连锁的范围一般限于商业和服务业,而加盟连锁(特许连锁)的范围则宽广得多,除商业、零售业、服务业、餐饮业、制造业、高科技信息产业等领域外,在制造业也被广泛应用。

即问即答 2-4

加盟连锁与直营连锁各有什么优缺点?

二、网点加盟的条件

一般情况下,要想加盟成为快递公司的网点,先要了解以下内容:加盟总部网点所具备的条件;加盟总公司网点的流程;加盟审批及转让、关停制度及程序;加盟总部网点门店建设及服装要求;各网点开通派送范围的标准;网点开设需要拿到哪些资料。

随着《中华人民共和国邮政法》(2015 年修正)的实施,加盟快递公司的要求越来越严格。以 YD 公司为例,加盟该公司有以下几个条件。

(1) 网点经理必须具备高中以上文化程度,有一定的管理水平和管理经历,有一定的社会关系,有较强的社交能力,为人正直诚挚,讲求职业道德,讲信誉顾大局,有开拓意识和服务理念,有团队合作精神,有责任心。

(2) 网点经理及全体员工要懂得与快件相关的法律及司法解释,必须具有风险意识、应变能力及处理各种问题的策略和防险方案,做到盈亏都能保持平常心态。

(3) 承诺在任何情况下都不得采取报复兄弟连锁公司和客户的违规违法行为。承诺接受连锁网络管理中心的各项培训,遵守 YD 公司的各项规章制度与快件运作规则,做到一切行动听指挥且无条件地服从调度命令。必须使用由网络运营中心统一印制的运单及包装物。

(4) 加盟公司、办事处(派送点)应一次缴纳一定数额的风险抵押金和网络建设费。承诺按时并且无条件地缴纳各种费用。如运费、中转费、丢件赔偿费、违规罚款等。

(5) 在省、自治区、直辖市范围内经营的,注册资本不低于人民币 50 万元,跨省、自治区、直辖市经营的,注册资本不低于人民币 100 万元,经营国际快递业务的,注册资本不低于人民币 200 万元。

(6) 有健全的安全保障制度和措施,包括保障寄递安全、快递服务人员和用户人身安全、用户信息安全的制度,符合国家标准的各项安全措施,开办代收货款业务的,应当以自营方式提供代收货款服务,具备完善的风险控制措施和资金结算系统,并明确与委托方和收件人之间的权利、义务。

(7) 随着 YD 公司网络的发展,YD 总部按规定向加盟者收取相应的管理费用,具体标准如下。

① 网络建设费:省会城市:2 万~5 万元(按城市的等级);其他城市:5 000~2 万元

(按城市的等级)。任何网点(包括新开通网点、暂停后重新开通网点和转让网点)一律不得免除网建费。

② 押金(统一为风险押金,不再区分遗失、延误、到付押金):省会城市的风险押金为20 000元,地级城市的风险押金为10 000元,县级城市及县级以下城市的风险押金为5 000元。

(8) YD公司网络内部事务管理规定如下。

① 新增窗口、窗口资料变更(含变更窗口名称、窗口负责人变更)管理规定(不含上海):新增或变更窗口收费100元/个;新增或变更窗口的网点、分部或承包区必须配备至少一台电脑、扫描枪等硬件设施;新增或变更窗口必须按总部规定流程,规范填写《网点、分部及承包区开设/变更窗口申请表》,寄至省/区经理审核。省/区经理审核《网点、分部及承包区开设/变更窗口申请表》时,必须严格审核该网点、分部或承包区开通的可行性(含管理、发展能力)以及网点、分部或承包区的硬件设施配备情况,如因把关不严导致的网点或分部管理、发展不稳定的,省/区经理须负主要责任。地/县级城市新增、变更资料时,必须同时填写《地/县级城市开通运行申请表》,方可生效。

② 上海市新增窗口收费1 000元/个,其他规定和申请流程参照“新增窗口、窗口资料变更管理规定”。

(9) 违反《合作协议书》条款的,营运中心将按协议规定予以关停。

(10) 各加盟网点必须参加YD公司每年度的网络大会,共商YD网络发展大计,无故不参加的,每次处罚500～1 000元,并收取同等的会务费。

三、网点加盟的流程

快递公司网点加盟的流程并不复杂,通常情况下分为以下8个步骤。

(1) 网点可以通过公司网站、省经理或者直接来电总公司咨询网点加盟的相关事宜,了解公司网络加盟的条件、流程。

(2) 加盟商从公司网站下载加盟窗口的申请表格,并且填写好相关的信息,由省经理直接审核,签完字后同加盟费用及相关的资料一起寄递总公司。

(3) 公司网络运营中心经审核、考察后,确认条件许可,直接由营运中心负责人签字,并且通知IT部门开设窗口代码。

(4) 开设窗口代码完毕后,IT部门相关人员告知营运中心,营运中心相关人员直接电话通知加盟商,告知窗口名称、代码、密码,并且将公司内部网站的相关权限向加盟商进行简单的介绍。

(5) 营运中心通过工作反馈系统,通知物料部门加盟公司的资料,并且进行备案,加盟网点可以直接在公司总部物料部进行物料的购买,物料费用直接打到公司的物料账号,物料部会在第一个工作日内把物料发往购买的网点。网点应该自行对物料进行跟踪及签收。

(6) 加盟商在总公司购买扫描枪、面单扫描仪、电子秤、员工工作服等物料,扫描枪需要在IT部门装好程序,方可使用。

(7) 营运中心把开通网点的窗口申请表进行复印后发放给财务部、操作部、IT部门并告知,财务部会把网点的预付款系统开通,网点可以直接到附近的分拨中心充值预付款,以后产生的走件、遗失、延误、理赔都直接从预付款中扣除。

(8) 加盟网点需要给总公司提供相关的资料,与总公司签订网络合作经营协议书(协议书一年一签)。

图 2-5 为 YD 公司加盟业务流程图。

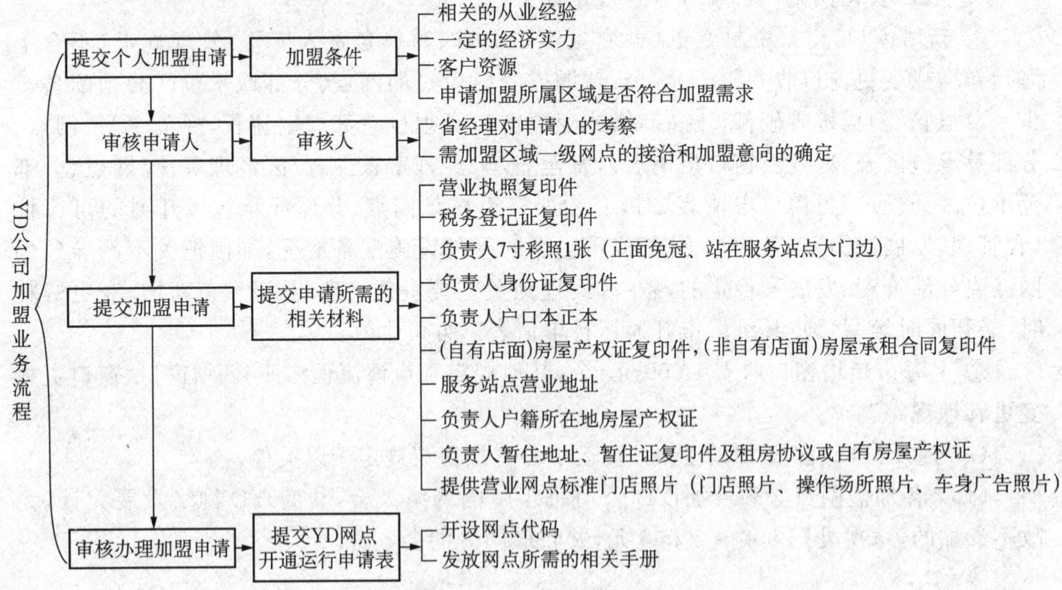

图 2-5 YD 公司加盟业务流程图

在成为快递公司的加盟网点后,应尽快熟悉下列内容:①签收上传的标准及程序(派送、签收、时效等);②网点客服的标准化服务用语(话务员培训教程和业务员培训手册);③总公司各种软件的使用程序;④网点与承包区及分拨中心交接的时间及流程;⑤快递行业标准化及管理办法;⑥网点服务项目,合理揽收,科学操作快件 ;⑦物料购买及预付款充值流程;⑧到付、有偿派送、大货派送费、对账的处理流程;⑨快件延误、遗失、内盗、上报及申诉流程;⑩公司重大事故申报流程(火灾、偷盗、查扣)及处理办法。

四、快递公司总部对网点的管理

(一) 网点与总公司签订协议书需要的资料

网点与总公司签订协议书需要以下几项资料。

(1) 营业执照复印件。

(2) 税务登记证复印件。

(3) 负责人 7 寸彩照 1 张(正面免冠、站在服务站点大门边)。

(4) 负责人身份证复印件。

(5) 负责人户口本正本。

(6) (自有店面)房屋产权证复印件、(非自有店面)房屋承租合同复印件 。

(7) 服务站点营业地址。

(8) 负责人户籍所在地房屋产权证。

(9) 负责人暂住地址、暂住证复印件及租房协议或自有房屋产权证。

(10) 提供营业网点标准门店照片(门店照片、操作场所照片、车身广告照片)。

(二) 网点加盟派送范围的规划标准

一般的,快递公司按行政级别规划标准将网点分为地级城市网点、区县级城市网点和乡镇街道网点三种。地级城市(也称二级城市)的直盟网点的派送范围必须可以覆盖其下属的各区级地区,其下级县及县级市按能力情况处理;(区、县、县级市)地区的直盟网点的派送范围必须覆盖其开通地区的城区全境,其郊区、乡镇村组按其能力情况处理;乡镇街道级别的直盟网点的派送范围须覆盖其地区的乡镇全境,包括其公司周边10km之内的范围必须全线覆盖。

在不同级别的城市开设网点,要求也是不一样的。省会/直辖市网点的首期投资总额不得低于50万元,且省会城市营业场所不得小于1 000m^2,配备硬件设施应包括车辆、电脑、扫描枪、电话、工作服等。地级市城市的首期投资总额不得低于30万元,且省会城市营业场所不得小于500m^2,配备硬件设施应包括车辆、电脑、扫描枪、电话、工作服等。区/县/镇网点的首期投资总额不得低于15万元,且省会城市营业场所不得小于300m^2,配备硬件设施包括车辆、电脑、扫描枪、电话、工作服等。

以上各地区级别的直盟网点必须以开通范围内全境派送为标准,不得对范围内的某一单位、学校、工厂或某一路段等进行不派送,也不可对此类地区做延时派送或收费派送(海关、仓库等确需收费的特殊地区除外)。此外,规划标准要结合当地同行的派送范围进行对比;各地区网点派送范围一旦确定,规划必须要以"只可扩大,不可缩小"为原则。不得随意对开通地区不派送。江浙沪地区及部分外围城市实行全境无条件派送,按具体规划标准实施。

各网点须在发展相关业务的同时不断拓展当地的派送区域,以能够全境派送为目标。在稳定增加派送区域后及时提交书面材料给总部营运中心,以便在相关页面及时更新,提交的格式及流程如下。

• 公司编码:××××××

• 公司名称:××××××

• 更改内容:××××××

操作流程如下。

以文档打印形式拟一份申请,打印出来由申请方公司负责人签名或盖公章→递交所属省管理经理审批签字→递交总公司营运中心审核→收到审核通过后的材料方可修改。

网点相关业务电话、负责人手机等联系方式要保持畅通,不得随意更改。公司地址要保持准确无误,电话、地址等如有更改,必须第一时间通知营运中心,以便在相关页面及时更新。

(三) 网点管理相关制度

快递公司加盟网点的管理制度主要包括转让制度、关停制度和年检年审制度等。

1. YD公司网点转让制度

第一条　网点的转让必须经过YD公司网络运营中心的裁决方能生效。

第二条　网点的转让,必须事先向YD公司网络运营中心提出书面申请,出示转让协议及受让方资质资料,否则不予认可。

第三条　经YD公司网络运营中心确认后,出让方必须结清所有费用(中转费、运费、理赔款、到付款等),并交付转让总额的20%给网络运营中心。

第四条　受让方必须缴纳应缴的各项费用并全部接受YD公司网络的各项规定与义务,在重新签订《合作协议书》及取得《YD商标使用权》后,方可接手经营。

第五条　新开设的网点一年内不得转让或变相转让。一经发现,按违反《合作协议书》论处,取消网络成员资格,没收抵押金。

2. 关停制度

第一条　网点的关停,必须提前一个月以书面形式向网络运营中心提出申请,网运中心将在五个工作日内做出答复。

第二条　允许关停的网点必须结清各项费用,处理好善后事宜,方可停业。对擅自停业的网点,网运中心将没收风险抵押金,直至追究其法律责任。

第三条　对违反网络各项规章,拒不执行网运中心的合理处罚的网点,网络运营中心将视情节予以强制性关停。

第四条　网点所属窗口停用(含有窗口的网点、分部或承包区)的管理规定如下。

(1) 网点、分部或承包区申请暂停时,总部将关闭相应窗口的网络权限和YD软件使用权限。

(2) 停用窗口需要保留或重新使用时,按“新增窗口或窗口资料变更管理规定”处理。

3. 年检年审制度

第一条　各加盟网点必须每年无条件参加YD网络运营中心组织的年检,年检合格后,方可继续享有YD快运商标的使用权。年检前提:加盟网点必须遵照《中华人民共和国邮政行业标准》及《快递市场管理办法》的管理和审核规定。

第二条　年检范围及年检收费标准:所有直接加盟YD总部的网点。

年检收费标准(元/年):①县级及县级市以下网点为500元/年;②地级市网点为700元/年;③省会城市及直辖市网点为1 000元/年。

第三条　如有网点逾期拒绝年检,自逾期之日起,对逾期网点进行面单额外加价0.1元/份,并扣信誉分5分。情节严重的网点,总部将无条件收回该网点的YD品牌经营权。

项目小结

本项目介绍了快递公司网点的定义,阐述了网点的选址、布局、岗位设置业务,分析了网点的收件、派件业务及特殊业务的处理,还介绍了总部对加盟网点的管理。网点是快递公司直接面向客户的窗口，它的服务好坏会直接影响客户的满意度和忠诚度，因此，网点业务的规范化操作是很有必要的。

课后练习

一、问答题

1. 快递公司可以从哪些方面去吸引客户？
2. 递送员在派件时要注意哪些问题？
3. 快递公司采用直营与加盟两种运营模式各有何优缺点？

二、案例分析

案例一

DDS快递倒闭背后：加盟模式松散，频发携款潜逃

DDS快递造成的乱局还未平复，其他快递公司已经开始争抢DDS快递留下的地盘。DDS快递的对手用的重要一招，还是“免费代收货款”业务。尽管DDS曾因这项业务摔了大跟头，甚至倒闭后还在全国引发了追讨货款和欠薪潮。

DDS事件“后遗症”

作为DDS快递历时十多年营造的全国快递网络中的一个节点，广州天河某电脑城的商户们也在本轮风波中未能幸免。不过，很快就有其他快递公司开始争夺DDS快递留下的地盘。该电脑城一位商户告诉记者，有几家公司在做，尽管这几个公司的网点不在电脑城，但一个电话过去，业务员很快就能过来收货，而且保证早上收货，下午四点之前就能将回收货款交给货主。

这依然不能打消货主们的疑虑。该商户苦笑道：“我们都被DDS快递事件吓着了。一家经营了十多年的公司都会跑，还有几个公司是可靠的？大的有保障的公司，不够快速和灵活，或者收费太贵，做电脑零配件的生意本来就利润微薄，一个价值1 000多元的配件可能只有不到100元的利润，而且还包括了快递费用，走DDS快递约15元，走申通也得30元左右，更别说顺丰了。与其这样，还不如不卖。”

他说，电脑城的销量已经大为减少。货主们希望改走银行渠道，但消费者一嫌麻烦，二也担心网络银行的安全性。还有一些商户，被DDS快递拖欠的货款有一二十万元，直接影响了现金流。“最初是三五天内回款，后来拖到一星期，再后来十天半月地拖，现在，已经没指望能要回拖欠款了。”

本报采访发现，DDS快递事件表面原因是扩张过快、低价入市引发的资金链断裂，深层次原因则是代客户回收款项，又对款项监管不力，以及松散的加盟模式。

“华南地区有90%的快递公司都有代收货款这一项业务，其中大多数都是免费的。”昨天，广东一位快递公司老总接受《第一财经日报》采访时说，全国其他地区的情况应该也和广东差不多。

只有少数快递公司如顺丰和EMS是收费的，收费标准在3%左右。一些原来没有做代收货款业务的快递公司，也有意在今年开展这项业务，这“毕竟是一块大蛋糕”。

松散的加盟方式

代收货款常常引发事故,上述电脑城商户就告诉本报记者,几年前他就碰到过一家小型快递公司倒闭,业务员代收的货款没能追讨回来。但此后他就选择了较大型的DDS快递,没想到又碰到这种事。

“如果营业执照的‘经营范围’中没有代收货款这一项,就不能从事这项业务,否则算超范围经营。”江苏南京苏商律师事务所律师蒋进,建议货主与快递公司签订固定合约,在填单时注明代收货款等字样,这些证据都有利于事后追讨欠款。

“说白了,快递公司年年都有业务员或者分公司经理携款潜逃的事情,主要是因为这个行业很多都采取加盟的方式去扩张网络。”东莞一位不愿透露姓名的快递业界人士告诉记者,除了顺丰、德邦物流等个别公司是直营外,大多数快递公司都是采取加盟,以及加盟与直营兼有的方式。

这种加盟模式十分松散,一些公司要求有两三万元的押金,一些甚至连押金都不要,“快递业量大才能赚钱,一个快件成本差不多有五六元,开价6元怎么有得赚?除非做量。而量需要有很大很强的网络。在这种背景下,如果网点的货量上不来,没钱赚,就可能引发业务员或者公司经理携款潜逃。”

DDS快递事件给业界敲响了警钟,部分公司已把加盟的押金提高到了三万元,签约时限延长至三年。一邦速递负责人林英武告诉记者,他们不会挪用客户货款用作公司经营,网点都是日结,而且加盟商除了押金外,还需要缴纳5 000元预付款,用于冲抵将要送达的货物价值,一旦预付款余额低于1 500元,系统就会提示充值。

速尔物流华南区一位资深人士告诉记者,该公司将推行一系列电子化手段加强对网点的财务监控。如从东莞派发一趟价值100元的货物到广州,业务员先揽货并送到东莞分拨中心,此时就已经相当于加盟商欠了公司100元,直到公司统一专车送货到广州分拨中心并送到个人手中拿回货款。如果未能及时还款,系统将不再调配新的派送任务给加盟商,以使损失降到最低。

还有一些公司,开始从加盟向转让方式过渡,尽管后者的成本要高很多,但公司对网点的控制力将大为增强。

——摘自《第一财经日报》

问题:

(1) DDS快递公司的加盟管理存在哪些问题?

(2) 你认为应如何规范快递公司的加盟管理?

案例二

韵达速递提出“快递+便利店”合作新路径

2015年在太原召开的中国便利店大会上,韵达速递门店事业部总监张巍在发表“快递+便利店O2O的最佳实践”主题演讲中提出,“韵达速递通过两年多的门店建设实践积累了经验,并通过与十足便利店、良友便利店等的战略合作,逐渐摸索出一条快递与连锁便利店合作发展的新路径。”

韵达速递在与便利店的合作中,可以达成三个层次的战略合作。

首先,快件代收代寄业务,这也是快递与连锁便利店合作的基础服务。韵达速递已与全国各区域的连锁便利店达成合作，如浙江省的十足便利店、武汉中百超市、江苏宏信龙超市等，深化O2O布局。

其次，合作开设“迷你店”，即快递与连锁便利店的深度合作，利用韵达速递网点开设的自建门店与连锁便利店融合，开设合作迷你店。快递网点开设自建门店业务相对单一，持续盈利能力差，若与连锁便利店合作，在自建门店里销售日常快消品，将很好地丰富门店的经营内容，也是资源互换及持续的盈利模式，同时拓宽了便利店销售广度及深度。

最后，实施“快递＋互联网”战略，开启社区商品配送O2O业务，门店取货直接送到客户家里。这将会是快递业与连锁便利店的一次变革。可实现围绕社区便利店通过互联网拓宽销售渠道，客户可以通过PC端、移动端随时随地购买所需商品，韵达速递作为“电商”（便利店）末端的“脚”可以提供多样化的个性服务。

——摘自《国际商报》

问题：

(1) 快递企业与连锁便利店合作有哪些好处？

(2) 快递企业还可以从哪些方面来完善末端配送网点的布局？

三、实训操作

请你实际参与派件业务，并总结应如何做好派件工作？

分拨中心业务及管理

学习目标

★ 了解影响快递公司分拨中心选址的因素。

★ 掌握快递公司网点布局与岗位设置的情况。

★ 能熟练地进行分拣、扫描、装车、卸车等操作。

★ 能熟练地对贵重物品的交接进行操作。

关键词

分拨中心　选址　布局　岗位设置　分拣　扫描　贵重物品

抓狂的快件中转

分拨中心是一个地区中的集散地，一般设在大城市和交通便利的地方，两个目的地之间的分拨中心数量决定了一个包裹到达客户手上时间的长短。例如，同一天，有两个包裹，一个是上海到西安市区，一个是上海到浙江淳安，很多淘宝网的卖家、买家的第一反应就是到淳安的快，因为江浙沪一般都是第二天到，其实，很多时候反而是第一个快。假设当天就有上海到西安的航班，包裹上了飞机，第二天就可以到。而第二个件，从上海出发，杭州是第一个分拨中心，然后再去淳安，如果是淳安下面的农村之类的，第二天几乎100%到不了，甚至第三天都困难。因为，对于快递公司来说，不可能任意两个快递服务点之间都有直线联系，而它们采用的是蜘蛛网式的布局，每个地区有一个分拨中心，该地区所有快递点的包裹都由全国各地集中到这个分拨中心，然后安排车辆下派件。由于有些地方的快递网点特别多，所以分拨中心也多。一般一级分拨中心是省会城市，二级中转是地区市，三级中转是县级市。

所以，除了江浙沪、京津、珠三角三个快递特别便利的区域外，其他地方，如果客户是城镇的，一般包裹至少要经过2～3个分拨中心才能到达他手上，时间要3天以上。另一种情况是，快递从收件到发件中心的速度远快于分拨中心到客户手中的速度，其实不仅仅是因为大部分快递“收件有钱，派件无偿”的情况。每个快递员心里都有个数，几点可以赶上快递发车，所以，在这之前他会收件，赶不上，就不收了。因此客户会发现，即使是最偏

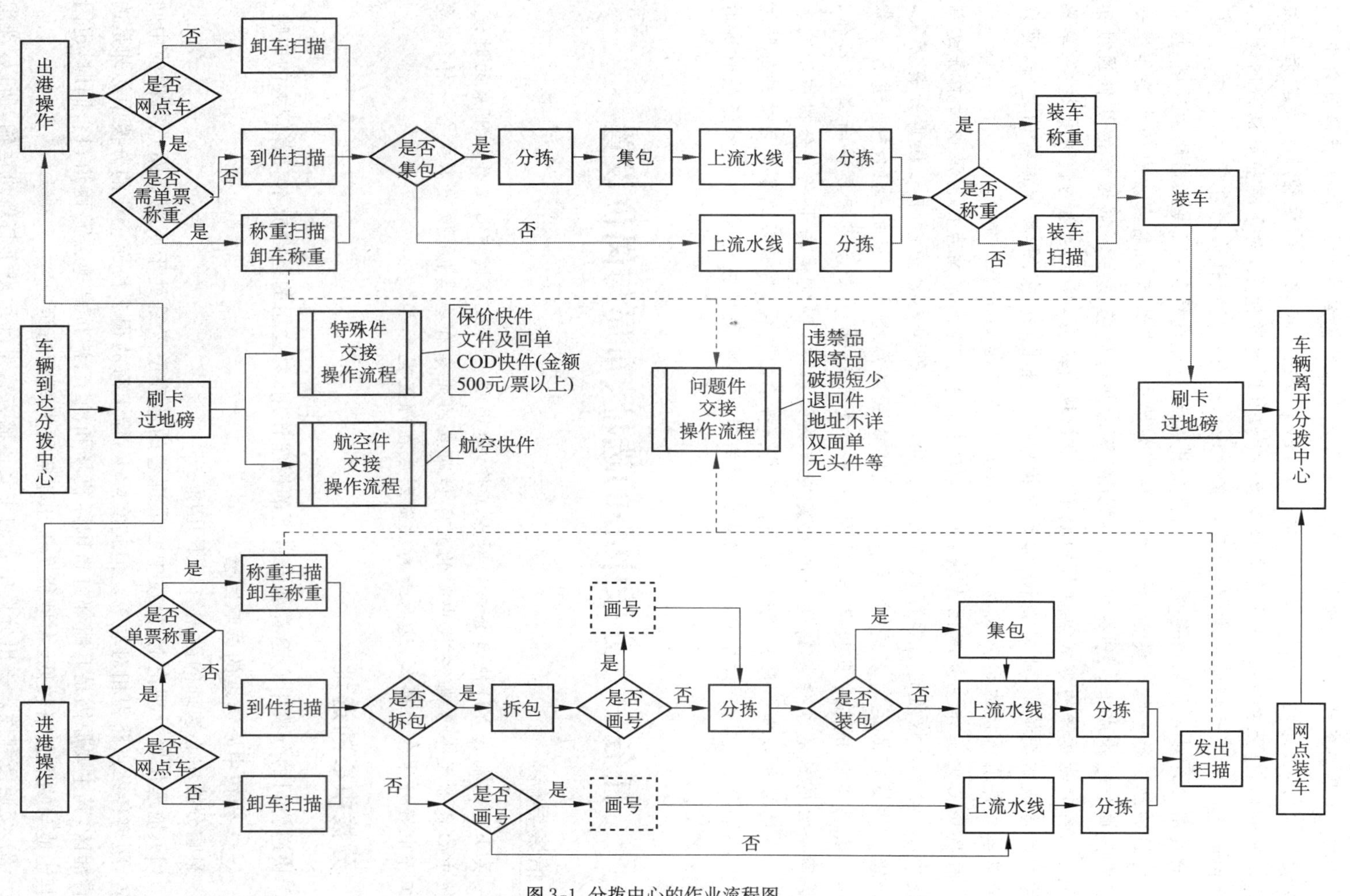

图3-1　分拨中心的作业流程图

僻的地方,只要包裹送到了快递员手里,包裹肯定当天就能到中心城市,也就是发件中心。但是航班也好,公路运输也好,到了分拨中心,两个分拨中心之间的运输不一定能赶上对方的发车时间,结果就是每个分拨中心停留一天,所以速度慢了,对于有些更偏僻的地方,快递两天送一次甚至一周一次(如海岛或者林场),这个速度就让人抓狂了。

分拨中心是对自己辐射范围内的站点的进出港快件进行集中,再根据路由规则,按照快件的目的地进行分拣归类后,转运到下一个分拨中心或城市的站点。它的主要作用是可以降低单位运输成本。分拨中心按照计划路由和时间将发往不同城市的快件通过集货、分拣、再集货运输的方式发往目的城市。根据规模效应,单次运输的快件量越多,单票快件的运输成本就越少,也就是说,通过分拨中心的集货、分拣、再集货运输的过程,可以降低单票快件所承担的运输成本。分拨中心的作业流程如图 3-1 所示。

分拨中心的工作主要有三大块:第一,快件集中。各始发站点的出港快件首先运到分拨中心,由其对快件进行集中操作处理。第二,快件分拣。分拨中心根据分拣方案,即根据目的城市的运输方式(陆运班车、航空或铁路),将同一目的地的快件进行集货分拣。大件货物分拣后直接装车,小件货物和文件经过分拣后还需要进行集包操作,即将同一目的地的快件装载到一个集装袋或集装器中,以便提高下一个分拨中心或者操作站点的操作效率。第三,快件转运。完成分拣后的快件,将装载到不同目的地的陆运班车、飞机或火车上,分拨中心按照路由计划的时间表将快件按时发出,以保证快件准时到达目的地。

任务一　分拨中心的选址、布局与岗位设置

情景导航

吴小芳以前在 YD 快递公司的网点工作,最近刚被调入分拨中心工作。刚来的时候,分拨中心负责人告诉她,分拨中心的业务和网点的业务有些类似,但又不完全一样,需要在工作中好好体会。那么,这两者的区别到底在哪里呢?

一、分拨中心的选址

快递公司的分拨中心起着承上启下的枢纽作用,对公司的运营成本有着较大的影响。

(一) 分拨中心选址的影响因素

影响分拨中心选址的因素有以下几项。

(1) 地理位置。理论上,分拨中心最理想的地理位置是处于所覆盖站点范围的中间位置,距离各站点路程相对均等。但是实际上,像上海的很多快递企业的分拨中心却是选在青浦区,其主要原因是其毗邻虹桥国际机场和沪宁、沪杭高速公路匝道口。同时,也因为其土地与物业价格较低、大型货车进出不需要办理通行证。

(2) 交通便利性。进出分拨中心的主要运输方式是陆运班车与航班运输,所以,理想的集散地址应该毗邻机场和高速公路的匝道口,如浙江省杭州市下沙经济开发区设立的省内与区域分拨中心集聚区。

(3) 租赁物业手续的合法性。根据我国的法律、法规，商业用房的出租必须具备房管部门核发的房屋产权证以及房屋租赁许可证(外资背景的快递企业，除要求业主提供上述证明外，还需要提供本房屋的消防设施达标合格证)。同时，需要安装传送带等分拣作业系统的，应预留电力容量增容的空间。

(4) 中长期发展规划。在制订发展规划时，第一，应考虑政府在经济和交通方面的发展规划、企业的发展战略、竞争对手的布局，规划从整体布局上分期进行。第二，在购买或租赁分拨中心时，务必对城市发展规划进行咨询，防止盲目投资。第三，分拨中心的配套设施投资较大，如安装分拣流水线等，有条件的快递企业最好采取购买的形式，从长期效益来看，可以降低分拨中心的运作成本。第四，如果是采取租用形式，租赁期限应至少在8～10年，否则，分摊到单件上的集散运营成本会很高。

(二) 分拨中心的选址步骤

分拨中心选址需经过以下几个步骤。

(1) 提出宏观需求。将分拨中心服务区域未来5～10年快件量的预测数据(包括竞争对手的相关数据)提交给计划工程部(有的公司没有设立该部门，相关工作交由运营中心负责)，由计划工程部进行规划、设计、布局，编制年度总投资预算，然后征求相关部门的意见及建议，并经过修订后提交高层管理人员会议或董事会审核通过，并成立项目小组。

(2) 调研与论证。项目小组根据以上规划进行分拨中心的选址、询价，对备选的分拨中心进行现场调研，编制推荐方案论证报告、投资预算及施工周期，征求相关部门的意见及建议。经过修订后提交高层管理人员会议或董事会审核通过。

(3) 办理相关手续。一般程序为：谈判(购买价格或租赁的价格和时间等)、查验需要购买或租赁物业的相关合法证件、与预算比对、测算快件所承担的单位成本、拟订合同、律师审核、正式签订合同。

(4) 采购相关设备与施工。建议：对土建工程应采取招标形式；采购设备时，至少邀请三家以上供应商参与报价或邀请多家进行投标，对所采购的设备应当保证在3～5年内不落后于行业中等水平(包括考量性价比)。采购流程结束后就开始签订合同、施工、安装、调试、试运行。

二、分拨中心的布局

(一) 车辆停放区

分拨中心的车辆通常都是5t以上的大型箱式卡车，所以库区及通道需有足够的空间供大型货车掉头和行驶。有条件的公司应将操作月台纳入设计建筑中，以免装卸车时抬举货物，从而增加劳动强度。月台的高度需要与5t卡车车厢地板的高度一致。若有不同高度车型的车辆，月台上也可以安装人工升降台。月台上方应有遮雨棚，以免下雨时影响快件的操作及淋湿快件，遮雨棚伸出的长度应超出月台宽度的3m以上。

为保障员工和车辆进出的安全，车辆停放区应该在醒目位置张贴限速里程标识牌。

车辆进入和车辆离开的行驶线路应事先规划,并在地面上做明显标示,以提醒驾驶员按照行驶线路行驶。

(二) 仓储区

这个区域用来存放分拨中心的操作物料和因各种原因未能按时发出的滞留快件。与站点的仓储区一样,这里也应该是一个密闭的空间(单独房间或铁笼),并有门禁系统和进出登记制度,有条件的公司应安装摄像头以全面照射该区域。分拨中心的操作设备,如托盘、液压搬运车、叉车、可伸缩的移动传送带等设备体积较大,仓储区也应规划操作设备的固定存放位置,并做相关标示。

(三) 快件进港分拣操作区及快件出港分拣操作区

分拨中心的分拣、集装等操作都在此区域进行。分拨中心分拣的快件量是站点的几十或上百倍,在操作区域的划分上需清晰地将进港操作区和出港操作区区分开来。在操作中,包裹类快件的分拣与文件类快件的分拣采用的是不同的操作设备,因此,在分区域时也应将这两者分开,使其在不同的区域作业,以免互相影响。

由于班车与航线较多,在各操作区域内应当明示快件流向(张贴或悬挂看板),以便员工查询。

操作区域与办公区应该是隔离的,办公室人员必须经过批准方可进入操作区域。有条件的企业应安装监控系统以全面监控该区域。

除滞留快件外,操作区域还会暂存经支线班车或零散航班运达集散中心的快件,由于尚未到处理该批次快件的时间,此类快件会暂存于此,等待下一个批次的快件到达时一并处理。此类快件应放置在摄像头照射下的中间位置,并将快件摆放整齐,运单正面向上。

分拨中心大部分都是在夜间操作,对灯光照明度要求较高,尤其是操作区,应有足够的照明,保证可以清楚地识别运单、标签,满足操作的各种需求。同时,应按照规定的时间保养维护备用发电机组。

(四) 办公室区域

分拨中心总经理(经理)、财务结算、IT 等后勤保障人员在办公室区域工作,办公室区域应与操作区域分开。IT 机房和财务办公室应符合安全要求,如安装门禁、进出必须登记、财务办公室需配备保险箱、IT 机房需配备空气温度调节设备等。分拨中心的快件处理量很大,为保证服务器和数据的安全,避免因突然停电而导致数据丢失,集散中心必须备有 UPS(不间断电源)设备。

办公室内严禁出现快件。如有特殊情况需要将快件带入办公室处理的,必须有领取人的信息登记,并得到授权经理的签字批准,还须记录在每天的异常日志中。

(五) 休息区

操作人员、驾驶人员可在此区域进行休息、进餐等活动。休息区只能有桌椅、冰箱、微波炉等设备,所有的操作设备都不能存放在休息区,快件更不能出现在此。分拨中心每天都有很多班车进出,班车司机经常会在分拨中心等待一定时间后再次出发。有条件的分拨中心可以为班车司机设置专门休息区。为保障快件和操作设备的安全,班车司机不能与分拨中心的员工共用一个休息区，更不允许班车司机进入分拨中心的操作区域。

三、分拨中心的岗位设置

在分拨中心，一般设置有内场操作员，航空进出港联络与订舱员，提、发货人员，质量监控员，车辆管理员，陆运、空运调度员，行政后勤人员等岗位。他们对应的岗位职责如下。

（一）内场操作员

内场操作员的岗位职责如下。

(1) 按照到港货物信息(航空、铁路、班车等)，做好接货准备。

(2) 对到港货物进行卸货、分拣、扫描、集装、归位、装车。

(3) 核对预报件数、扫描件数与进港货物的件数是否相符。

(4) 对出港快件进行集散扫描，并按航班和班车的路由计划准时装车，与司机完成交接。

(5) 在快件出现异常情况时进行处理。

（二）进出港联络与订舱员

进出港联络与订舱员的岗位职责如下。

(1) 及时接收始发站或分拨中心的出货预报，整理预报及提货单据，安排提货。

(2) 收集本分拨中心所有的出港信息，及时向目的站或分拨中心发送货物出港预报。

(3) 向各相关部门反馈本分拨中心进出港操作的异常信息(快件异常、操作异常、班车异常、航班异常等)。

(4) 根据各始发站、分拨中心货物出港预报，计算货量所需舱位，向航空公司或航空代理预订舱位。

(5) 作为本集散中心的对外接口，负责回复、解答涉及集散操作和班车航班等各方面情况的询问。

（三）提、发货人员

提、发货人员的岗位职责如下。

(1) 根据快件预报内容和进出港联络员的指示，在规定的时间内到相应的提货点提取货物并核对货物的数量及质量(破损情况等)。

(2) 提货后在规定的时间内回到分拨中心。

(3) 提货时如出现破损或丢失货物，必须当场与承运商交涉，开具破损或丢失证明。

(4) 将出港货物在规定的时间内送到指定的地点交货，交货时仔细核对单据和货物，确保搭乘预订的航班或车次。

(5) 将交货或提货时的异常情况及时反馈给主管领导。

（四）质量监控员

质量监控员的岗位职责如下。

(1) 上报和跟进本分拨中心的各种操作缺失问题。

(2) 制作并按时上报本分拨中心的质控报告;分析上级提供的质控报告;时时关注本分拨中心的质控指标,对达不到指标的进行问题分析,制定改进措施。

(3) 统计本分拨中心每日操作货量并按时上报,对每个操作批次的进出港货量数据进行比对,编制比对报告,跟进数据异常情况处理。

(4) 接收并回复兄弟操作单位对本分拨中心操作缺失的查询。

(五) 车辆管理员

车辆管理员的岗位职责如下。

(1) 分拨中心车辆操作的所有相关单据的收集、整理、归档与保存,所有车辆的维修和养护。

(2) 车辆报修故障的统计工作,并分析故障原因。

(3) 利用GPS监控自有或分供方的车辆运营情况,处理车辆运行中的突发事件。

(六) 陆运、空运调度员

陆运、空运调度员的岗位职责如下。

(1) 安排本分拨中心的司机和车辆资源。

(2) 监督每日分拨中心快件的发货情况,报告班车配载情况;爆舱时安排加班车辆。

(3) 本分拨中心航空、陆运代理的管理。

(4) 维护本分拨中心与航空公司、空港地面服务部门和代理的关系。

(5) 收集、整理航线信息和空港操作信息,每周分析整理分拨中心空运成本(航空运价、地面操作费用),形成报表后上报分拨中心总经理(经理)。

(七) 行政后勤人员

行政后勤人员的岗位职责如下。

(1) 分拨中心相关行政、人事事务。

(2) 安保、保洁、工装、办公用品管理。

(3) 物料管理。

(4) 对除机动车之外的操作设备、办公设备进行维修和常规的维护。

任务二　分拨中心分拣作业

情景导航

李军是刚来YD公司杭州分拨中心工作的新员工,公司安排你带他进行分拣作业,你会着重从哪些方面来教他呢?

在快递公司分拨中心,分拣是发件扫描的前一环节,分拣的正确与否关系到货物时效的保障。

一、分拣作业操作流程

分拣作业操作流程如图 3-2 所示。

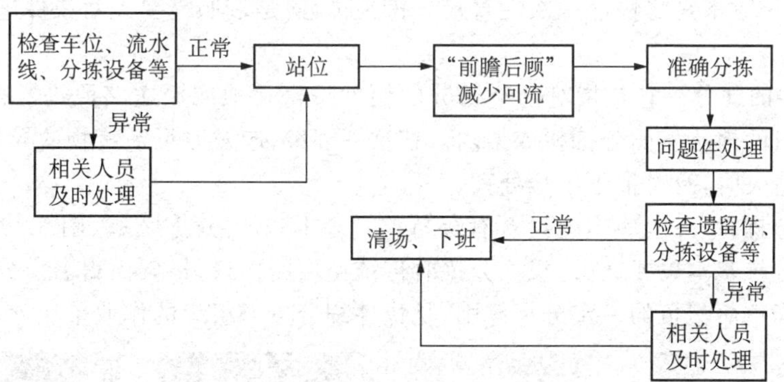

图 3-2　分拣作业操作流程图

从图 3-2 可以看出，在快递公司的分拨中心进行分拣作业，主要有以下几个步骤。

(1) 相关员工在规定时间、规定地点集合，参加班前例会。

(2) 例会结束后，进入操作场地，向班组长领取相关的操作物料、设备。

(3) 检查相关操作设备能否正常使用，如果异常，立即找相关人员修理。

(4) 流水线拨货员站在相应卡位，面朝快件传来的方向，手不得放在皮带机缝隙处，流水线拐角处拨货员手不得放在动力滚轮中间，以免夹伤手部。站立角度以与流水线成45°角为最佳。

(5) 拨货员在本区域拨货的同时必须了解前一个区域、下一个区域的快件，做到"前顾后瞻"，尽可能减少回流。

(6) 分拣过程中要看清货物地址或编码，准确分拣，如果分拣错误，应将货物重新放入流水线，重新回流。

(7) 分拣过程中遇到问题件时，应及时做相应的处理或找专人处理，遵守职业道德，不得监守自盗。

(8) 检查是否有遗留货物，仪器设备是否正常。

(9) 做好交接工作，准备下班。

二、分拣处理方式

快件的分拣是快件处理过程中的重要环节，分拣的正确与否决定快件能否按预计的时限和合理的路线及有效的运输方式送达到客户。目前，国内快递企业在分拣操作中大多以运单书写的地址、邮编、电话区号为依据进行分拣，其分拣处理方式按使用工具的不同，一般分为三种：一是手工分拣；二是半自动化分拣；三是自动化分拣。在分拣过程中，部分快递企业由于作业量大和分拣寄达目的地较多，采用先初分后细分的两次分拣方式；而大部分快递企业则采用直接细分的分拣方式。

(一) 手工分拣方式

手工分拣有以下两种方式。

(1) 快件的初分。它是指因受赶发时限、运递方式、劳动组织、快件流向等因素的制约,在快件分拣时不是将快件一次性直接分拣到位,而是按照需要先对快件进行宽范围的分拣。

(2) 快件的细分。它是指对已经初分的快件按寄达地或派送路段进行再次分拣,将快件放置到目的地所属的分拣栏或架内。在这一环节,应及时反馈货物的异常情况,发现货物破损和遗失时,及时报告组长处理。

在手工分拣时,一般使用的设备有分拣格口(图 3-3)、分拣区域(图 3-4)、手推车等。分拣格口即分拣基本单元,它是根据分拣时传统使用的格口、格架而得名。分拣区域是一个分拣工作岗位所担负的一定分拣范围,是快件细分生产组织的作业单元。

图 3-3 分拣格口

图 3-4 分拣区域

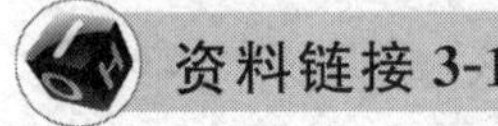

资料链接 3-1

航空件的分拣操作

对同一航空目的地的小件包裹和文件,要进行集装操作,并要对每包制作集装包件数清单,放入包内。将集装后的编织袋封口,制作打包标签,粘贴在编织袋上。对于不能集装的大件,应单件制作航空标签。

将集装完毕的航空包和单件货物按照航班不同,依次称重,并登记每次航班的托运重量。对打包后的单件货物逐票做“发出”扫描,对航空件进入集散中心的货物做“收入”扫描,并分拣到相应的目的地划分的区域。

每个工作班次结束前,应对操作岗位做一次检查,确保没有快件遗漏,并检查扫描枪的数据保存正常。检查运单上所标地址与收方地址是否一致,并将其分拣至相应的隔离网划分的区域。

把扫描员扫描后放在推车内的货件(文件、小货)推至分拣区域,按照码货原则,进行二次分拣。二次分拣时严禁野蛮操作,禁止抛、扔、踏、踢、坐货。

根据每日发往各目的地所需的包数量,准备好编织袋,以及包贴纸、封包铁丝。

在编织袋上用唛头笔书写相关信息,标注信息如表 3-1 所示。

表 3-1　标注信息

第一行	包号(包贴号码,13 位数,90 000 开头)+件数,旁边贴上包贴
第二行	提货公司名称或提货人姓名
第三行	提货公司或提货人联系电话
第四行	发货方地址

例如,包内为上海分拨中心至哈尔滨的 30 票快件,包外应标注为:

90 000××××××××　　30 件

提货人或提货公司名称

电话

上海(或简称:沪)

标准的书写位置应该在包袋正中间,因为如果资料写得过于靠下,会因搬运过程中包袋与地面摩擦而导致字迹模糊,如果写得过于靠上,封包时则容易被遮掩。书写时字体须工整、清晰,且尺寸大小应统一,避免因字迹难以识别而影响后续操作。包贴位置为包口到包底的 1/3 处。

(二) 半自动机械分拣方式

半自动机械分拣是人机结合的分拣方式,能使待分拣快件通过输送装置传输到接件点,由操作人员将分拣到位的快件取下。其特点是能连续不断地分拣,减轻操作人员的劳动强度,提高分拣效率。半自动分拣方式一般采用输送设备,主要组成部分是传送带或输送机,如图 3-5 所示。

图 3-5　半自动分拣

以 YD 快运公司为例,目前全国分拨中心有 55 个,已全部配有半自动分拣流水线,实现半自动化分拣。

(三) 自动化流水分拣方式

自动化流程分拣方式采用自动分拣流水设备,通过智能系统条码识别,按目的地集包,误差率极低,可以将包裹分拣准确率从全人工分拣的 80%提高到 99.9%以上。自动化流水分拨设备拥有不受气温、时间、人员体力影响的特点,能够长时间且高效率地进行货物分拨。自动化分拣设备平均每小时可分拣上万件快件,和人工分拣系统相比,不仅成本省,而且时效高,更精准,可满足“双十一”大促活动的高效作业。在人员配置方面,只需安排扫描二维码以及替换包裹袋的相应人手，基本实现无人化分拣。

目前国内顺丰、"三通一达"、天天等快递企业已纷纷在上海、北京、杭州等城市上线自动化流水分拣设备，但目前仍仅限于分拣小件文件类快件，大件物品仍需采用半自动机械方式进行分拣。自动化分拣如图 3-6 所示。

图 3-6　自动化分拣

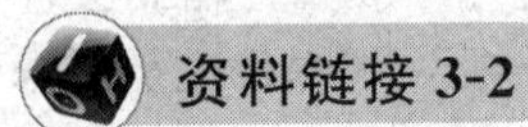

资料链接 3-2

快递公司采用机器人分拣快递

随着快递业的迅猛发展，一些与快递有关的"黑科技"也初露端倪。记者日前从山东省邮政管理局获悉，为提高包裹分拣效率，300 台全自动快递分拣机器人日前在临沂申通快递公司上线，这是山东快递公司首次将机器人运用在快递分拣中。

国家邮政局数据显示，2016 年全国 11 月份快递业务量完成 37.6 亿件，同比增长 44.5%，成为史上"最忙快递月"，日均快递业务量超过 1.25 亿件，是 2015 年同期的 1.4 倍。而在刚刚过去的"双十一"，当天揽收快递包裹共计 1.76 亿件，比 2015 年同期增长 55.75%。从山东省来看，"双十一"当天全省快递行业主要快递网络处理快件 1 284.8 万件，同比增长 48.9%，第一天数量就已超过了 2015 年最高峰的 1 000 万件。其中临沂揽收 103.1 万件快件，居山东前三。据了解，此次临沂申通快递有限公司率先引入智能分拣机器人，就是针对解决快递物流高效、高速的包裹分拣需求。公司业务经理康进告诉记者，这套智能分拣系统可以有效提高快递分拣效率，"每小时能分拣 2 万多件快件，虽然比原来人工处理量增长不是很明显，但确实节省了不少人力。"据他估算，相比以前全人工分拣，能节省至少一半的人工成本。"原始分拣的程序主要分扫码、录单、审核，之后要经过分拣和称重等，需要人力比较多，而使用机器人后，很多程序上的人力都可以撤掉了，现在能减少日常仓内作业人员 80 多名。"

记者从现场分拣画面看到，一个个橙色托盘式机器人在地面上有序"穿梭"，将一件件包裹运送到指定位置，完成分拣。据介绍，机器人主要针对长不超 60cm 宽不超 50cm，重量在 5kg 以下的小件包裹，能够实现快递面单信息识别，投递位置译码，以最优路线投递，还能实现包裹路径信息的记录和跟踪。扫码、称重、分拣功能“三合一”，每次扫码时间在1s以内，运行速度可达到3m/s。康进说，临沂的快件日处理量约21万件，使用机器人分拣后，不仅省人工，还降低了分拣错误率。“之前人工分拣易出错，分错就得至少延误2天，智能机器人错误率则几乎为0，还降低了建包难度。”

据介绍，使用智能分拣机器人临沂申通公司在省内还是头一家。康进表示，2016年公司已在义乌、天津两地启用了分拣机器人，临沂是第三家。“接下来还将有200台智能机器人投入使用，人力将进一步解放。”

三、分拣操作要求

在分拨中心，快件分为直封和中转两种方式。快件的直封，就是快件分拣中心按快件的寄达地点把快件封发给到达城市分拣中心的一种分拣方式。快件的中转，就是快件分拣中心把寄达地点的快件封发给相关的中途分拣中心经再次分拣处理，然后封发给寄达城市分拣中心的一种分拣方式。

分拣操作时，主要有按地址分拣和按编码分拣两种。所以，它要求分拣员达到一定的文化程度，对地理名称要有相应的了解。

按地址分拣俗称地址分拣法，处理人员分拣时的依据就是运单上的收件人地址。在运单上用唛头笔明显标记该快件流向的省份、城市名称以提高分拣效率。中文书写格式是：从大范围到小范围。例如：

××省××市××镇××村××工业区/管理区××栋(大厦)××楼××单元

××省××市××区××街道(路)××号××大厦××楼××单元

例如，浙江省宁波市江东区基漕街11号广茂花园2号楼3单元306。

英文的书写格式是从小范围到大范围。例如：

Room 306, Unit 3, Building 2, Guangmao Garden, No. 11 Jicao Street, Jiangdong District, Ningbo City, Zhejiang Province.

按编码分拣就是处理人员按照运单上所填写的城市航空代码、邮政编码或电话区号进行分拣，有利于分拣的自动化。

资料链接 3-3

信件型快件分拣操作标准

(1) 分拣时操作人员站位距分拣口的距离要适当，一般为60～70cm。

(2) 一次取件数量为20件左右。若快件凌乱不齐，则在取件时顺势墩齐，方法是两手掌心相对用力在快件的两侧收拢整理。

(3) 采用右手投格时，用左手托住快件的右上角，左臂托住快件的左下角，或左手托住快件左下角，拇指捻件，右手投入并用中指轻弹入格。左手投格时则相反。

(4) 分拣后的快件，保持运单一面向上并方向一致。

(5) 分拣出的其他非本操作范围的快件应及时互相交换，若发现问题件，及时找相关人员处理,保证正常中转。

四、特殊情况处理

大件分拣员在发现路区代码错标时,应及时做更改,并重新上流水线操作。更改时必须将错误的代码划掉,并重新标注代码。

建包分拣、路区代码标注时,如发现代码错标,应及时交给组长处理,及时更改正确地址中转。如发现时中转车辆未发车,必须将快件中转出去。

在路区代码标注过程中,如一时不能确定正确的路区代码,或因地址不详不能确定,不应随便标注代码,或直接流入流水线,而应先将货物拉下,待有空时咨询其他同事,确定后标注正确代码再中转。

各分拣岗位如发现快件外包装破损,或面单脱落快件等问题件,应及时报班组长处理。尤其对于散落的内寄物,在报班组长后,应协助班组长收集清点,不得监守自盗。

如流水线中断,且需较长时间修护,或出现停电,且暂不确定来电时间,需启动应急方案,保证操作。

如有员工意外发生工伤,现场管理负责人需即刻带员工就医,安排员工替班。

五、小件分拣与大件分拣的区别

小件分拣与大件分拣的区别如下。

(一)小件分拣

小件分拣时,分拣员在小件被扫描后,根据目的省份或城市的不同,将小件进行粗分拣。即将扫描完成的快件放置在目的地所属省份的笼车内,及时反馈货物的异常情况,发现货物破损和遗失时,应及时报告组长处理。

分拣员将粗分拣的小件再进行二、三级分拣。即将快件放置到目的省份区域(如南京地区、苏北地区、无锡地区等)所属的分拣区域或笼车内。负责该分拣区域的分拣员再将货物放置到目的地城市相对应的分拣栏或架内。

对同一目的地的小件进行集装操作,并将集装后的编织袋封口,制作打包标签,粘贴在编织袋上。每个工作班次结束前,对操作岗位做一次检查,确保没有快件遗漏,检查扫描枪的数据保存正常。

(二)大件分拣

大件分拣时,面朝快件传来方向,与流水线站立成45°角,防止快件从流水线上落下砸伤脚部;按照快件运单上标注的路区代码,把快件分拣至相应的隔离区域内,分拣时应检查路区代码标注是否正确;把快件从流水线上拨下时,应先试探快件重量,发现快件较重时,应注意外包装是否牢固,搬运时必须双手搬运,注意双脚的距离与双肩宽度保持一致,防止内寄物从外包装中脱落砸伤脚部。拨货时注意手指不要放入流水线皮带缝隙内,防止夹伤。

快件脱手时,应注意垂直离地50cm,水平距离100cm;易碎件垂直距离30cm,水平距离50cm的原则脱手,否则将视为野蛮操作。

当流水线旁堆积快件较多影响拨货分拣时,应及时提醒扫描员,或报告组长,进行人员调配。

即问即答 3-1

你认为一名优秀的分拣员应具备哪些素质?

任务三　分拨中心扫描作业

情景导航

刘强是ST快递公司的一名老员工了,但是他在进行扫描作业时经常会出现各种各样的问题,张涛是他的小组长。他通过观察发现,刘强的问题主要是由于操作不规范导致的,接下来他应该如何有针对性地对刘强进行指导呢?

扫描作业是通过对快件包装外面的条码进行扫描,将相关信息录入公司的管理系统,以便于快件的分拣和信息核对的一项作业。

一、扫描作业准备

扫描作业的准备工作有以下几项。

(1) 准时参加班前例会。分拨中心一般会安排提前10～20min到指定场地开班前例会,相关管理人员对工作进行总结和分派,上岗前在规定时间内打卡。

(2) 按时领取相关操作设备。主要包括扫描枪、手套、胶带、手推车等设备。

(3) 检查扫描枪、电脑、电子秤等设备是否正常,有异常及时找相关人员修理,保证正常工作。

准备工作完成,开始进行扫描作业。

二、扫描枪使用流程

扫描枪使用流程如图3-7所示。

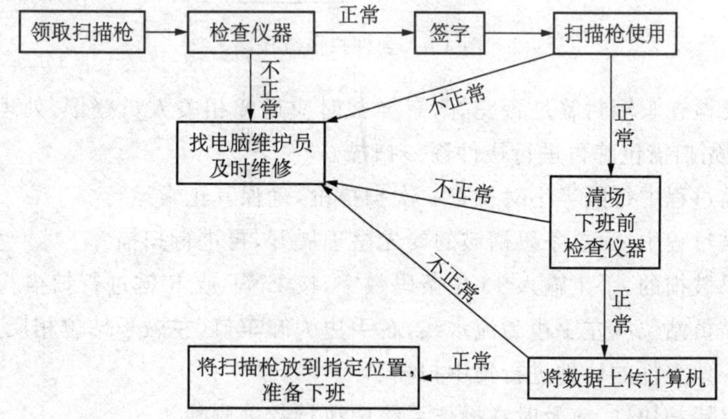

图3-7　扫描枪使用流程图

在指定地点领取扫描枪后,先检查仪器是否正常,如果不能正常使用,应找相关人员及时维修;仪器如果能够正常使用,在领取交接单上签字。在扫描枪使用过程中,应注意对其进行定期检查和维护。扫描作业结束后,准备清场,检查是否有遗漏的快件,下班前检查仪器是否正常,将扫描枪交到指定地点,准备打卡下班。

扫描枪使用时,应注意以下事项:①避免剧烈碰撞、挤压,远离磁场;②注意防潮、防水;③红外线扫描口不要让杂物进入,避免镜面被划伤或破碎;④程序不能正常运行时,及时交由电脑维护员进行维修;⑤手握住扫描枪,将扫描枪的绳套在手腕上,防止跌落;⑥注意电池箱盖是否推到位,以免电池滑落造成中断;⑦一次扫描尽量不要超过 3 000 票,如果超过该数量,应及时上传,防止扫描过慢或造成死机,影响操作;⑧每月用酒精对扫描枪清洗两次。

三、到件扫描与发件扫描

(一) 到件扫描

到件扫描流程如图 3-8 所示。

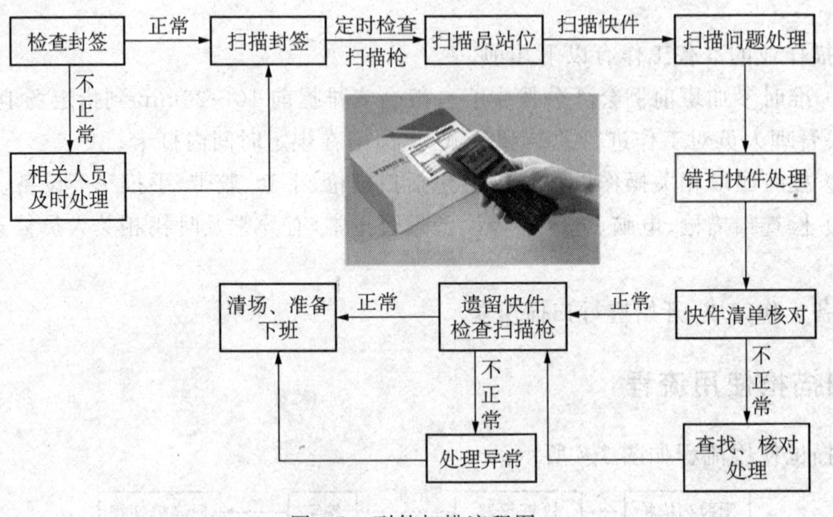

图 3-8 到件扫描流程图

(1) 先要检查车辆封签是否完好,有异常时应通知相关人员登记、处理,继而进行封签扫描,总包先扫描包牌再进行快件逐一扫描。

(2) 扫描过程中每隔半小时检查一次扫描枪,确保其正常运行。

(3) 扫描过程中,面单条码褶皱的要先整理展开,再进行扫描。

(4) 条码破损的,手工输入 13 位条码数字,按 ENT 或 R 键进行扫描。

(5) 扫描员站位应左手边为流水线,右手边为卸车口(左撇子站位相反)。

(6) 对一票多件的快件进行集中扫描。

(7) 如果错扫快件,应及时在操作系统中执行数据删除。

(8) 如果快件实物与打印清单数字不符,应及时查找复核。确认有登单无快件的,在操作系统中删除，重新打印清单；有快件无登单的，应重新扫描登单。登单结束，检查作业场地周围有无遗留未扫描的快件。

（二）发件扫描

发件扫描流程如图 3-9 所示。

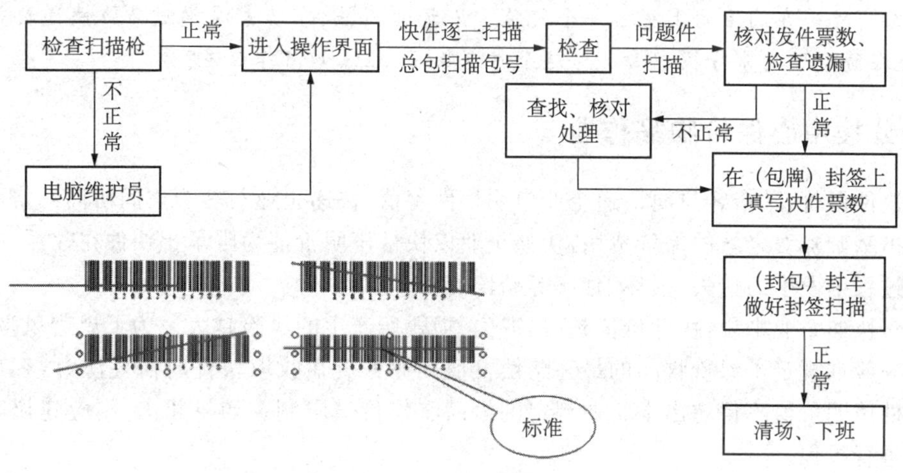

图 3-9　发件扫描流程图

（1）在规定卡位站立，检查站立卡位的传送机是否能正常运作，电源与设备是否存在隐患，如发现问题，应第一时间报告当班组长。

（2）调整滑板（无动力滚轮）与车厢的角度、位置，以便于操作。

（3）做发件操作（快件装车）。

以 YD 公司的操作为例，员工使用发出盘点机，输入用户名与口令之后，进入操作界面，输入下级公司编码后即可开始操作。对拨货员拨到滑板（无动力滚轮）上的快件逐个进行扫描，对来不及扫描的，必须拉到滑板下（无动力滚轮），放置一旁，待有空时再扫描，不得不扫描而直接流入车厢内。对于已建包快件，只需扫描包号。

看清包牌上的地址，不要错装车，造成快件延误。

扫描时，对快件的外包装要做好检查，对于外包装已破损的快件，不得使其流入车厢，应将其拉下，待有空时重新加固包装，再做扫描装车；碰到包装外表有突出的钉、钩、刺的货件，需小心操作；包装外表有油渍和异味的快件，应不要装车，以免污染其他快件。

全部扫描完毕后，利用盘点机统计发件件数，用圆珠笔在封车牌上填写件数，并由数据员及时上传数据（发车后 30min 内，否则下一级站点就无法做对比）。

在司机的监督下关闭车门，并用力试拉几下，确认车门已关好，再对车门施封。

即问即答 3-2

扫描工作很枯燥，却要求很高。应如何提高员工的扫描作业效率和准确率呢？

任务四 分拨中心其他作业

情景导航

客户楼美在淘宝网上买了一个价值1万元的玉挂件,卖家是通过YD快递公司发货的,现在货到了南京分拨中心。对这个贵重物品,应该如何作业呢?

一、分拨中心保价物品作业

快件保价,是指客户向快递企业申明快件价值,快递企业与客户之间协商约定由寄件人承担基础资费之外的保价费用,快递企业以快件声明价值为限承担快件在收派、处理和运输过程中发生的遗失、损坏、延误等赔偿责任。

对快递企业来说,快件价值越高,遗失、损毁所产生的风险越大。为了规避风险,快递企业一般都规定了保价物品的最高赔偿价值。业务员在收取快件时需要注意,客户填写的快件声明价值不得超出本企业规定的最高赔偿价值限制。如果超出,则应建议客户对快件进行投保。

保价快件普遍是价值比较高或客户非常重视的物品,因此须妥善包装快件,并使用特殊的标识提醒各操作环节注意保护快件。例如采用保价封签,在快件馑封口的骑张缝线上粘贴保价封签并请客户在封签及馑的交接处签名,确保只有破坏封签方能打开快件包装。

为能够及时发现保价快件是否短少,并进行相应处理,快递企业一般对保价快件的重量精确度有较高要求。例如,某快递企业规定保价快件的重量必须精确到小数点后两位,且各交接环节须进行重量复核,确保从收取到派送整个过程的快件安全。

由于保价快件自身的特殊性,有些快递企业会使用专门印制的保价运单,有些快递企业则直接在普通运单的某一位置显著标记"保价"。

在分拨中心,其操作步骤如下。

(1) 在指定窗口交接,清点实收数量与清单是否一致,在监控有效范围内称重、扫描、收入、发出。

(2) 对于特(3)物品,检查其包装与重量,包装不得出现二次封胶,否则应开箱验视。

(3) 快件如有二次封胶或破损,必须登记留底。

(4) 对于特(10)物品,必须开箱验视核对清单。

(5) 做好特(3)和特(10)的交接清单(登记单号、品名、重量、总票数),在交接清单上签字确认。

(6) 最后装在班车尾部。

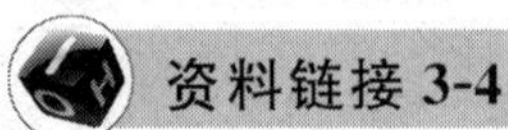

资料链接 3-4

本书中所提及的"特(3)""特(10)"等物品指保价过的贵重物品。它们贴的面单号与

普通快件不同，以韵达公司为例，面单号以5开头的为特(3)面单，面单号以18开头的为特(10)面单。特(3)物品的最高赔偿金额为6 000元，特(10)物品的最高赔偿金额为20 000元。

二、分拨中心贵重物品作业

所谓贵重物品，一般是指价值比较高或是有着特殊意义的物品，例如珠宝、电脑、摄像器材、手机等物品。在快递业务中，涉及贵重物品的纠纷屡见不鲜，因此对待贵重物品，操作人员要高度重视。

（一）分拨中心贵重物品操作流程

各分拨中心安排(1～2人)专人负责特(3)、特(10)面单快件单独交接，并设立专门收取高价值快件的窗口，由专人负责收取此类快件。

(1) 各网点发的高价值快件必须到分拨中心窗口单独交件。

(2) 由揽件员对高价值快件做巴枪收件扫描，并当面在网点交件人员面前对快件开箱核实，开箱核实时必须保证在监控探头底下进行，并对所开箱检查的托寄物名称、数量、重量等进行详细登记，确认无误后，由检查人员当着网点交件人员的面用胶带进行封箱、发运。

(3) 分拨中心与司机做到层层扫描、交接、签字确认，完成上传数据。

(4) 中间任何一个环节发现异常或出现少件，应及时上传巴枪数据以与始发站进行对比，及时查找。

（二）注意事项

对于贵重物品，操作员应该熟记其中的每一条，遇到异常时能够及时、妥善地解决或报告。

(1) 贵重物品操作主要是针对特(3)、特(10)面单保价快件的操作。

(2) 必须在摄像头下打开内件拆包验视。

(3) 文件、禁寄品、印刷品以及使用文件袋、防水袋包装的快件不得使用保价面单寄递。所有使用保价面单的快件，包装及打包必须符合快递公司的《快件包装规定》，严禁一票多件，且单边之长不得超过1.2m，三边之和不得超过2.5m，特(10)18开头的保价单单件重量不得超过30kg，特(3)5开头的报价单单件重量不得超过40kg。

(4) 保价快件每票都需要单票称重扫描，应2人以上在监控器下开箱验视，并且需要在交接单上标明快件单号、重量、始发公司及目的地，每个中转派送环节都要称重收入，任何分拨中心或派送站点如未做收入称重，视到达时重量与发件方吻合。任何中转或派送站点收件时重量短少，视上一级站点为责任方。

(5) 保价人员需要与各组人员协调将保价快件装在车的最尾部或与司机单独交接，及时核对保价信息与实际信息是否一致，与驾驶员做到层层交接，每个环节都要签字确认。

(6) 保价快件必须直发班车，尽可能减少中转环节，降低风险。

(7) 操作结束后对操作岗位做一次检查，确保没有快件遗漏。

(8) 针对航空发到上海、北京、广州中转的贵重物品，因运输过程不在公司网络管理范围,此贵重物品在到达上海、北京、广州各网点操作部门时需做到:①核对面单填写的重量与实际重量是否一致;②第一时间对贵重物品拆包验看是否是面单上所填写的品名;③核对无误后再重新封箱,做特殊交接转出;④拆包核对时必须有两人以上,并在监控器有效范围内进行;⑤未按以上规定操作的,出现任何问题,责任由不按此规定操作的部门或网点承担。

(9) 如接收方收到物品时,快件包装因运输原因导致破损,收件方应第一时间称重核对重量是否吻合,如不吻合,应在面单上注明新的重量,然后 10min 内通知发件方核对结果,并征求发件方意见以做出处理。各分拨中心、驾驶员、押运员、各网点,对贵重物品的重量与包装如发现不一致,必须对此件核对确认无误后方能转出或派送。

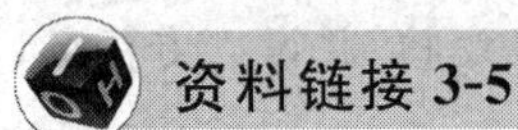
资料链接 3-5

A 快递公司分拨中心卸货操作标准

1. 卸货作业步骤

(1) 指挥车辆到达预定位置。

(2) 解开车辆封签:由调度人员先对封签进行扫描,再解开。

(3) 打开车门:原则上打开后门,稍微用力慢慢打开,以防倒货伤人。

(4) 卸车过程中的操作与处理:小件扫描放入滑板(或直接放入推车)推至小件组进行分拣。

(5) 大件 50kg 以下上流水线进行分拣。

(6) 大件 50kg 以上的货物禁止上流水线,卸下进入分拣卸车平台,用叉车或手推车处理裸装铁制品及三超物品。

2. 卸货注意事项

(1) 50kg 以下大件物品手托在快件底部,离地 30cm 方可脱手,面单正面朝上。

(2) 易碎、易损标贴应看仔细,快件宽度不超过流水线皮带宽度才允许上流水线。

(3) 放入流水线上的货物要整齐放入流水线。

(4) 对于面单未粘牢(即将脱落)或破损件不严重的,可适当进行处理后上流水线分拣(及时粘牢外包装破损,用胶带黏合加固)。

(5) 对于面单脱落无法确认货物时,卸车组相关人员应注明卸下车辆线路(如:在当场发现的无头件上注明"杭州车"字样),转交问题件处理部进行处理。

(6) 破损严重或者存在其他情况的货物转交问题件处理部进行处理。

项目小结

本项目介绍了快递公司分拨中心的定义和作业流程,阐述了分拨中心的选址、布局、网位设置业务,分析了分拨中心的快件分拣、扫描及装卸车业务的处理,还介绍了对贵重物品的特殊处理方式。分拨中心是快递公司转运的枢纽,它的运作好坏会直接影响快件流通的效率。虽然终端消费者难以看到分拨中心的运转，但是分拨中心的建设往往是企业区别于竞争对手的核心竞争力所在。因此，分拨中心业务的规范化和现代化操作是很有必要的。

课后练习

一、问答题

1. 简述分拨中心对于快递公司的重要性。
2. 合格的分拨中心负责人需要具备哪些条件？
3. 简述分拨中心的业务运作流程。

二、案例分析

贵重物品快递受损到底该怎么赔

新《邮政法》中规定，未保价的邮件丢失、损毁或者内件短少的，按照实际损失赔偿，但最高赔偿额不超过所收取资费的三倍。因此很多快递企业按照这条标准自行制定了内部契约，如“未保价物品的赔偿额为所付邮费的三倍”等。事实上，这一条款只适用于邮政企业，快递企业运送快件的损失赔偿适用有关民事法律的规定。也就是说，快件出现丢失或损毁时，赔偿额度应不受“所付邮费三倍”的限制。

事件：快递古玩受损仅获赔千元

2017 年年初，四川古玩爱好者成先生要与顺丰快递打官司，因为他委托顺丰寄出的一件南宋青影双鱼盘，货到后边缘破损，12 万元的买卖泡汤。对此快递公司表示，成先生之前没有保价，因此最高只能赔偿 1 000 元。

2017 年年初，成先生委托顺丰快递将两件物品寄到河南郑州。当快递员上门取件的时候，成先生多次说明该瓷器价格很高，并一再叮嘱快递员要仔细包装，以确保万无一失。发货时成先生还专门拍下了照片，证明瓷器完好无损。然而在半个多月后瓷器抵达目的地时，却被收件人发现边缘破损，买方拒绝签收。

成先生称，该瓷器名叫南宋青影双鱼盘，成交价格为 12 万元。就是因为在运输过程中破损，不仅导致这一单古玩买卖彻底泡汤，而且成先生的个人财产也蒙受很大损失。对此，顺丰速运公司理赔工作人员回复称，该公司已邀请专家对该瓷器进行了鉴定，确定为南宋青影真品，但成先生没有保价，根据该公司相关规定，只能赔偿 500 元。据了解，按照快递公司保价费率，成先生需要为 12 万元的古董支付 600 元保价费，但是成先生却没有为自己的“宝贝”买一份运输“保险”。对此成先生的解释是，以前经常通过快递和藏友买卖古玩，偶尔会保价，这次想到包装只要填充好，不晃动就不会损坏，所以没保价。

尽管经过多次沟通，顺丰速运公司表示采用最高赔付标准赔偿 1 000 元，但成先生仍然无法接受，并表示实在协商不成，将通过法律途径维护自己的合法权益。

调查：贵重、易碎品快递公司全拒收

一批翡翠珠宝，价值七八万元，快递公司愿意负责寄送吗？以贵重、易碎物品寄件人的身份，北青报记者咨询了顺丰、圆通、优速、韵达等几家快递公司，均遭到客服婉拒，而且有客服人员还表示：“物品在运送过程中，碎了不赔，丢了赔。”

圆通快递:“那个发不了哦,属于易碎物品且价值太大。非易碎物品单票价值超过3万元人民币的,就不能保价了,易碎物品也是不参与保价的。如果您一定要寄,建议去咨询一下中国邮政。”

中国邮政:“这种东西我们寄不了,寄丢了怎么办啊?您还是自己想办法吧。只要箱子外包装是好的,里面的东西断了、折了、碎了,我们都不赔的。”

顺丰快递:“易碎物品不揽收。非易碎物品,价值低于2万元的可以作保价,就是给快件买个保险,保价费率为5‰。也就是说,如果快递价值2万元的贵重物品,寄件人需要缴纳100元的保费,只有这样,客户才能在发生意外时获得等价赔偿。超过2万元的物品就需要走‘特安服务’,所谓特安服务就是为客户提供特殊监控、专车派送、专业理赔的服务,这项服务保价费率为5‰。此外,无论是保价快件还是特安快件,都需要快递小哥上门检查,检查内容主要包括物品的做工和造型,如果没问题,方可以收寄。”

优速快递:“公司规定不允许我们收揽翡翠珠宝之类的贵重、易碎物品,且快递物品价值不能超过1万元。不过你可以把东西包在衣服里面,我们帮你一点点寄,不要让别人知道,因为货场寄件堆积如山,一份快件不知道要经过多少人的手,这么贵重的东西,最后是否能安全寄到,谁也说不好。”

北青报记者随即登录上述快递公司官网查询,在禁运物品目录中,包括枪支、弹药、毒品、易燃、易爆、淫秽反动刊物等。而易碎品并没有被明文纳入禁运范畴。其中圆通快递还针对易碎物品包装制定了详细要求,如选定瓦楞纸盒、木制箱子为外包装;物件不能直接放入箱内,必须要在箱底垫上防震材料,并在物件与物件之间、物件与箱子之间垫上防震材料;必须标注易碎品等。

个案:珠宝商常用快递发货

虽然北青报记者屡次尝试邮寄翡翠珠宝被拒,但是珠宝玉器商人宋先生却透露,自己经常通过顺丰快递翡翠玉石,基本靠谱,没有出现过破损、丢失等情况。

因为业务关系,宋先生经常要将一些翡翠、珠宝、玉石发往外地,“记得第一次发快递的时候,快递员还要查看一番,但是后来也不查了,一方面他们知道我们是开珠宝店的;另一方面我们把翡翠珠宝用海绵块、泡沫板仔细包好,放进箱子里,外面再用塑料布、胶带封得死死的,快递员一般不会再打开验货了。”不过每次发快递时,宋先生均为自己的快件作保价,“以前曾经保过100万,保费3 000元,但现在一般再好的东西保一两万元,交给快递公司30元保费就可以了。”

观点:快递损毁赔偿不受“所付邮费的三倍”限制

全国律师协会会员、北京市京师律师事务所高级合伙人王琮玮律师表示,消费者支付快递费,快递公司收取了快递费,双方在法律上已经形成了有效的合同关系。在运输过程中,由于快递公司工作上的失误等原因,物品丢失或者损毁,快递公司应按照合同约定进行赔偿。

在快递运单的背面一般会有《快件运单契约条款》,上面会写有特殊声明,即填写本单前,请务必阅读背书契约条款,消费者的签名意味着已经理解并接受条款内容。未保价快件丢失、损毁或短少,按实际价值赔偿,最高不超过1 000元每票,贵重物品请务必保价!保价费为保价金额的3%。各快递公司的保价金额不同,大部分设定为0.05%~3%,对于未保价物品的赔偿标准最高也不超过2 000元，绝大多数为“所付邮费的三倍”。

王律师介绍，根据《中华人民共和国合同法》(简称《合同法》)第四十条的规定，提供格式条款一方免除其责任、加重对方责任、排除对方主要权利的格式条款无效。快递单属于格式合同，如果没有特别的说明或提醒，可以视为对消费者不能具备相应的法律效力，其中免责的约定是无效的。所以对于《快件运单契约条款》的特殊声明也好，赔偿约定也好，一旦免除己方责任、加重对方责任、排除了消费者的主要权利，格式条款无效，应当按照合同约定处理。据了解，快递公司在物流过程中造成消费者所托运的物品损坏或遗失，对此行为进行赔偿是快递公司的重大义务，而消费者索赔则是消费者的主要权利。

托运人将货物交付给作为承运人的物流公司后，物流公司应当按合同的约定将托运人交付的货物安全运送到目的地。根据《合同法》第三百一十一条规定：“承运人对运输过程中货物的毁损、灭失承担损害赔偿责任，但承运人证明货物的毁损、灭失是因不可抗力、货物本身的自然性质或者合理损耗，以及托运人、收货人的过错造成的，不承担损害赔偿责任。”

王律师指出，保价只是快递公司不能完全履行快递合同义务时的一种赔偿方式，相当于消费者和快递公司双方在达成托运协议时约定的一种违约条款。《邮政法》规定，未保价的邮件丢失、损毁或者内件短少的，按照实际损失赔偿，但最高赔偿额不超过所收取资费的三倍。因此很多快递企业按照这条标准自行制定了内部契约，如“未保价物品的赔偿额为所付邮费的三倍”等。事实上，这一条款只适用于邮政企业，快递企业运送快件的损失赔偿适用于《邮政法》第四十五条第二款，即邮政普遍服务业务范围以外的邮件的损失赔偿，适用有关民事法律的规定。也就是说，快件出现丢失或损毁时，赔偿额度应不受“所付邮费的三倍”限制。

提示：快递贵重物品该如何保障权益

王琮玮律师提醒消费者，在邮寄快件的过程中，首先要确定物品的价值，对贵重、易碎的物品尽量选择保价，以免造成重大损失，同时快递公司也应尽到提醒消费者保价的义务。如果遇到贵重物品丢失、破损等问题，双方可进行协商，协商不成，可先拨打邮政业消费者申诉电话12305，或者是12315消费者投诉中心投诉，通过消协进行调解，倘若消协调解不成，可向对方的行政主管部门进行投诉。此外，还可以申请仲裁或者向法院提起诉讼。

王律师还建议消费者应加强保险意识，对于贵重的物品、艺术品、文物等可采用保险方式，使用适合文化企业特点和需要的新型险种和各种保险业务。

——根据《北京青年报》相关文章整理

问题：

(1) 贵重物品快递费用偏高的原因是什么？

(2) 快递公司应如何开拓贵重物品快递市场？

三、实训操作

在实训室进行快件的称重、扫描和分拣作业，并分享作业的体会。

项目四

快递运输

学习目标

★ 了解快递运输的分类及对运输物品的要求。

★ 掌握快递中公路运输的操作流程及路由优化方法。

★ 掌握快递中航空运输的操作流程及路由优化方法。

★ 能熟练地对快递在运输过程中出现的异常情况进行处理。

关键词

快递运输　公路运输　航空运输　包装要求　操作流程　异常情况

雾霾天气持续　多家快递企业受影响

持续的雾霾天气正全方位影响人们的生活,“在路上”的物流系统是其中之一。2017年1月,多个快递企业发布告客户书,称因雾霾天气,收、派单时效受到影响,延迟有的高达3～4天。

圆通1月5日发布通知,称受大雾及雾霾天气影响,多地实行高速封路等临时交通管制措施。在此期间,进出这些地区的快件,时效有所延迟,预计影响为3～4天。

1月5日8时,中央气象台继续发布大雾橙色预警及霾橙色预警,预计5日至6日,广东北部、北京、江苏北部、福建西部、山东中西部和南部、河北中南部、安徽南部、河南北部、湖北南部、四川盆地南部、湖南东部、江西西部、陕西关中、天津中北部、山西西南部、黑龙江西南部有大雾或中度霾,局部地区有浓雾或重度霾。

除圆通之外,顺丰1月4日就发出了类似通知。对拥有38架货运飞机的顺丰来说,除了公路运输受阻,雾霾天气导致部分航班延误或取消,也直接影响了顺丰的投递时间。

近一个月内,中通快递已两度发布告客户书,称受大雾天气影响,快件不得已出现延迟。

实际上,雾霾天气持续影响快递企业。2016年12月15日,环保部发布重污染天气预警提示,称受不利气象条件影响,京津冀及周边地区将发生一次大范围重污染天气。因重污染过程影响范围广、持续时间长、污染程度重,环保部向北京市、天津市,以及河北、山西、山东、河南省发函提出预警提示建议。

2016年12月16日，北京市在年尾发布了全年第一个空气重污染红色预警，实施单双号限行。北京之外，多地能见度低于3km，机场航班、高速公路均受到了严重影响。其中，北京、河北、天津等省市境内高速公路局部路段已经封闭，部分城市还实行了单双号限行等管制措施。

2016年12月17日，顺丰发布公告称，进出京津冀地区的快件时效预计在原基础上延后0.5～2天。据菜鸟网络的预测，由于河北至北京的高速公路几乎全部封闭，周边地区快递时效将受到大幅影响，平均延迟0.5～1天，可能延迟的包裹将达到4 000万～5 000万件。

本轮从1月1日开始的雾霾天气，已陆续覆盖了华北中南部至华南北部、四川盆地中西部等地区，造成当地快件时效也有所延误。

多家快递公司表示，正积极调配各种资源，尽力解决时效问题。此外，为减少对快递员的身体损伤，不少快递公司也给快递员发放了防霾口罩。或许是考虑到不便交流，不少快递员并未佩戴防霾口罩上岗。

——中国物流与采购网

任务一　快递运输及路由规划

情景导航

小吴是ST快递公司分拨中心的中转管理员，他发现在网点与分拨中心进行物品交接的中转过程中，经常会遇到物品运输方式选择错误、体积超标、包装不规范等情况，加大了物品在中转、派送过程中的困难，也给公司造成了资金方面的损失。针对这个现象，公司总部专门召集各网点负责人进行了一次培训。

运输是指人们借助运输工具，实现运输对象的空间位置变化的有目的的活动。运输过程是运输劳动者使用运输工具使运输对象实现空间位移的过程。对于快递来说，运输是其活动流程中的主要组成部分，也是核心环节，不论是快件的收揽、中转或是派送，都必须依靠运输来实现。

一、快递运输的分类

国内快递企业常用的运输方式主要有以下三种，即公路运输、航空运输和铁路运输，以快件的运输里程为界，800km以内为汽运，即公路运输，800km以上为航空运输，使用铁路方式运输的相对较少，仅在东北、西北等运输业不太发达的地区使用。

（一）公路运输

公路运输也是最普遍的运输方式，在我国货运中所占的比重最大。同时，公路与铁路、水路运输联运，就可以形成以公路运输为主体的全国货物运输网络。

公路运输的工具主要是汽车和畜力车，并以汽车为主。它主要承担短途运输和无铁路可通的长途货物运输任务。汽车运输的主要特点是机动灵活，可以实现“门到门”的直达运输;在运输过程中,换装环节少,运输速度快;适于近距离、中小量货物的运输,运输费用相对较低。汽车运输的不足表现在:运量较小、效率低;长途汽车运输成本较高,能耗大;环境污染严重,如噪声、废弃物等。公路运输也可作为其他运输方式的衔接手段。公路运输的经济半径,一般在200km以内。

(二)航空运输

航空运输又称飞机运输,它是在具有航空路线和航空港(飞机场)的条件下,利用飞机进行货物运输的一种运输方式。在我国运输业中,航空运输货运量占全国货运量的比重还不是很大,目前主要是承担长距离的客运任务。

航空运输的最大特点是速度快,适合于运输费用负担能力强,货运量小的中、长距离运输;由于飞机运输对货物产生的振动和冲击较小,因此货物只需要简单打包即可运输,散包事故少。但由于飞机运费高,低价值物品和大批量货物的运输不适宜采用航空运输;另外,飞机运输需要航空港设施,因此,在没有飞机场的情况下无法采用该种运输方式。

(三)铁路运输

铁路运输是指铁路部门依托铁路货物班列为客户提供简便、准时、安全的门到门运输服务,提供当日达、次晨达、次日达和隔日达等限时服务。

铁路运输不受天气影响,稳定、安全,时间上可以保证,而且对于中长距离的货物运输,运费要低于公路和航空运输,其网络遍布全国,可以运往各地。但由于机动性较差,只能在固定线路上运行,对于离铁路线路较远的城市,快件运送的时效将会延长。此外,短距离的运输价格较高,不太适合采用铁路运输。

以上运输方式的优缺点对比见表4-1。

表4-1 基本运输方式特点汇总表

运输方式	优 点	缺 点
公路	可以实现"门到门"运输;运用灵活,富于弹性和适应性,可满足多种需求;近距离运输经济合理	运载量小,不适合大量运输;长距离运输费用高;安全性差
航空	速度快;不受地形影响;比较安全;使用范围广泛、用途广	运费高、不适合附加值低的货物运输;受气象条件限制;机场所在地以外的城市在利用上受限制
铁路	不受天气影响,准时性高;中长距离运输费用低;营业网点多,覆盖全国	机动性差,铁路线路以外城市时效较长;短距离运输费用较高

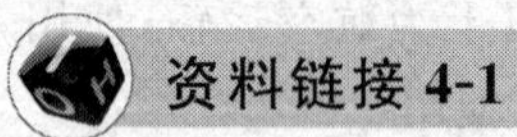

武汉中铁快运牵手顺丰"双十一"购物当日可达

2016年11月11日7:00,首批顺丰速运60件集装件约1t多重"双十一"购物产品,在武汉站通过G1103次高铁快运11:26到达广州,当日可达买家手中。据统计,当天顺丰速运将在武汉、汉口、武昌三大站通过高铁快运、电商班列发送约10t"双十一"购物产品。

众所周知，一年一度的“双十一”购物狂欢节，是网络购物的节日，众多网络买家的“剁手日”，也是给中国快递行业的“大考”，快递公司都会经历“爆仓”的窘境，面临“消化不良”的状况。物流速度的缓慢，影响了消费者的“消费体验”，阻碍了“双十一”购物的进一步发展。快递量的激增无疑增加了快递行业的整体压力，因此快递行业迫切需要“生力军”的加入。

武汉铁路局、中铁快运武汉分公司充分依托高铁快运、铁路干线运输优势，加强与电商、快递企业合作，推出高铁快运“当日达”“次晨达”及电商班列“一日达”等快捷物流产品，精心打造铁路“电商黄金周”运输服务品牌。

高铁快运作为铁路新兴物流产品，具有时效快、品质优、标准高的特点。可为客户提供商务文件、电商包裹、冷链、应急物品等小件物品全程运送服务。

目前从武汉始发的动车组及高铁列车，6h基本覆盖包括长三角、珠三角、京津冀、陕西西安、贵州贵阳在内的所有主要城市。2016年“双十一”期间，武汉铁路局、中铁快运武汉分公司重点推出北京、广州、深圳、贵阳、长沙的当日达、次日达产品，并办理天津、西宁、哈尔滨、乌鲁木齐、昆明、成都等城市的经济快递产品。

铁路“电商黄金周”期间，武汉铁路局和中铁快运武汉分公司将秉承“高铁一日达、快运到您家”服务理念，加强运力组织和安全管理，以“双十一”体验价为广大电商客户、快递企业提供优质高效的服务。广大客户可通过95572、95306客服电话、网站及中铁快运营业门店等多种渠道，办理高铁快运业务。

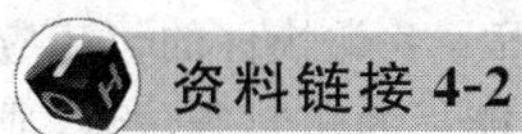

公路运输常用的组织形式

公路运输常用的组织形式有自有车辆运输、契约运输和汽车货运代理运输等。

1. 自有车辆运输

自有车辆运输是指由企业自身出资购买车辆，自我提供运输的一种运输经营方式，一般不对外营业。自有车辆运输的特点在于可以满足企业自身的运输需要，还可以对车队进行统一管理，通过实际成本分析，得到影响自有运输的各个因素并进行有效改进以降低成本和提高服务质量。

2. 契约运输

契约运输是指双方签订运输契约，并按契约上的要求运送货物的运输方式。国内的快递企业一般都采用这种方式进行货物的运输，快递企业采用招标的方式选择合适的承租商，承租商需按照契约规定的路线及要求完成货物运输任务，并负责车辆的运营管理及其在行驶中的各项费用支出。对于快递企业来说，采用这种组织形式既节省了购买车辆的开支，又可以免去管理车辆这一环节。

3. 汽车货运代理运输

汽车货运代理运输是指企业本身既不掌握货源也不掌握运输工具，而是以中间人身份一面向货主揽货，一面向运输公司托运，借此收取手续费用和佣金的一种运输方式。有的汽车货运代理专门从事向货主提取零星货载,加以归纳集中成为整车货物,然后自己以托运人名义向运输公司托运,赚取零担和整车货物运费之间的差额。

二、快递运输对运输物品的要求

(一) 公路运输对运输物品的要求

1. 运输物品的重量尺寸要求

快递公司的班车大都采用厢式货车,载货空间较大,因此快递公路运输对运输货物的重量尺寸限制较低,只要能上流水线操作的货物都可以进行中转运输。其重量尺寸限定大致如下:①货物单边长度不得超过1.8m;②三边长度总和不得超过3m;③单件重量不得超过60kg,木箱不得超过50kg;④整批货物(同一发件客户同一批次发往同一收件客户的货物)不得超过500kg。

2. 运输物品的包装要求

快递公司对货物的包装要求主要有以下几点。

(1) 体积微小的物品包装要求。如五金配件、纽扣以及易散落、易丢失的物品等。此类快件应用塑料袋作为内包装将寄递物品聚集,并严密封口,注意内包装留有适当的空隙。数量较少的可以使用包装袋作为外包装;数量较大的可以使用质地坚固、大小适中的纸箱作为外包装,并用填充材料填充箱内的空隙,使得快件在箱内相对固定,避免填充过满导致内包装破裂引起快件散落丢失。

(2) 重量较大的物品包装要求。如机器零件、模具、钢(铁)块等。此类快件的包装应先使用材质较软的(如气泡垫等)包裹,然后采用材质较好、耐磨性能好的塑料袋包装,或以材质较好的纸箱包装后并用打包带加固,还可以使用木箱进行包装(木箱单件重量不得超过50kg)。

(3) 不规则、尖锐物、超大、超长的物品包装要求。此类快件应以气泡垫等材质较软的包装材料进行全部或局部(尖锐物必须在两端等易损的部位)包装。细长快件还应尽可能地捆绑加固,减少中转或运输过程中折损的可能性。

(二) 航空运输对运输物品的要求

1. 运输物品的尺寸及重量要求

因航空运输的载体为飞机,因此对货物的重量、尺寸以及包装都有一定的要求。一般根据航班机型及始发站、分拨中心和目的站机场的设备条件、装卸能力确定可收运货物的最大重量和尺寸。

(1) 货物重量按毛重计算,计量单位为千克。重量不足1kg的尾数四舍五入。每张航空货运单的货物重量不足1kg时,按1kg计算。贵重物品按实际毛重计算,计算单位为0.1kg。

(2) 非宽体飞机,单件货物重量一般不超过80kg,体积一般不超过40cm×60cm×100cm。宽体飞机载运的货物,每件货物重量一般不超过250kg,体积一般不超过100cm×100cm×140cm。超过以上重量和体积的货物,航空公司将依据机型及出发地和目的地机场的设备条件,确定可收运货物的最大重量和体积。

(3) 货物的最小尺寸。除可直接随附在货运单上的文件、信函类货物外，其他货物的长、宽、高之和不得小于 40cm。低于以上标准者，由托运人加大包装。

(4) 1kg 货物体积超过 6 000cm^3 的为轻泡货物。轻泡货物以每 6 000cm^3 折合 1kg 计重(目前也有轻泡货物以每 5 000cm^3 折合 1kg 计重)。轻泡货物的重量计算公式：长(cm)×宽(cm)×高(cm)/6 000。

2. 普通货物的包装要求

普通货物的包装要求有以下几点。

(1) 纸箱。其应能承受同类包装货物码放 3m 或 4 层的总重量。

(2) 木箱。其厚度及结构要适合货物安全运输的需要；盛装贵重物品、精密仪器、易碎物品的木箱，不得有腐蚀、虫蛀、裂缝等缺陷。

(3) 条筐、竹篓。要求其编制紧密、整齐、牢固、不断条、不辟条，外形尺寸以不超过 50cm×50cm×60cm 为宜，单件毛重以不超过 40kg 为宜，内装货物及衬垫材料不得漏出。应能承受同类货物码放 3 层高的总重量。

(4) 铁桶。铁皮的厚度应与内装货物重量相对应。单件毛重 25～100kg 的中小型铁桶，应使用 0.6～1.0mm 的铁皮制作；单件毛重在 101～180kg 的大型铁桶，应使用 1.25～1.5mm 的铁皮制作。

3. 特殊货物的包装要求

(1) 液体货物(已经拥有非危险证明的液体)。容器内须留有 5%～10%的空间，封盖必须平密，不得溢漏。用玻璃容器盛装的液体，每个容器的容量不得超过 500mL。单件货物毛重以不超过 25kg 为宜。箱内应使用衬垫和吸附材料填实，防止晃动或液体渗出。

(2) 粉状货物(已经拥有非危险证明的粉状货物)。用袋盛装的粉末状货物，应使用塑料涂膜编织袋做外包装，防止粉末外溢，单件货物毛重不得超过 50kg；用硬纸桶、木桶、胶合板桶盛装的，要求桶身无破痕、缝接严密、桶盖密封、桶箍坚固结实；用玻璃装的，每瓶内装物的重量不得超过 1kg；用铁制作外包装的，箱内用衬垫材料填实，单件货物毛重以不超过 25kg 为宜。

(3) 精密易损，质脆易碎货物。单件货物毛重以不超过 25kg 为宜，可以采用多层次包装方法，即货物→衬垫材料→内包装→衬垫材料→运输包装(外包装)。

即问即答 4-1

为什么要对物品进行分类包装？应在哪个环节完成这个操作？

三、路由及其分类

(一) 定义

路由在邮政称之为“邮路”，是指邮件运输的路线。邮路和邮局共同组成邮政网路，完成各类邮件的传递业务。从广义上讲，路由是指通过汽运、航空、铁路、船舶等交通运输工具合理连接发件客户与网点公司、网点公司与分拨中心、分拨中心与分拨中心、分拨中心与网点、网点与收件客户之间组成的闭环的线路，是从揽件到签收的业务环节的总和，包括接单、下单、取件、网点操作、交件、始发分拨分拣、运输(主干线)、目的分拨分拣、网点分发、派送、签收等流程的紧密衔接和一体化的过程。

(二) 路由的要素

(1) 节点资源：广义的物流节点是指所有进行快件中转、集散和储运的节点，包括港口、空港、火车货运站、公路枢纽、大型公共仓库及现代物流(配送)中心、物流园区等。快递公司自身的物流园、全国各加盟公司、全国直营各转运中心都属于其节点资源。

(2) 线路资源：即汽运、航空、公路、铁路、海运、物流等可实现快件到达目的地的主干线运输资源。

(3) 时间：即运输时间、进出港操作时间。运输时间：规定发出及到达时间；车辆在途运输时间。操作时间：快件进出港操作时间；站内操作时间。

(三) 路由的分类

路由包括陆运路由(汽运和铁路)和航空路由两种类型。

(1) 按照线路类型分为直达路由和中转路由。

① 直达路由是指分拨中心有直达车或直飞航班(包含串点车线)，可直接将快件转至目的分拨中心。如：杭州—西安。

② 中转路由是指快件不能从始发分拨中心直接转至目的分拨中心，需通过其他分拨中心进行中转。如：西安发往嘉兴的快件从杭州中转，西安—杭州、杭州—嘉兴。

(2) 按照车线性质分为干线路由和支线路由。

① 干线路由是指各个分拨中心之间车线的组合路由。如：西安 ZZ—北京 ZZ。

② 支线路由是指分拨中心与下属网点之间的路线组合。如：西安 ZZ—安康 YD。

四、路由的作用

(一) 路由的一般作用

(1) 通过合理地规划快件的路由，可以在满足客户时效要求的同时，实现成本最低，操作最简，最大化地提高人均效能。

(2) 保障快件的顺利运转，为承诺客户时效提供保障及依据。

(3) 为开发调整车线提供依据，根据实际路由、货量，分析是否开通、调整、取消车线。

(4) 为开发产品提供参考依据，并确保产品的开发和实施。

(5) 为分拨中心的操作提供依据，保证分拨中心的正常运行。

(6) 便于总部管理人员及时掌握及监控全国分拨中心的运作情况。

(二) 路由在实际操作中的应用

(1) 数据依据及支持：提供及时、准确的数据便于掌握全网运营状态，同时为公司运营决策提供数据支持。

(2) 装车方案：指导并规范分拨中心装车，降低分拨中心快件转运时混装、乱装、仓位不合理分配以及快件时效延误。

(3) 路由系统：根据分拨中心快件实际路由扫描节点与系统规定路由对比，改善分拨中心违规与实际规划不合理的路由，是分拨中心标准化操作的一个工具。

(4) 为实现全自动分拣提供系统支持及运用。

（三）路由与车线和集包的关系

(1) 路由与车线是相辅相成的，通过路由规划，有计划地安排快件到达目的地的时间及路线。车线开发是以现有路由为依据，准确分析各个方向的货量，以最低成本规划与开发车线。

(2) 合理规划路由，为车线开发提供基础和依据。

(3) 根据现有车线和班车的承载范围，合理规划路由及制定车线时间。

(4) 路由和车线相结合，综合考虑全网现状，优化车线，提高班车装载，降低车线成本；优化路由，减少快件中转，提高快件时效。

(5) 结合快件实际流向，合理规划小件集包方案，提高中转效率，减少中转次数，从而降低运营及操作成本。

五、路由规划

（一）路由规划需考虑的因素

(1) 产品规划：即达成产品时效，根据公司的发展战略和制定的目标，确定路由规划的具体方向。

(2) 快件的流量流向：即货量和方向，是选择直达和中转路由的关键因素之一。

(3) 运输成本：存在多线路选择时，在确保时效的前提下，选择成本线路最短、运输成本最低的路由作为指导路由，其他路由作为备用路由。

(4) 运输资源的配置：路由依托于车线，运输资源保障了路由规划的实施。

(5) 中转节点的衔接：便于筛选出更加合理的中转路由。

(6) 分拨中心操作能力、流水线布局：这是路由在实施过程中考虑的一个重要因素。

（二）路由规划的步骤

(1) 基础数据收集：包含全网的流量流向、公司运输资源、快件全生命周期所需的各操作时间节点、分拨中心的操作能力等。

(2) 确定达成的产品时效：确定该路由全生命周期所需达成的产品类型（如次日达、隔日达等）。

(3) 根据路由制定原则，设计直发或中转路由：结合时效和成本，依托于数据的支持设计出合理的路由。

(4) 根据路由合理规划线路：通过线路将规划的路由加以实施，使之达成最初的规划目标。

六、路由优化

路由数据分析是为了优化路由，优化路由是路由规划部门的重要职责之一，什么是路由优化？路由优化的目的是什么？如何优化路由？只有明白了这些问题，才能有针对性地采取措施加以解决。

路由优化的本质就是优化时效及降低成本，因此优化路由也可以说是优化时间节点及运输线路。路由优化分为两个部分：第一是干线路由的优化；第二是支线路由的优化。

(一) 路由优化的目的

路由优化的主要目的是为快递企业全国分拨中心之间的票件运输业务制定适合的路由，同时根据分拨中心的快件流量流向，按照总运输成本最低、时效最快为优化目标，优化全国范围内的路由。在规划路由的基础上制定车线的运行时刻表，降低运输成本。在同等条件下，优化的路由和现有的固定路由模式相比，需要在时效上有所提高，在运输总成本上有明显的降低。

(二) 路由优化的优点

(1) 提高时效，通过合理的规划路由，提高全网时效达成率。

(2) 降低管理运营成本，合理利用运输资源，避免快件重复中转及确保快件的安全。

(3) 合理配置资源，通过路由优化，归集整合货量，合理规划车线的开通、调整、取消。

(4) 合理的路由规划，可对快件进行分流，降低或缓减分拨的中转压力。

(三) 路由分析的方法

1. 直达路由

看是否能达成目前产品定位？若不能达成现有产品定位，则结合实际操作调整班车时刻、调整网点货车进出港时间、增加分拨中心及网点进出港频次、调整班车资源(如更换车型，调整公司自有车量等)。

2. 中转路由

第一步：中转节点是否合理。原则上选择以枢纽分拨、第一中转城市为节点，其余分拨中心及分公司所在城市作为第二节点，选择距离该分拨、公司最近的转运中心中转，若中转节点选择合理则按照第二步分析，否则重新更换中转节点。

第二步：分析资源选择及中转衔接是否合理。查看选用资源是否合理，规划快件到达始发转运点后，是否能以最快、最及时的方式到达目的地，如果是则分析中转分拨操作时间衔接，是否能离最近的一个转运班车发出频次衔接，如果不是，则需要转向成本方面做资源变更分析。

根据流量流向报表、路由违规报表、地磅报表合理分配路由，并开发可执行性车线，根据结果走向分析实际规划与操作中存在的问题。

(四) 路由时效分析

时效分为干线时效和快件时效。干线时效是指班车时效，即始发分拨到目的分拨所用的时间；快件时效是指从快件揽件到快件签收的时间，即网点揽件时效、中转运输时效、网点派件时效的总和。

1. 时效系统的一般计算规则

快件全程时效是指“揽件发出＋派送到达的所有快件”从最早扫描到签收的平均时长(超过 240h 未签收的计 240h)。

(1) 揽件时效：自发件公司第一次扫描入库之时起至第一分拨中心独立扫描入库时间止(无网点第一次扫描的，时效不计算)。

(2) 中转时效：自第一分拨中心入库之时起至最后一分拨中心最后一次扫描入库时间止(无分拨扫描的，时效不计算)。

(3) 派件时效：自最后一分拨中心最后一次扫描入库时间起至签收上传入库时间止(无最后一分拨中心扫描记录的，取到件至签收；无签收记录的，时效不计算)。

(4) 揽件发出+派送到达全程时效：自最早扫描入库时间起至签收上传入库时间止(超过240h未签收的计240h)。

2. 揽件发出总时效

$$揽件发出总时效(h)=\frac{本省揽件发出的“每票快件时长”之和}{本省揽件发出的总票件量}$$

3. 派件到达总时效

$$派件到达总时效(h)=\frac{到达本省派送的“每票快件时长”之和}{到达本省派送的总票件量}$$

说明：单票快件时长是指从最早扫描入库时间起至签收上传入库时间止(超过240h未签收的计240h)。

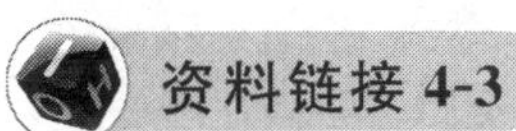

资料链接 4-3

路由规划设计的个例分析

在快递企业，路由规划设计的优势主要体现在时效、成本、操作三个方面。以YD快递公司一批黑龙江省通河县运往浙江省台州市椒江区的快递为例，目前哈尔滨发往杭州的路由为通河县—哈尔滨—杭州—台州市椒江区，路由为拉直。

这样安排路由的依据有四点：①哈尔滨分拨中心—杭州分拨中心有直达班车；②杭州作为浙江省的枢纽，承担了中转台州的功能；③杭州—台州有充足且稳定的班车资源；④班车时间点衔接符合操作时间。

如果不进行规划，哈尔滨到台州市的快件也可以通过苏州分拨中心、上海分拨中心任意中转，但是这样做在三个方面会产生不良影响：①在下一站操作时间点上衔接不顺畅，有可能中转不出去；②如果没有规划，上海分拨中心、苏州分拨中心不会提前做好车辆资源的准备，有可能会造成单向班车或临时找资源承运，造成成本浪费；③苏州分拨中心、上海分拨中心没有作为其他区域的中转枢纽，更多的是负责其相关区域的中转职能。

任务二　公路运输的操作流程及异常情况

情景导航

小王是刚到YD快递公司汽运部的新员工，主管让他先学习基本的理论知识，那么他该从哪些方面入手呢？

一、公路运输的操作流程

国内的民营快递企业大多采用加盟的方式,通过建立自己的运输网络,依靠班车连接各个节点,实现货物的集散。通过对国内知名快递企业在国内运输网络发展状况的分析,我们可以把快递公路运输网络归纳为以下三个层面。

(1) 终端取派。在业务开始时,快递公司各地的网点派出车辆上门从发货客户处收取货物;在业务后端,快递公司需要派出车辆上门向收货客户派送货物。这两个层面的运输从根本上是一体的,虽然对一票货物在甲地表现为取件,在乙地表现为派件,但对于另外一票货物则可能恰好相反。这一层面的运输一般由网点自行配置的交通工具来实现。

(2) 支线运输。它又称区内运输,是指网点与网点或网点与分拨中心之间的运输,保证分拨中心对于覆盖范围内的网点之间的物流量进行内部集散,并对进出枢纽点区域的货物进行中转处理。这一层面的运输一般由公路班车来实现。

(3) 干线运输。它又称区间运输,是指不同城市或不同省份的分拨中心之间的运输(距离一般不超过800km),保证各分拨中心之间的物流量可以进行中转处理。这一层面的运输多由公路运输来完成,必要时需借助第三方运输。

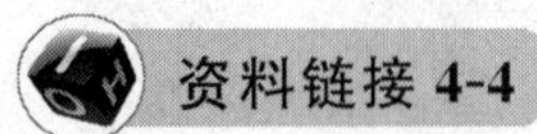

快递企业的运输节点

快递网络结构是由两种基本元素组成的,即线路和连接快递线路的节点,全部的快递活动也是在线路和节点上进行的。其中,在线路上进行的活动主要是运输,如公路、航空、铁路等;在节点上则完成快递功能的其他要素。

快递企业的运输主要通过公路和航空来完成,体现在分拨中心与分拨中心之间,网点与网点之间,网点与分拨中心之间,以及网点与用户之间。因此,快递企业的运输节点主要有网点、集散中心和航空港等。

1. 网点

网点又可称为站点、分站、营业部等,负责该城市或城市某一区域内快件的揽收、运输、分拣与配送工作,是快递公司在单个城市中最小、最基本的操作单位。网点一般通过集散中心进行快件的运输,快件首先要通过始发网点的揽收、分拣、集装,通过转运到达集散中心,再由集散中心通过转运到达目的网点,最后由目的网点对其进行派送。但部分货量较大的网点也可直接进行网点与网点之间的快件运转,例如韵达快递开通了江西婺源与景德镇之间的网点直达班车,快件无须通过集散中心的中转便可直接由江西婺源送至景德镇。

2. 集散中心

集散中心又可称为转运中心、分拣中心或分拨中心等,主要是对自己辐射范围内网点的进出港快件进行集中,再根据路由规则,按照快件的目的地进行分拣归类后,转运到下一个集散中心、航空港或是网点。集散中心是快件转运的枢纽,全国的网点、航空港都是通过集散中心有机地结合在一起,从而形成快递网络。

3. 航空港

航空港习惯上称机场，具有执行客货运业务和保养维修飞机及起飞、降落或临时停机等用途，是快递运输节点中唯一一个不属于快递公司所有的节点，主要用于航空运输。由于时效关系，对于距离较远的快件，快递公司选择先用航空运输方式转运，然后再进集散中心进行下一步的中转，通过航空和汽车两种运输方式的结合，有效地保障了快递送达的时效。

(一) 公路运输作业流程的各项内容

快递公路运输的基本流程包括发车出站、货物运送和运达卸货等。

1. 发车出站

(1) 内场操作员按照装卸流程操作完毕，确认没有快件遗漏后，司机关闭车门上锁，调度员亲自将封签上锁并对车辆牌号和车线编号进行扫描。

(2) 由调度员查看车辆装卸方位，通知驾驶员启动车辆。

(3) 驾驶员启动车辆离开停仓位，在站内地磅进行称重，随后出站。

2. 货物运送

(1) 在运送货物过程中，驾驶员必须按照规定的行驶线路运行车辆，同时做好运货途中的行车检查，既要保持货物完好无损、无漏失，又要保持车辆技术状况完好。

(2) 行驶过程中若有特殊情况(如堵车、大雾、事故等)，必须马上联系告知下个目的站的调度员及车辆准点监督员，并采取相应的处理方法。

(3) 调度人员应做好线路车辆运行的管理工作，掌握各运输车辆的工作进度，及时处理车辆运输过程中临时出现的各类问题，保证车辆日运行作业计划的充分实施。

3. 运达卸货

(1) 进站的快件运输车辆准确停靠到位，调度员收集路桥票据并核对车牌号码，完成车辆牌号和车线编号的扫描工作。

(2) 调度员检查车门是否上锁，车辆封签是否完好，卫星定位系统记录是否正常。

(3) 调度员对封签进行扫描，回收封签并保存到固定地点。

(4) 打开车门后，及时对保价物品进行交接，检查总包是否有破损等异常现象，随后按流程完成卸车工作。

(二) 封签管理

封签在汽车运输中起着非常重要的作用，车辆装货完毕后，必须由司机将车门上锁，由调度员上封签方可发车，司机在行驶过程中必须保证封签不掉落、不损坏，到达目的站点后再由调度员解锁，目的站点的调度员通过检查班车的封签来判断运输途中车门是否被打开。封签是快件安全抵达的一个重要考核依据。

(1) 封签发放。封签由快递企业汽运部专人发放，各分拨中心负责盘查封签，发车凭证的人员必须在规定时间前上传封签凭证统计表，调度员收到新的封签和凭证后及时查看实际数量与发放数量，不符时应联系物料部说明相关问题。

(2) 封签上锁。分拨中心车辆装货完毕后，首先由司机将车门关闭上锁，然后调度员亲自将封签上锁并做好扫描工作，除调度员外的其他人一概没有权力给车辆上封签锁(特殊情况：调度员上完晚班后，车辆是白天到达的，站长可安排相关人员负责解锁，此期间的责任完全由站长和相关负责人承担)。

(3) 封签行驶途中。司机在行驶过程中必须保证封签不掉落、不损坏(特殊情况例外:下雨被冲走,车坏私自解锁,车被扣压)。到达分拨中心后,司机应及时与调度员取得联系,让其在第一时间内将封签解锁,不允许司机私自解锁或找理由将封签解开,如遇调度员不在分拨中心,可与站长取得联系,让站长安排相关操作人员解锁。

(4) 封签解锁。车辆到达分拨中心后,调度员第一时间内查看封签是否完好无损,然后亲自为车辆解封签锁。若车辆没有封签条形码或者封车条,应问清楚封签丢失的具体原因,并做好书面记录。同时,应用数码相机把相关车辆和封签拍好照片后上传到汽运部相关负责人处。

(5) 封签扫描。每天做发车凭证和封签始发扫描时,应仔细查看条形码和封车条的完整性。封签条形码的录入必须用有线扫描枪录入,录入时封签号码必须连号,选择车牌号与车线时必须先核对,没有有线扫描枪的分拨中心应及时联系相关部门。

(6) 封签回收处理。当天收集回来报废的封签,必须当天晚上做好内件发回汽运部。

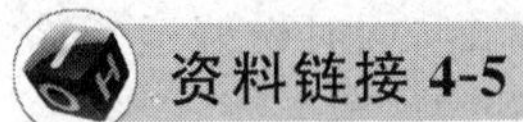
资料链接 4-5

汽运部的岗位介绍

作为快递企业的核心部门——汽运部,其职能主要是协助网运中心管理全国车线,包括规划和开通车辆线路、预算班车费用、合理调度全国车辆,以及制定健全的网络班车线路以覆盖全国各网点。

汽运部岗位设置及其职能如下。

(1) 汽运部经理:负责监管整个汽运部的全面工作,参与汽运部网络车、线路的定价,以及车线信息时间表的初步制定工作。

(2) 汽运部财务:管理全国车辆班车费用,监督车辆考勤,统计班车费用和加班车数量,对于违章车辆进行扣款。

(3) 各分拨中心大车调度:管理韵达租用的网络车辆,包括考勤、发车凭证发放及其回收、封签监督、过路票的录入、对违规车辆进行处罚,合理地配合各分拨中心调度车辆、对车辆紧急情况进行处理等,对驾驶员进行安全知识培训以及传达总部的一些规定。

(4) 车线考核:对车辆的过路票、里程数、优化的线路、运行的时间制定出最佳方案和提供真实数据。

(5) 时效监管:对违规车辆处罚进行审核、对全国所有车辆通过 GPS、刷卡、封签时间进行全面时效监督。

(6) 资料管理:对车辆档案、合同进行归类,对车线信息的基础资料进行整理保存。

二、公路运输中发生的异常情况及处理方法

(一) 爆仓

爆仓是指快递公司突然收到太多快件,班车无法装载应发快件,导致大量快件滞留在

始发站，或者分拨中心。

造成爆仓的原因很多，常见的有以下几种：①天气原因（大雪、洪水、台风）导致的交通瘫痪，导致班车无法顺利到达。②网购高发期（圣诞节、新年、春节、情人节等），订单爆炸式增多，而快递公司人员没有相应增加。③重大的赛会（奥运会、世博会等），安检比以往增强，导致快递中转效率下降。④比较长的假日（春节、五一、十一、元旦等），假日期间不断地有新的包裹进入快递公司仓库，而多数的收货地址又是单位，无法派送，导致仓库包裹累积过多，以及假日后几天的派送工作成倍增长。

若遇到以上情况，大量快件会滞留在分拨中心，造成快件爆仓。当班车已明显无法完全装载所有快件时，陆运调度员应及时调集其他车辆，安排同时装车，若集散中心无备用车辆，应立刻联系租车，要求分供方车辆在规定时间内到达集散中心。陆运调度员应在平时就储备多个具有相应操作能力的租车分供方，与其签署车辆紧急租赁的协议。协议中对分供方的一些硬性要求基本有：在接到通知后，能够即刻提供满足吨位需求的车辆和足够换班的司机，并在 20min 内到达集散中心；车辆和司机必须具有合法的运输资格，到达集散中心时，车辆油量充足、车况良好，可以立即投入使用等。

（二）班车迟到

根据班车的运输路程，快递公司汽运部对每辆班车的运输时间都有一个初步的估计，若班车没有在预定的时间内到达集散中心，则视为班车迟到。

班车迟到的原因主要有以下几种：①天气原因（大雪、洪水、台风）导致的交通瘫痪，导致班车无法顺利到达。②驾驶员主观因素（走错路、不走高速走国道、中途休息忘记时间等）导致时间不够，无法准时到达。③意外事故（交通事故、车辆故障、加油排队、班车迟发等）造成班车无法在规定时间内到达。

当班车时效考核员发现班车可能会迟到时，应及时与班车司机取得联系，问清原因，若迟到时间较短，则尽快安排集散协调人员、操作设备等操作资源做好相关准备，以保证用最短的时间完成卸货、分拣、集装等工作；若迟到时间较长，经过努力依然无法准点赶上交货班车，则应根据货量、交货班车时刻表等因素，综合考虑后决定交货班车是否等待迟到快件，如决定等待后，班车调度员应立即在系统中注明原因、说明货物目前状态，以便相关操作单位查询，同时联系班车沿线的操作站点，通知班车即将迟发，需提前做好快件延迟进站的处理准备。一般情况下，如果迟发时间预计超过半小时，不建议交货班车等待。

（三）班车迟发

为了更好地对班车进行管理，除了规定班车的到达时间外，快递公司还规定了每辆班车的出发时间，若超过规定的出发时间，则视为班车迟发。

班车迟发的原因主要有以下几种：①快件过多，来不及分拣装车，导致班车无法在规定时间内发车。②网点交件太迟，或是流水线出现故障，无法在班车规定时间内完成快件的分拣装车。③司机责任心欠缺，私自离开车辆并到点不回，导致错过发车时间。

若出现前两种情况，集散操作负责人可提前根据分拣和装车速度，在预测班车有可能迟发的情况下，及时调派其他岗位人员支援相应的操作岗位，以确保班车按时发运。若班车迟发超过 5min 的，陆运调度员应立即在系统中注明原因、说明货物目前状态，以便相关操作单位查询,同时联络班车沿线的操作站点,通知班车即将迟发,需提前做好快件延迟进站的处理准备。陆运调度员应与班车司机沟通,告知司机在不违反道路交通法规的情况下,尽量缩短在途时间。

(四)班车遭遇事故导致无法再行驶

班车在行驶途中,难免会遇上意外状况,例如天气原因(大雪、洪水、台风)导致的交通瘫痪,或是交通事故、车辆故障等导致班车无法再行驶。

若遇上这类情况,班车司机应立即联络陆运调度员,陆运调度员根据出事地点和车上快件的货量,立即联系分供方,请其紧急调集车辆赶往出事地点(如果出事地点距离兄弟操作站点或集散中心较近,陆运调度员也可视情况通知他们,请求车辆援助)。同时,班车司机应及时将处理办法和预计处理完毕时间告知班车调度员,陆运调度员立即在系统中注明原因、说明货物目前状态,以便相关操作单位查询,同时联系班车沿线的操作站点,通知班车即将迟到,需提前做好快件延迟进站的准备工作。

任务三　航空运输的操作流程及异常情况

情景导航

赵强是YT快递公司的航空部负责人,人力资源处请他针对新员工做一个航空运输方面的培训,那么他该从哪几方面进行呢?

一、快递航空运输的操作流程

国内的快递企业大多采用集中托运,即将货物交付给代理公司,由其统一向航空公司办理托运的形式来进行航空货物运输。其工作流程可分为以下几个步骤。

(1) 收件网点收取航空快件后,在规定时间运转到各自区域的分拨中心。

(2) 始发分拨中心对应目的地分拣货物,确定对应机场发货总量和外包装件数。

(3) 始发分拨中心向航空代理预订舱位,并将航空货物交给航空代理。

(4) 航空代理接到始发分拨中心的订舱资料,根据分拨中心的要求时效,对应向航空公司预订舱位。

(5) 航空公司批舱后,航空代理在对应的航班起飞前3h交机场主单,起飞前2h过完安检。

(6) 航空代理将对应的机场资料交给始发分拨中心,始发分拨中心向目的分拨中心发送相应的资料。

(7) 货物到达目的地后,暂由航空代理代为收取。

(8) 目的分拨中心接收到预报后,在飞机落地后的2~3h内派人提取货物。

(9) 提货者提取货物后,首先核对货物信息是否与始发分拨中心所发送的资料相符,若有不符,应立即上报。

(10) 货物核对正确后,由目的分拨中心进行分拣,再运到各派送点安排派送。

整个工作流程根据货物在发货地与收货地的状态不同,可分为出港和进港两个过程。

（一）出港

出港是指货物从发货地暂存仓库中登记出库发往目的地，在本项目中是指货物从始发分拨中心发往目的分拨中心这一过程。

在此过程中货物流向为：收件做收入扫描→分拣、小件集包→装车出站→交航空代理转运航空公司→发出预报，如图 4-1 所示。

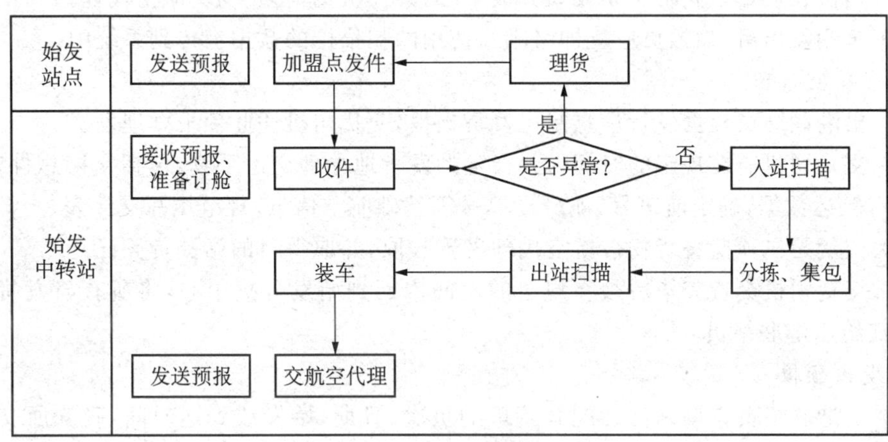

图 4-1　货物出港流程图

1. 收件扫描

(1) 收件网点收取航空快件后，在规定时间运转到各自区域的分拨中心。

(2) 始发分拨中心出港联络员实时关注网点发来的货物信息预报后，并统计预报中的货量，按照标准路由计划向航空代理预订舱位。

(3) 始发分拨中心收取网点上交的快件，并检查快件的重量、尺寸及包装是否符合航空运输的要求，快件中是否夹带违禁品等。若发现有不符标准的快件，应及时退回网点理货。

(4) 检查快件运单面是否用大头笔书写了“HK”字样，若未有，则要补写。

(5) 对符合要求的快件进行入站扫描，并将扫描件的数量上传至系统(包括集包操作的大包数据)，供进港提货员及目的分拨中心操作员核对。

2. 分拣集包

(1) 内场操作员将拆出的快件按目的地网点名称为目标进行分拣。分拣时，所有文件、小件必须放在篮筐中。

(2) 对发往同一目的地的小件进行集包操作。根据路由集装规范事先准备好集装袋，并在对应的集装操作标签上注明“目的地名称或代码”和“施封锁号”。

(3) 扫描集装操作标签号后，开始逐件扫描属于该集装袋的快件，并将扫描后的快件放入集装袋内，即“集包扫描”。集装器装满后，在集装操作标签上写明“集装件数”。

(4) 用施封锁将袋口和集装操作标签扎紧，并将刚才扫描的信息保存在扫描枪中。

(5) 将完成集包和集包扫描的快件分拣到指定的区域，准备装车出站。

3. 装车出站

(1) 制作班车封车签，在封车签上注明班车目的地名称。

(2) 扫描封车签条码,逐件扫描出港的大件和集装包,扫一件,装车一件。装载时注意轻拿轻放,不能抛、扔。重货、大货和集装袋需摆放在靠车厢门口的位置上。

(3) 将出港快件全部装车后,即刻清理操作场,检查有无遗漏快件。确定没有遗漏快件后,班车司机锁好车厢,操作员在封车签上注明装车件数(即车内大件和集装包的总件数),之后封车发运。

(4) 司机在规定时间将班车驶离分拨中心,开往机场,将货物交航空代理。

(5) 车辆发出后,扫描员应立即将刚才使用的扫描枪的数据上传到系统中。

4. 交航空代理

(1) 出港联络员根据发货信息制作发货预报,交货司机凭此预报办理发货。

(2) 交货司机需在规定的时间内到指定的发货地办理交运手续,包括交接总件数、重量等基本航运数据,确定航班号、航班提单号等基础航空信息,规范填写交接表。

(3) 交货司机须监督货物被航空代理妥善收取,并取得目的站提货凭证。

(4) 交货司机交货完毕后须在规定的时间内回到始发分拨中心,将所有与发货相关的单据交给出港联络员。

5. 发出预报

(1) 出港联络员查询确认已配载航班的班次、日期、始发或到达时间,确认所交付货物的实际发出情况。

(2) 若航班有异常情况,应通过代理保障货物及时出运。若有航班拉舱,启动备用航班计划,并及时通知有关部门,以便其做好准备。

(3) 待货物顺利发出后,始发地分拨中心出港联络员在系统中发出货物信息预报。

(二) 进港

进港是指货物从发货地到达收货地的暂存仓库,在本章中是指货物从始发地分拨中心进入目的地分拨中心这一过程。

在此过程中货物流向为:接收预报→安排司机提货→货物进站扫描→拆包、分拣→装车出站→发送给下级加盟点或二级站点,如图 4-2 所示。

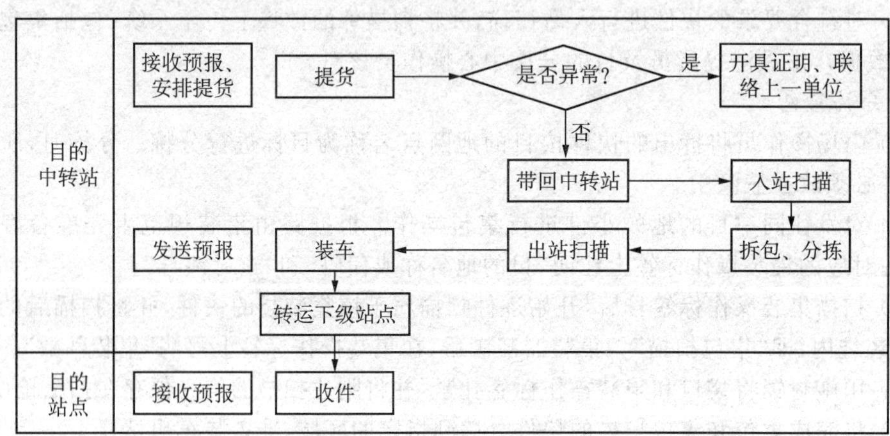

图 4-2 货物进港流程图

1. 接收预报

(1) 目的地分拨中心进港联络员随时关注和接收系统中始发地分拨中心发来的货物信息预报。

(2) 进港联络员根据始发地分拨中心系统的预报内容，将预报信息及提货单按照提货点进行整理、归类和校对，制作提货预报单。

(3) 进港联络员将所有提货证明和提货预报单交给提货员，并安排相应的提货员执行提货任务。

(4) 当日进港航班出现拉舱、延误、取消等异常情况时，进港联络员需通知航班始发站，并将这些情况抄送给质量监控、客服中心等的相关人员。

2. 安排提货

(1) 提货人员根据提货预报单，在规定时间内前往指定地点进行提货。

(2) 提货时必须按照提货预报单核对货物航班号、提货单号、件数、重量、外包装等基本情况，并检查货物的数量和完好程度。

(3) 若发现货物破损或丢失，提货员需立即与承运商交涉，开具破损或丢失证明，并通知分拨中心进港联络员；若在提货过程中遇到航班拉货、延误、无单无货、有单无货或有货无单等异常情况，提货员需第一时间在机场将信息反馈给进港联络员。

(4) 进出港联络员收到提货员的异常信息反馈后，必须立即将异常情况反馈给始发地分拨中心航班部或分公司，对异常情况进行跟踪处理，同时上报系统异常情况。

(5) 提货员确保所有货物都已装车后，将车门关闭上锁，贴上封车签，并在规定时间内回到分拨中心。

3. 进站扫描

(1) 提货员提货回分拨中心后，和扫描员现场交接，清点总件数，由内场操作员卸车。若提货过程有破损、丢失件等，提货员应向进出港联络员出示机场货运部等运输单位开具的异常货物证明，由其备案并在系统中标注。

(2) 班车进站时，内场操作员前往检查班车施封锁是否完整，并向司机索取班车封车签，核对施封锁号码和封车签上标注的号码是否一致，如果不一致，则应及时与司机核对。

(3) 内场操作员在卸车时应根据预报内容检查货物数量和外包装的完好程度，并对快件进行“进站扫描”。卸载完毕后需进入车厢内检查，以确认没有遗漏快件。

(4) 扫描员在扫描快件的同时需查验快件的外包装是否完好，如有破损，现场进行称重并核实运单上标注的重量，对快件进行全方位的拍照，并登记相关信息。

(5) 车辆卸载完毕后，检查扫描枪上扫描的快件数量与封车签上标注的数量和系统预报的数量三者是否一致，若不一致，需在进站扫描后2h内上传异常情况，同时将详细单号罗列。

4. 拆包分拣

(1) 内场操作员按照网点班车发车时间上的差异，确定快件分拣的优先顺序，并进行初分拣。分拣时，所有文件、小件必须放在篮筐中。

(2) 确认集装袋是否需要拆袋操作，拆袋前确认集装袋的施封锁是否完整、施封锁号码是否匹配、集装袋是否完好，若有异常，应立刻核对袋内货物数量与货物包装，若数量不对或包装破损，应马上联系上一环节的操作单位。

(3) 内场操作员将所有拆开的集装袋的内面翻出，以便确认完全清空。清空的集装袋必须在移除所有识别标签后折叠整齐，放入指定物料区保管。

(4) 内场操作员按本分拨中心分拣方案将快件细分拣到指定的区域，对即将出港的快件进行集装操作，并在标签上注明信息，准备装车出站。

5. 装车出站

(1) 按照分拣方案，将出站的快件装上指定的班车。装载时注意轻拿轻放，不能抛、扔，重货、大货和集装袋需摆放在靠车厢门口的位置上。

(2) 如果一辆班车上装有发往多个地点的快件时，内场操作员应用隔网或其他辅助设备将不同目的地的快件分隔开，以方便下一环节的操作单位卸货。

(3) 在装车的同时，对快件逐件、逐袋进行“出站扫描”。装车完毕后，即刻清理操作场地，检查有没有遗漏的快件。

(4) 确定没有快件遗漏后，班车司机锁好车厢，操作员再用施封锁将车厢开关插销锁起。

(5) 内场操作员制作班车封车签，扫描签号，并在标签上记录车辆装载包裹数、集装袋数、封车的施封锁编号，将标签交给司机。

(6) 班车司机在规定时间将班车驶离分拨中心，开往下一分拨中心或派送网点。

6. 发送给下级加盟点或二级站点

(1) 下级加盟点或二级站点接收预报，安排班车进站。

(2) 班车进站，重量检查，检查签封。

(3) 安排员工卸货分拣。

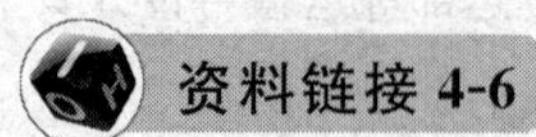

航空运输常用的管理报表

1. 提货预报单

进港联络员将各网点、分拨中心的预报信息及提货单进行整理归类和校对，制作提货预报单(见表 4-2)，提货员以此为依据提货。

表 4-2 提货预报单

提货预报单								
集散中心名称：			年　月　日					
序号	始发站	航班号	落地时间	航空运单号	件数	重量	提出时间	备注
进港联络员签字：					提货员签字：			

2. 发货预报单

出港联络员根据交货情况制作发货预报单(见表 4-3),交货员以此为依据去航空代理处交货。

表 4-3　发货预报单

发货预报单								
集散中心名称:			年　月　日					
序号	代理方	航班号	起飞时间	航空运单号	件数	重量	交货时间	备注
出港联络员签字:					交货员签字:			

3. 未过安检货物记录单

交货员根据未过安检情况填写未过安检货物记录单(见表 4-4),回分拨中心后交给出港联络员。

表 4-4　未过安检货物记录单

未过安检货物记录单						
集散中心名称:				年　月　日		
序号	未过安检理由	集装包号	运单单号	始发站	目的站	外包装情况
出港联络员签字:				交货员签字:		

二、航空运输中发生的异常情况及处理

航空运输的异常情况主要可分为航空提货异常情况和航空交货异常情况两种。

(一) 航班提货异常情况

航班提货异常情况主要是指提货员在提货时发生的一些异常情况,主要有以下几种。

1. 航班拉货

(1) 全部拉货:进出港联络员及时跟进后续航班配载情况,积极协调配载下一个航班。

(2) 部分拉货:进出港联络员同航空公司地面部门沟通,优先提取先到的货物,避免整批货物延误。

2. 无单无货

提货员立即转告进出港联络员,由进出港联络员联系上一环节的操作单位,确定新的航班信息。

3. 有单无货

提货员立即转告进出港联络员,由进出港联络员联系上一环节的操作单位,确定新的航班信息。

4. 有货无单

提货员立即转告进出港联络员，进出港联络员即刻与上一环节的操作单位确认货物和单据情况，上一环节的操作单位须马上协调航空公司，拍发航空公司内部电报，并将内部电报号转告进出港联络员，以便及时提出货物。

5. 到货件数多于运单显示件数

实际到达货物多于航空运单上显示的件数时，航空公司不允许提货。此时，提货员应立即转告进出港联络员，联络员即刻通过上一环节的操作单位，请其通过航空公司电报更改航空运单件数，并将电报号转告本集散中心进出港联络员，以便及时提出货物。

6. 到货件数少于运单显示件数

实际到达货物少于航空运单上显示的件数时，提货员需与航空公司的地面服务人员积极配合，仔细寻找各库区及异常货物堆放区域有无本公司的货物。同时通过进出港联络员，请其向上一操作单位确认应到货数量，如果数量有误，而又搜寻无果，则先将已到货物全部提出，再针对缺少的货物在提货时要求相关部门开立“异常情况货物证明”，并加盖公章，同时向上级汇报该情况。

7. 货物破损

立即要求提货处开具“异常情况货物证明”或“航空货物破损证明”，内容须详细描述货物状况，并加盖公章。对已破损的货物合理安排装车，轻拿轻放，避免再次受到挤压或碰撞；对疑似丢失货物要清点货物内装件数，回站后将情况通知上级和内场操作员，在上级监督下对实物拍照，并对包装进行修补或加固。

8. 货物受潮

立即要求提货处填写“异常情况货物证明”或“航空货物受潮证明”，内容须详细描述货物状况，并加盖公章。对于受潮严重的货物，回站后要将情况通知上级和内场操作员，在上级监督下对实物拍照，然后将货物晾干或擦干并更换外包装。

9. 货物丢失

立即要求提货处填写“异常情况货物证明”或“航空货物运输异常证明”，内容须详细描述货物状况，并加盖公章。

(二) 航空交货异常情况

航班交货异常情况主要是指发货时发生的一些异常情况，主要有以下几种。

1. 预订航班出现异常

若出现计划首选航班未配载上，航班临时取消、拉货、延误等情况，应立即选用候补航班或采用其他备选方案，如就近转至其他集散地航班等。对异常情况应该做好记录，以便日后分析，如果某个航班出现异常情况的频率较高，可考虑变更航班计划。

2. 无法准时交运

班车延误、进港航班延误、拉货等原因导致中转货物无法准时交运时，应立即在第一时间改变航班订舱计划，选用候补航班，并在系统中备注说明。

3. 未过安检

若因包装不合格而未过安检，则应重新包装，以保障快件顺利安检配舱。如快件中夹带禁运品未能过安检，交货员需同机场安检部门沟通，及时将禁运品货物退回，以保障其他快件顺利安检配舱。进出港交接员及时通知集散中心客服，并将禁运品带回。如果被警方扣押，须按照有关法律程序办理。

4. 危险品被没收

如快件中夹带禁运品未能过安检，应及时将危险品货物退回，酌情进行无害化处理，保障其他快件顺利安检配舱。如果快件中的禁运品被警方扣押，须按照有关法律程序处理。如果产生罚款，按照与客户的协议书由客户及当事人承担。

项目小结

本项目介绍了快递经营中最为常见的两种运输方式——公路运输和航空运输，并分别从对运输物品的要求、操作流程、异常情况处理以及运输路线路由规划设计等几方面进行了阐述。运输是快递流程中最为重要的构成要素，从快递成本来看，运费占的比例最高，选择何种运输方式对于提高快递效率、节约快递成本是十分重要的。因此，快递运输的规范合理化操作是很有必要的。

课后练习

一、问答题

1. 网络班车在行驶中发生交通事故该如何处理？
2. 若你是汽运部的管理人员，你会采用何种方式来提高车辆准点时效？
3. 快递公司采用航空集中托运的方式有何优缺点？

二、案例分析

全一快递联手微鲸电视，探索家电物流运输新模式

2017 年 3 月 13 日，全一快递与互联网电视品牌微鲸电视在上海总部正式签订了合作协议，全一快递为微鲸电视量身定制综合物流解决方案。为微鲸电视的整个供应链模式提供一站式服务，这是全一快递继“安奈儿项目”(鞋帽行业)之后，在家电行业模式的另一重要探索，也是战略转型的另一重大突破。

攻克难题，探索新模式

在家电销售领域竞争日益激烈的情况下，家电网上商城正成为生产企业、渠道商的下一个蓝海，但由于家电体积一般比较大，对物流配送要求高、产品保障难等问题，一直以来是家电物流运输的瓶颈。随着社会分工越来越细，分工合作成为一种大的趋势。随着第三方物流的发展壮大，服务水平的不断提高，厂商与第三方物流企业结成战略联盟已成为发展的必然趋势。越困难，越要迎难而上。全一快递深谙想要攻克“家电物流运输”这一难题，关键在于提升物流服务水平，只有解决好了物流服务问题，保证了配送的快捷、安全，家电物流运输才能踏上发展的快捷通途。

全一快递大客户渠道部高级经理陈杰表示：“2017 年年初，全一快递初次与‘微鲸项目’负责人接触，全一快递以其丰富的行业经验、市场知识、全网络覆盖、系统对接、大客户

管理模式等一系列优势以及多年来在家电物流运输上的探索和经验,根据需求方的实际情况,为微鲸电视量身定制了一套专业的物流解决方案。在正式合作之前,全一快递已经为微鲸电视试运输了近千台液晶电视,并且做到了'零破损',这也正是双方正式合作的重要契合点。"

初期合作,实现零破损

据了解,全一快递与微鲸电视初期的合作主要是三个层面,涵盖快递、整车、零担物流等多种运输方式。①逆向物流,即对于不合格的货物从客户需求方退货回微鲸总仓,进行残次机调换,这是家电产业的共性;②大物流运输,全一快递承担着微鲸电视的整机运输,实际上就是进入商城、经销商、零售商的整机销售;③项目专项物流,微鲸电视与第三方公司进行活动合作,以家电作为礼品,全一快递承担配送业务。全一快递为微鲸电视提供综合物流解决方案,进行微鲸电视物流与供应链平台的系统对接,这也是促进全一快递与微鲸电视进行战略合作的重要前提。

对于家电这个行业来说,家电货物本身较大,对于物流企业的运输、操作、协调能力要求很高,即使是大物流企业也不敢轻易尝试全供应链的家电运输模式。然而,全一快递排除万难,以专业的服务、"零破损"的试运输成绩单赢得了客户的信赖。整个运输过程中,货物的包装是在原有的纸箱包装外进行了加固,进行改良缓冲,提高营运质量,保障货物安全,减少破损,这对于"零破损"发挥着至关重要的作用。对于这个"微鲸项目",得益于全一快递整个网络体系以及各分公司大力支持,专业的项目管理团队,运用项目管理的模式,为客户提供专业化的一站式服务。

行业领先,一站式服务

作为友和道通集团旗下全资子公司,全一快递从一开始的定位便是中高端市场,主要的服务对象是企业客户。因此,全一快递有着丰富的行业经验,先后为家电企业夏普、索尼、松下、飞利浦、冠捷等行业客户提供服务。而本次的"微鲸项目",服务的是整个微鲸电视供应链模式,涵盖了快递、零担、大物流,甚至后续的仓储服务、海外出口等一站式综合服务。

"微鲸项目"的战略引进,对于友和道通集团来说,是在行业中再一次华丽转身。对于全一快递来说,是敢于走在行业前列的重大举措,是在整个战略转型中,以"市场"为导向,以"客户需求"为目标,突出打造在"综合服务"方面的核心竞争力,不断优化行业解决方案,形成标准化产品和服务,成为一流的一站式综合服务供应商,让物流服务为企业创造真正的价值。相信在未来,全一快递必将在其他行业探索出更多新的模式,取得更大的突破。

——摘自站长之家网站

问题:

(1) 全一快递的运输模式创新体现在哪些方面?

(2) 全一快递的运输模式创新对合作双方各有哪些好处?

三、实训操作

模拟快递在运输过程中出现的异常情况,并进行相应处理。

项目五

快递公司客服业务管理

学习目标

★ 了解快递公司业务投诉的现状。

★ 理解客服人员应具备的素质。

★ 掌握客户来电接听的流程。

★ 能熟练地对典型的客户在线投诉案例进行处理。

★ 能熟练地对典型的网点间投诉案例进行处理。

关键词

客服业务　投诉　仲裁

全国快递服务满意度报告出炉　杭州排名第二

如今，市民收寄快递已是家常便饭。如果给杭州的快递服务打分，你打几分？2017年年初，国家邮政局公布了2016年全国快递满意度调查结果，杭州公众满意度排名全国第二，服务显著优于全国平均水平。报告显示，2016年杭州公众满意度得分88.1分，较2015年增长6.5分，高于全国总体7.6分。那么，老百姓在寄收快件时，哪些方面最影响他们的满意度呢？

自助式服务大大提升揽收效率　存放超时收费惹人烦

家住闲林的吴女士经常网购，她曾对自己2016年一年的收寄快递量做过一个简单的统计：2016年她一共收到128个快递，寄出34个快递，其中有6次对快递服务不满意。如果为快递服务打分的话，"我打85分！"

报告显示，2016年杭州公众对快递的满意度有稳步的提升，且服务质量表现较好。其中受理、揽收、投递、售后等各环节满意度均有上升，特别是在统一客服热线受理与上门时限方面提升明显。

"2015年我在家里打电话让快递员取件都是要等到他们统一收件的时间，比如晚上

6点,白天基本做不到及时收件的,但2016年速递易和丰巢入驻小区,不用等他们上门也能自主寄件。"吴女士很满意地说,"特别是淘宝推出的菜鸟裹裹上门收件服务,快递员上门收件是有时限的,超时会有一定补偿,这下方便多了。"

但住在同一个小区的顾先生却认为自助式服务虽然方便,但也有需要改进的地方。"有一次我出差到外地,快递员说都没说一声就把快递塞速递易了,结果等我回来超时好几天了,我等于又花了一笔快递钱,才把快递取出来。"顾先生有些不满地说,"快递员至少应该在放快递之前联系一下收件人,我可以让他晚点再送过来啊,不打招呼就这么一放,让我白白浪费钱。"

收件延迟是客户投诉最多的方面

市民对于快递服务的满意度的确在逐步提高,但有不少市民还是对快递服务提出了不满意以及需要改进的地方。

记者在调查中发现,快件延迟仍是目前客户意见最多的方面。

圆通快递员田大哥说,一般客户投诉都集中在收件延迟。但田大哥也说出了苦衷:"虽然延迟的问题最主要的责任在于快递派送员,但我们也不是故意延迟的,就像我负责一个区域,这个区域里有单位有小区,派送都是优先送单位的,如果当天单位的快件数量多,一天送不完,小区的快件就会延迟到第二天。这个时候就比较容易被人投诉了。"

同样,问起吴女士的6次不满意经历,她也说其中有两次是因为收快递有延迟情况。"一般杭州同城寄快递两天就能到了,但那两次等了四五天都没音信,查了物流信息,结果显示在闲林中转站停留了三天,打电话过去始终没人接听。"

这让吴女士很恼火,为此还打过圆通快递的投诉电话,但对方表示只能帮吴女士催件,并没有相应的赔偿,也没办法对中转站进行处罚。

快件投错地方、物品损害也让客户糟心

在一些论坛上,记者也发现很多网友表示在寄收快递时遇上的糟心事、奇葩事也是层出不穷。

网友甲说:"有一次我寄同城快递,结果快递公司给我寄到了昆明,各种打电话追件,等收到东西都过去一个星期了。"

网友乙在寄同城时也是一直没有收到,结果查物流信息时吓一跳。"一查不要紧,单号下面的物流记录居然是2014年的,而且已经配送结束了。打电话给客服和快递小哥都说不知道,让我继续关注物流信息。过了两天收件人收到了,但是物流信息依旧还是2014年的。但是单号真的没错啊!"

网友丙则对几次快递物品被损坏非常不满,她说:"有几次网上购买进口零食,收到的时候国外品牌的饼干和泡面都碎成渣渣了,心也碎成渣渣了。"

投诉不再无门,市邮政管理局为你申诉

遇到快递服务出现问题,谁都很糟心,除了向快递企业投诉外,杭州市邮政管理局也有受理市民投诉的渠道。市邮政管理局市场监管处处长金晓列表示,在对快递企业投诉无果的情况下可以向杭州市邮政管理局进行申诉。杭州市邮政管理局会对投诉情况进行监督，并对快递企业的违规行为进行处罚。

金晓列说："我们日常处理的申诉案件还是比较多的，每个月都有上千起。但比起2015年同期还是有所下降的。举个例子，2016年快递旺季第四季度有效申诉为3 822起，但比2015年的7 540起，申诉率足足下降了49.3%。从这个数据看，我们也可以得知杭州快递服务满意度确实有所提升。"

同时，金晓列指出，杭州快递服务在问题件处理、时限感知、创新服务模式上有待进一步提高。"整体来说，各品牌的售后服务差异大，在发票服务这块也亟待行业规范。"

——摘自杭州网

任务一　客服人员的来电接听作业

情景导航

石潇然刚刚进入YD快运公司总部客服部，她原来在网点工作过半年时间。那么，她在正式接手客服工作之前，需要进行哪些培训？在接听来电时要注意哪些问题呢？

客服人员是快递公司服务的一个检视窗口，它的服务素质与质量直接关系到公司的整体形象。他们肩负着公司与客户沟通交流的"形象大使"的重任，在公司整体运作中起着举足轻重的作用。

一、客服人员应具备的素质

微笑！服务行业中亲切的笑容是最重要的。虽然吸引客户的服务手段很多，但只要随时以一颗感谢的心，用笑容接待每一个客户，那么即使没有很好的服务手段，也会带来意想不到的结果。

（一）心理素质

客服人员每天会接触各种各样的客户，有些客户在受到委屈时脾气比较大，讲话会比较难听，所以客服人员承受的压力是很大的。他们应具备以下几方面的心理素质。

(1)"处变不惊"的应变力。

(2)挫折打击的承受能力。

(3)情绪的自我掌控及调节能力。

(4)满负荷情感付出的支持能力。

(5)积极进取，永不言败的良好心态。

（二）品格素质

品格是指一个人的品性、品行，是在社会活动中表现出来的认知、情感、意志和行为的总和,是品行、道德和作风等基本政治素质的综合体现,决定着一个人的待人处事方式和事业的成败。客服人员应具备以下五项品格素质。

(1) 忍耐与宽容。

(2) 不轻易承诺,说了就要做到。

(3) 勇于承担责任。

(4) 真诚对待每一个人。

(5) 强烈的集体荣誉感。

(三) 技能素质

在具体的操作方面,客服人员应具备以下八个方面的技能。

(1) 良好的语言表达能力。

(2) 丰富的行业知识及经验。

(3) 熟练的专业技能。

(4) 优雅的形体语言表达技巧。

(5) 思维敏捷,具备对客户心理活动的洞察力。

(6) 良好的人际关系的沟通能力。

(7) 专业的电话接听技巧。

(8) 良好的倾听能力。

应从哪些方面来提高客服人员的沟通技能?

二、客服人员来电接听的流程

对于客服人员来说,应该做到及时、准确地接听客户电话,了解终端客户的各类服务需求和问题,并进行相应的解答、安慰。把服务中的问题及时转达到相应的部门,及时解决客户的问题。

(一) 一般电话接听流程

在韵达公司,客服人员的一般电话接听流程分为八个服务动作,分别是礼貌接听、亲切询问、和善安慰、认真解答、耐心再安慰、详细记录、迅速转达和及时回访,如图 5-1 所示。

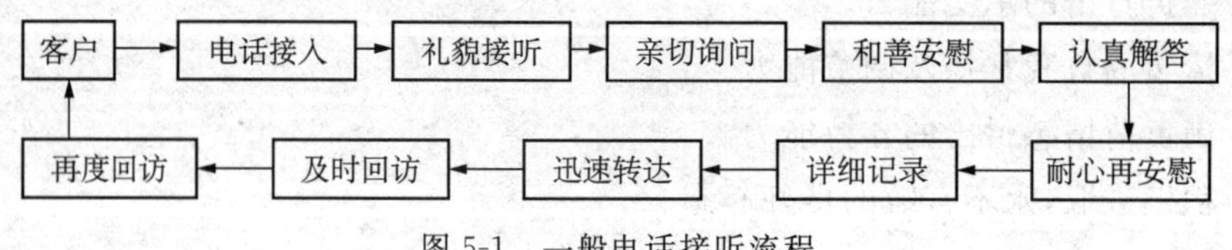

图 5-1 一般电话接听流程

（二）咨询电话接听流程

客户会为了了解公司业务范围、服务政策和公司其他方面的情况而对客服人员进行知识和问题咨询。对于客户的咨询电话，客服人员应当尽量及时予以解答。当时解答不了的，应当对客户进行安慰。一方面可以通过公司部门调取资料立即回复；另一方面可以转到相关的部门予以解决，并及时回访。对于未能解答的客户咨询的问题，应由客服人员把问题及时转到公司相关部门，再由相关人员予以解答。咨询电话接听流程如图 5-2 所示。

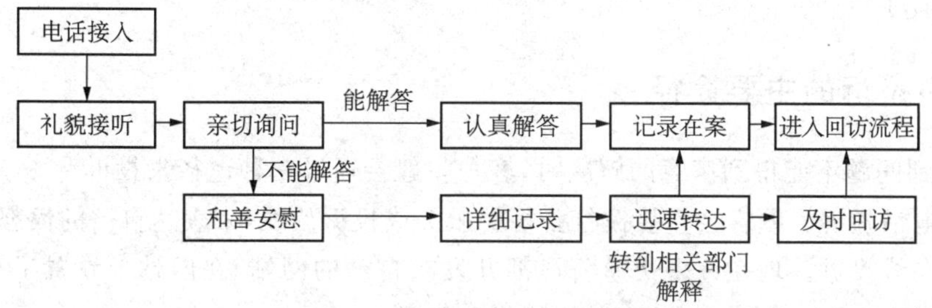

图 5-2　咨询电话接听流程

（三）投诉电话接听流程

投诉电话接听，是指对客户因服务不满意而进行的投诉进行应答。投诉电话的最大问题是一般情况下客户都带着怒气和怨气而来，需要给予很大程度上的安抚，需要有耐心和细心。投诉电话接听流程如图 5-3 所示。

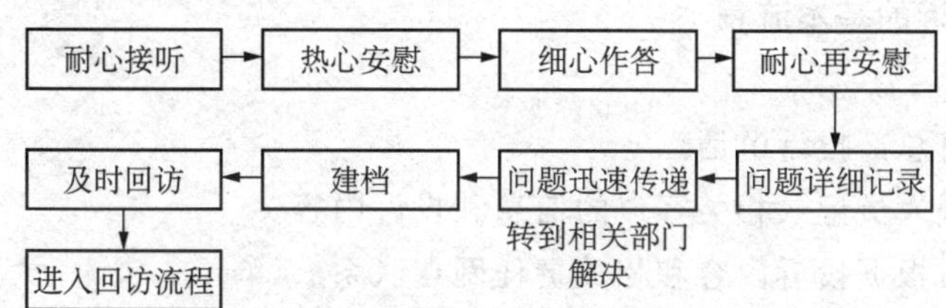

图 5-3　投诉电话接听流程

（四）信息反馈基本流程

客服人员是客户关系中直接接触客户的，一般情况下是对客户提供情感上的关怀和对客户的问题予以及时反映和督促办理，但客服人员无法直接向客户提供现实的服务。所以客服人员一方面要为客户提供有关信息，监督服务情况；另一方面仍然需要公司其他部门的有效配合。信息反馈基本流程如图 5-4 所示。

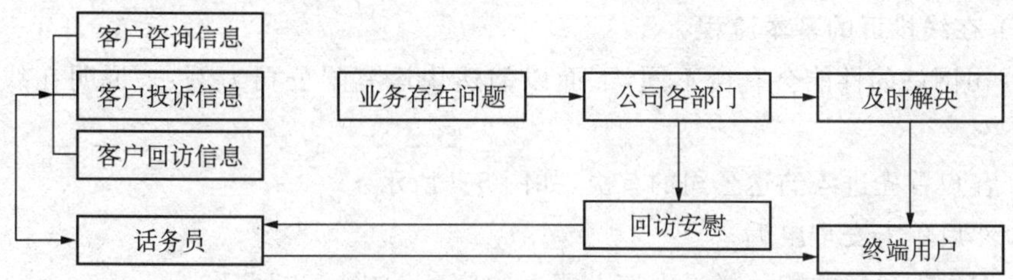

图 5-4　信息反馈基本流程

任务二　客户投诉处理

情景导航

客服人员何涵接到一个客户投诉电话,其声称自己收到的快件出现破损,里面的五包山核桃只剩下四包,而派件的网点不肯承担赔偿责任,要求公司总部处理。何涵应该如何处理这起投诉?

一、客户投诉的主要途径

在遇到问题不能得到满意的解决时,客户一般会通过三种途径来投诉。

(1) 电话投诉。顾客会直接拨打公司的服务或投诉热线,来表达自己的愤怒或需求。

(2) 在线投诉。现在许多快递公司都开发有自己的网站,在网站上设置了相应的投诉程序,以便于有些嫌打电话麻烦的客户发表意见。

(3) 相关部门转发的投诉。主要有 315 投诉网站、国家邮政管理局、工商和消保委等。

二、投诉的流程

各家快递公司在投诉的流程细节方面会有些区别,不过总体上是差不多的。

(一) 电话投诉的基本流程

情况一:

(1) 客户拨打总部投诉电话。

(2) 总部客服人员记录相关客户的信息和投诉内容。

(3) 客服人员根据投诉内容和相关责任网点联系。

(4) 网点回复客户处理结果。

(5) 客户满意后完结投诉。

情况二:

(1) 客户拨打总部投诉电话。

(2) 总部客服人员记录相关客户的信息和投诉内容。

(3) 客服人员根据投诉内容和相关责任网点联系。

(4) 网点不配合总部处理,总部客服强制处理并对责任网点进行处罚。

(二) 在线投诉的基本流程

各公司网站的性能会有所不同,下面以韵达快运有限公司为例,来说明在线投诉的流程。

(1) 客户首先进入韵达公司的首页,如图 5-5 所示。

(2) 然后单击安全申诉。

(3) 在投诉建议的相关栏目中填上要求的信息,如图 5-6 所示。

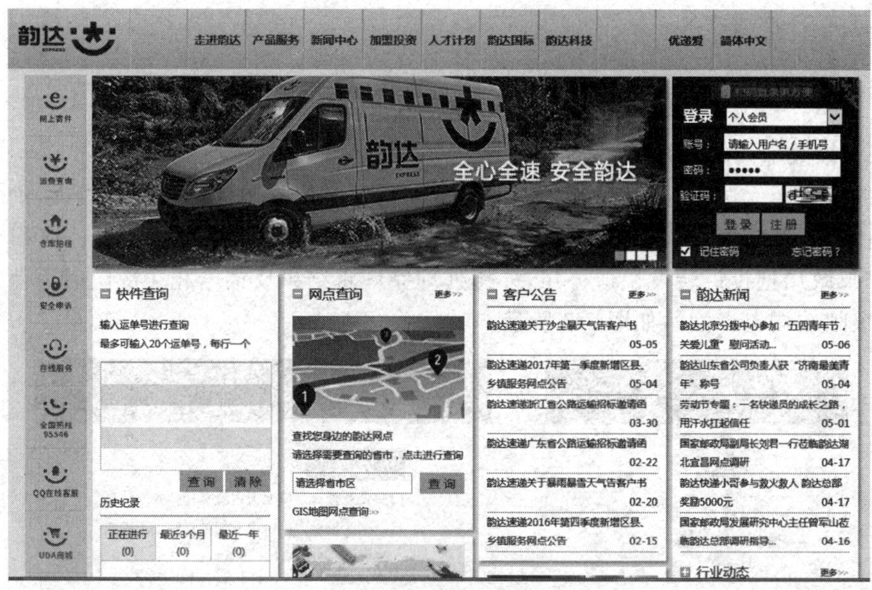

图 5-5　韵达公司首页

韵达　安全 时效 科技 创新

客服服务热线 95546

首页　我要寄件　投诉建议　　注册　登录　关注我们

我要投诉　网站建议

请准确填写以下信息，以便我们能更快地为您解决问题

* 我是：◉ 发件人　○ 收件人　○ 第三方

* 快递单号：请输入您的快递单号

* 投诉类型：请选择

* 发件省市区：选择省　选择市　选择区

* 发件详细地址：请输入您的发件详细地址

* 收件人姓名：请输入您的收件人姓名

* 收件人联系电话：请输入您的收件人联系电话

* 收件省市区：选择省　选择市　选择区

* 收件详细地址：请输入收件详细地址

问题描述：请填写投诉内容，最多可输入200字

* 您的姓名：请输入您的姓名

* 您的电话：请输入您的电话

* 短信验证码：请输入您的验证码　获取验证码

提交　　重置

Copyright YUNDA Ltd, All Rights Reserved | 版权所有 - 上海韵达速递（物流）有限公司

沪ICP备05013236号

图 5-6　投诉页面

处理客户的网络在线投诉，要特别注意哪些问题？

(三) 相关部门的投诉

若以上途径无法得到满意的答复，还可以向国家邮政局申诉网站进行投诉，前提必须是已向快递企业投诉，但七天内没有任务处理结果或是对处理结果不满意。流程基本同上，国家邮政局把投诉转发快递公司，公司处理完毕将结果反馈给相关部门后等待审核通过。国家邮政局申诉网站如图 5-7 所示。

图 5-7 国家邮政局申诉网站

三、投诉电话接听举例

一般的，在接到客户的投诉电话后，应该按照以下几个步骤操作：接到客户投诉→用心聆听客户反映的内容→承认发生的情况及给客户带来的不便→代表公司向客户表示真诚的歉意→尽量平息客户的怒气→告知客户你将怎样帮他解决问题→与客户达成共识、告知客户解决办法及回复时间→结束语→等待客户挂机。举例电话接听实例如下。

(一) 送件不上楼

客服代表：您好！很高兴为您服务。

客　　户：我要投诉，什么服务态度呀？

客服代表：不好意思，请问您快运单号多少？

客　　户：1200141014293。

客服代表：您的快运单号是 1200141014293。

客　　户：是的，送货送到我楼下，打电话让我下去拿，给我三分钟时间，不去拿就退回，你们什么态度呀？

客服代表：实在很抱歉，请问您的收件地址是？

客　　户：泰州市海陵区兴业小区 21 栋 502 室。

客服代表：请问您贵姓？联系电话多少？

客　　户:我姓赵,电话是13512192222。

客服代表:请问您的快件现在收到了吗?

客　　户:没有拿到。

客服代表:实在很抱歉,赵小姐,您的资料我已经记录下来了,我现在联系派送网点,尽快处理此事,会尽快给您送货上门的,好吗?我的工号是1010。

客　　户:嗯,好吧!

客服代表:谢谢您的来电,再见!

(二)不让客户验货

客服代表:您好!很高兴为您服务。

客　　户:我要投诉,什么服务态度呀?

客服代表:不好意思,请问您快运单号多少?

客　　户:1200141014293。

客服代表:您的快运单号是1200141014293。

客　　户:是的,送货过来不让我验货,直接让我签字,我要先验货,业务员拿着快件就走了,哪个快递公司会跟你们一样呀,都是先验货后签字的!

客服代表:实在不好意思,您有权验货的,但是在打开包装之前请您先确认一下包装是否是完好的好吗?先签上外包装情况,然后再打开包装验货,确认好物品后,签上您的名字,您觉得这样操作可以吗?

客　　户:这样可以的。

客服代表:那我这边联系业务员再次给您派送,请问您的收件地址是哪里?

客　　户:泰州市海陵区兴业小区21栋502室。

客服代表:请问您贵姓?联系电话多少?

客　　户:我姓赵,电话是13512192222。

客服代表:实在很抱歉,赵小姐,您的资料我已经记录下来了,我现在联系派送网点,尽快处理此事,您这边也按照我刚刚跟您说的程序操作,好吗?

客　　户:嗯,好的!

客服代表:谢谢您的来电,再见!

(三)态度差,骂人

客服代表:您好!很高兴为您服务。

客　　户:我要投诉,什么服务态度呀?还骂人!

客服代表:不好意思,请问您快运单号多少?

客　　户:1200146859026。

客服代表:您的快运单号是1200146859026。

客　　户:是的,送货不上门,电话联系我下去拿,我要求他送上来,送上来后就骂人,态度非常恶劣。

客服代表:实在不好意思,您先消消气,首先我代表客服部向您道歉,这种行为是绝对不允许的,我们会尽快调查处理并回复您,可以吗?

客　　户:好的。

客服代表:请问您的收件地址是哪里?

客　　户:泰州市海陵区兴业小区 21 栋 502 室。

客服代表:请问您贵姓? 联系电话多少?

客　　户:我姓赵,电话是 13512192222。

客服代表:实在很抱歉,赵小姐,您的资料我已经记录下来了,我现在联系派送网点,尽快处理此事,我的工号是 1010,30 分钟后给您回复,好吗?

客　　户:嗯,好的!

客服代表:谢谢您的来电,再见!

四、相关案例评析

快递投诉方面的案例很多,通过以下韵达公司的三个案例分别介绍延误件、破损短少件和服务态度投诉的处理。

(一) 案例一(延误件)

客户姓名:吕先生(发件人)。

投诉主题:2017 年 4 月 11 号委托常熟韵达送一票快件(单号是 1000049304962,内为电视机,价值 300 多元,运费 240 元,无保价)到河南孟州。客户直到投诉时(投诉时间是 5 月 5 日)都没有收到此件,客户多次联系发件公司常熟韵达,要求其尽快将该件派送到指定的收件地址,但是始终都未能得到答复。

分析:

接到投诉,首先要了解此投诉是否在公司的受理范围之内,以及是不是有效的投诉。

(1) 此件是客户用韵达面单发的件,但是在内部查询系统上无任何信息。如图 5-8 所示。

图 5-8　快件查询结果

(2) 对延误韵达网点追究责任的时间是三个工作日,可是按照《中华人民共和国邮政行业标准——快递服务》(简称《行业标准》),客户的索赔时间是一年,所以时间上也没有过期,此投诉是可以受理的。

(3) 怎么处理此类投诉最合适(处理客户投诉是介于网点和客户之间的)。按照《行业标准》,快件的延误索赔标准是免除本次的服务费用,如果超过彻底延误期,则按照遗失件处理。

最终协商的处理结果是:因为客户没有要求索赔,只是要求将此件送达指定收件地

址，所以可以让发件公司转 EMS 进行派送，转 EMS 的费用由发件公司承担。

注明：彻底延误是指从快递服务组织承诺的服务时限到达之日算起，到顾客可以将快件视为丢失的时间间隔。同城快件为 3 个日历天；国内（大陆地区）异地快件为 7 个日历天；港澳地区快件为 7 个日历天；台湾地区快件为 10 个日历天；国际快件为 10 个日历天。

（二）案例二（破损短少件）

客户姓名：张小姐（收件人）。

投诉主题：王先生在西安电子科技大学通过韵达发了电脑到上海，此件由西安韵达承运，可是业务员并没有通过我们公司走快件，而是通过 EMS 转到了上海，此件到上海后，客户查看发现里面的电脑主机已破损，显示器也破损不能使用，（单号是 1000051275431，运费 200 元，没有保价）发现问题后多次联系西安韵达都没有处理，客户直接电话投诉到总部。

该单快件查询结果如图 5-9 所示。

图 5-9　快件查询结果

分析：

(1) 按照之前说的《行业标准》的索赔对象，首先此件应该由我们公司找 EMS 进行索赔，客户应该找我们进行索赔。

(2) 因为此件是收件人来进行索赔的，所以必须开具发件人的委托证明。

(3) 协商索赔的金额应按照《中华人民共和国邮政法》（2015 年修正）的规定，其第四十七条规定如下。

邮政企业对给据邮件的损失依照下列规定赔偿：

① 保价的给据邮件丢失或者全部损毁的，按照保价额赔偿；部分损毁或者内件短少的，按照保价额与邮件全部价值的比例对邮件的实际损失予以赔偿。

② 未保价的邮件丢失、损毁或者内件短少的，按照实际损失赔偿，但最高赔偿额不超过所收取资费的三倍；挂号信件丢失、损毁的，按照所收取资费的三倍予以赔偿。

此件是未保价快件，结合《邮政法》和公司的规定，我们对客户的赔付标准是按照运费的 2～5 倍进行赔偿，最高不超过 500 元，此件应按照 500 元处理。

（三）案例三（服务态度）

投诉人：罗小姐（收件人）。

投诉主题：此件是 2017 年 5 月 15 日从广州发出到上海的，单号是 1200136851808，此件到达派送方后派送方的业务员给客户送货,可是当客户要求验货时,派送业务员却不给验货,还和客户发生争吵,然后将货物带回。

该单快件查询结果如图 5-10 所示。

运单号:1200136851808 查询 (查询显示所有运单信息)

运单信息记录

发件日期	发件网点	收件人	收件人地址	收1

扫描跟踪记录(红色信息表示可单击打开相关信息)

扫描时间	入库时间	跟踪记录
2017-05-15 20:43:24	2017-05-16 00:44:41	揽件扫描 发件公司:广州公司天河天润分部(510744) 揽件人员为 发往 (0)
2017-05-15 23:47:34	2017-05-16 00:35:26	揽件扫描 发件公司:广东广州公司(510000) 揽件人员为 发往 上海总公司(200001)
2017-05-16 00:16:57	2017-05-16 05:37:17	出中转公司扫描 在 广东广州中转站(510001) 进行中转,并发往:上海总公司(200001)
2017-05-17 05:28:36	2017-05-17 11:16:07	出中转公司扫描 在 上海中转站(200000) 进行中转,并发往:上海嘉定公司(201800)
2017-05-19 12:00:38	2017-05-19 12:00:10	由 上海嘉定公司 派送,由 签收图片 签收

图 5-10 快件查询结果

分析:

(1) 此件到达派送方后业务员送货,这个环节很正常,可是客户要求验货,业务员不给验货这个环节就违反了公司的规定,我们是做服务行业的,对于客户的要求要尽量满足,如果此件的外包装是完好的,应让客户先注明外包装完好,然后再验货、签字。

(2) 作为业务员,送件与客户发生矛盾也是不对的。在服务行业,客户就是上帝,就算客户本身有问题,我们也要耐心地解释,以得到客户的谅解。

(3) 这类问题的处理方案有以下几种。

① 首先解决客户的快件,因为无论在什么时候快件的时效是第一位的,联系派送公司的负责人或派送的业务员,马上安排再次派送并满足客户的要求。

② 对于客户投诉服务态度,首先应代表公司向客户道歉,然后让派送公司的负责人或当事人向客户道歉。

③ 要求责任网点的负责人对此事提出一个处理的方案,如果没有,总部可以强制执行,对其进行经济处罚。

任务三 仲裁业务处理

情景导航

ST 快递公司仲裁部的马东接到一起投诉,是公司杭州市萧山网点投诉长沙市另一网点,由于长沙该网点派送失误,导致收件人延迟一周才收到货,对方要求赔偿。现萧山网点要求长沙的这个网点进行赔偿,马东应该如何处理?

仲裁,一般是快递公司总部接受内部网点之间的投诉,查清是谁的责任,然后进行相应处罚的行为。

一、仲裁的业务类型与流程

设立仲裁部的快递公司，其仲裁处理的业务类型一般如图 5-11 所示。

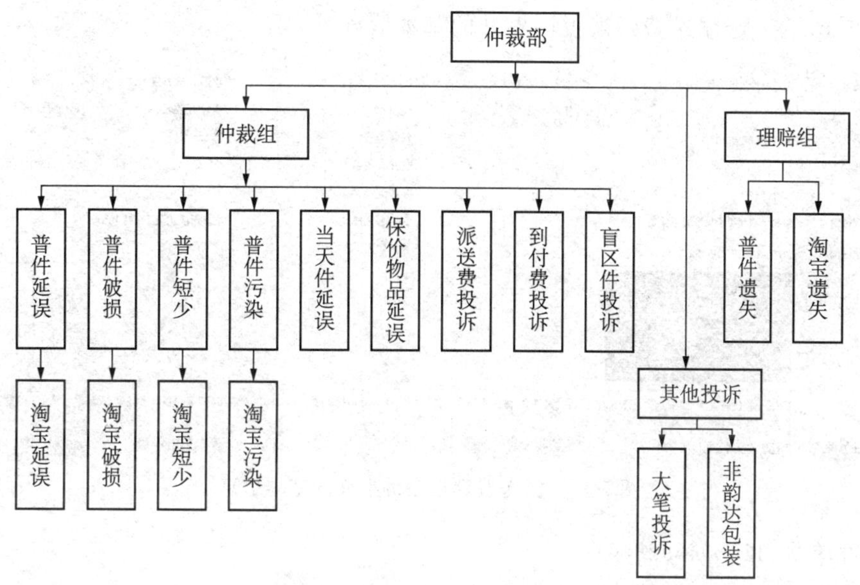

图 5-11　仲裁处理业务类型图

由于涉及调查及多次申诉，实际仲裁的处理流程是比较复杂的，一般分为九个步骤：①受害方申请仲裁；②仲裁员受理调查；③责任方第一次申诉；④仲裁部下达通知书；⑤责任方第二次申诉；⑥组长下决定书；⑦责任方第三次申诉；⑧下达调解书；⑨最终裁定。如图 5-12 所示。

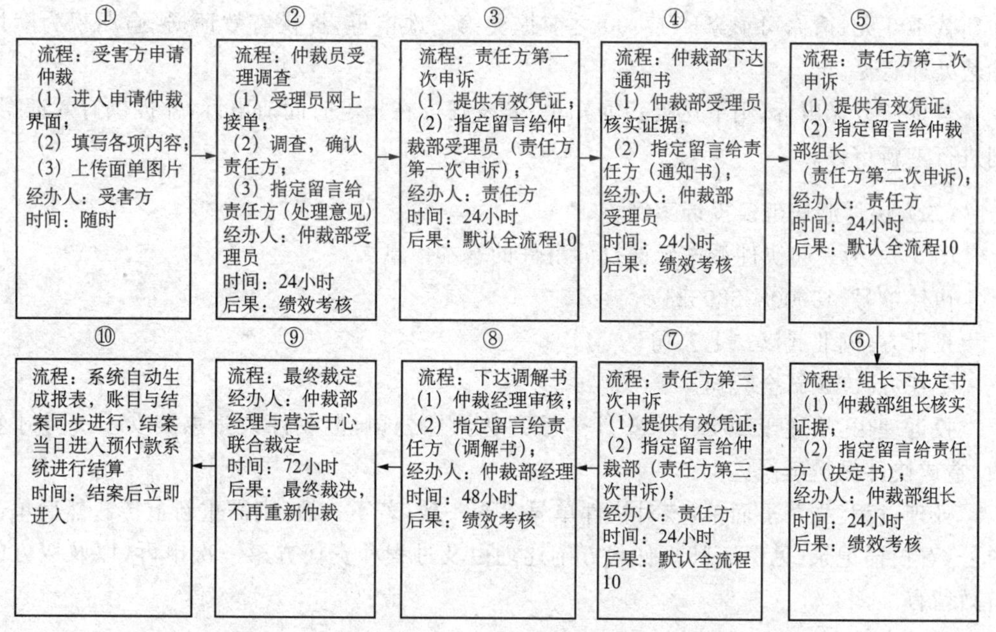

图 5-12　仲裁业务流程图

二、仲裁相关案例分析

(一)派送费延误投诉案例

图 5-13 为一起派送费延误投诉事件的基本信息。

申请仲裁方：	浙江宁波洪塘公司[315033]	申请仲裁方电话：	13857484281	申请仲裁方姓名：	李靖
责任方：	浙江宁波余姚公司[315400]	责任方电话：	62814229	责任方姓名：	裘光荣
运单号码：	1100046928407		仲裁类型：	派送费投诉	
发件人姓名：	无		收件人姓名：	葛先生	
发件人电话：	62913466		收件人电话：	87678906	
发件客户地址：	余姚市双鹤电子仪表有限公司		收件客户地址：	宁波市江北康庄南路455号	
提出仲裁时间:	2016-11-23 09:28:04		目前状态：	通知书未审核	
面单图片：	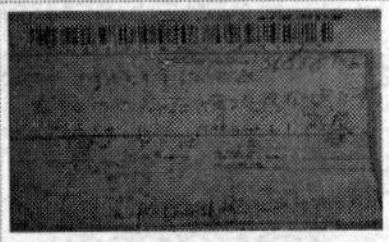				
仲裁方阐述理由及过程：	物品名称: 快件重量: 物品价值: 包装描述: 查询经过共有4件货(1100045006926，1100046928406，1100046928407，1100046928408)超重无派费，给贵公司留言一直无回复，请总公司处理！谢谢				
指定责任公司	浙江宁波余姚公司[315400]	责任方姓名	裘光荣	责任方电话	62814229

图 5-13　派送费延误投诉事件的基本信息

快件单号:1100046928407。

投诉方:浙江宁波洪塘公司。

责任方:浙江宁波余姚公司。

投诉理由:4 件 67.5kg 货物超重未带派送费用,且留言无回复。

处理过程:先看双方指定留言,确定投诉是否成立。若成立,则单击单号计算货物重量,得出派送费(67.5×0.2)。并在“我的留言”中留言:浙江宁波余姚公司,你好!经仲裁部调查,此投诉单号是你司发往受害方的快件费用未带,事实成立,处罚你司 13.5 元,追加罚款 100 元,请你司于今日 17:00 之前提交第一次申诉,提供有效证据,逾期视为默认仲裁处理意见。

若责任方无申诉,则下达处罚通知单;若责任方在指定时间前申诉,并提供有效证据,则进行重新审核。

(二)快件派送延误投诉案例

图 5-14 为一起快件派送延误投诉事件的基本信息。

快件单号:1000083880324。

投诉方:湖北武汉二七公司。

责任方:广东新会公司。

投诉理由:快递于 2016 年 11 月 7 号到达派件公司,但收件人张惠英女士 9 号才签收,造成快件派送延误。

处理过程:先单击面单,核对快件单号是否一致,若不一致,则需重新上传。然后单击单号,看扫描记录(见图 5-15)、仲裁方阐述理由及过程和责任方第一次申诉,以及双方的有效留言。

申请仲裁方：	湖北武汉二七公司[430034]	申请仲裁方电话：	18986032720	申请仲裁方姓名：	胡先生
责任方：	广东新会公司[529100]	责任方电话：		责任方姓名：	
运单号码：	1000083880324		仲裁类型：	普件延误	
发件人姓名：	wu		收件人姓名：	姚远	
发件人电话：	无		收件人电话：	07506191066 13544996180	
发件客户地址：	武汉瑜伽用品专营店		收件客户地址：	广东省江门市新会区会俊花园4座204室	
提出仲裁时间:	2016-11-22 13:12:57		目前状态：	通知书未审核	
面单图片：	第1次修改				
仲裁方阐述理由及过程：	物品名称:瑜伽用品快件重量:物品价值:包装描述:查询经过:你好！此件是11月7号到达该司的，但是我司核实此件是由收件人的家人张惠英女士9号签收的，造成延误，请仲裁处理！！谢谢！！ 物品名称:快件重量:物品价值:包装描述:查询经过:				
指定责任公司	广东新会公司[529100]	责任方姓名		责任方电话	

图 5-14　快件派送延误投诉事件的基本信息

扫描跟踪记录(红色信息表示可单击打开相关信息)

扫描时间	入库时间	跟踪记录(红色信息可显示详细信息)	物品类型	业务员姓名(电话)	重量(千克)
2016-11-05 20:40:09	2016-11-05 21:09:14	揽件扫描 发件公司：湖北武汉二七公司(430034) ,揽件人员: 僜罄宝贝 ,发往 (0)	非货样	僜罄宝贝(82300500)	0.00
2016-11-05 21:37:15	2016-11-05 21:53:14	航空扫描 湖北武汉中转站(430001) 称重扫描,指定始发地:湖北武汉二七公司 发往:广东广州中转站(510001)	货样	扫描()	0.60
2016-11-05 21:58:42	2016-11-06 03:29:16	出中转公司扫描 在 湖北武汉中转站(430001) 进行中转，并发往:广东广州中转站(510001)	非货样		0.00
2016-11-06 23:43:46	2016-11-07 05:54:02	出中转公司扫描 在 广东广州中转站(510001) 进行中转，并发往:广东中山中转站(528418)			0.00
2016-11-07 00:15:26	2016-11-07 05:57:17	出中转公司扫描 在 广东广州中转站(510001) 进行中转，并发往:广东中山中转站(528418)			0.00
2016-11-07 04:51:04	2016-11-07 07:25:41	入中转公司扫描 到达 广东中山中转站(528418)，上级地点:广东广州中转站(510001)			0.00
2016-11-07 04:53:52	2016-11-07 06:54:24	出中转公司扫描 在 广东中山中转站(528418) 进行中转，并发往:广东新会公司(529100)			0.00
2016-11-07 09:42:41	2016-11-07 11:57:10	派送扫描 到达 广东新会公司(529100) 进行派送扫描，上级地点:广东中山中转站(528418)			0.00
2016-11-09 20:16:42	2016-11-09 20:44:00	由 广东新会公司(529100) 派送，由 张惠英 签收			

图 5-15　扫描记录

然后再打电话给客户进行回访，明确“是否有收过此快件，以及收件日期和收件地址”。经回访，核实此件是由收件人本人签收，但其不记得几号收到，则以签收记录为准，定为 9 号签收，判定投诉成立。最后把有效留言和客户提供的有效证据记录进“我的记事本”(见图 5-16)，根据管理条例做出决定，并下达处罚通知单。

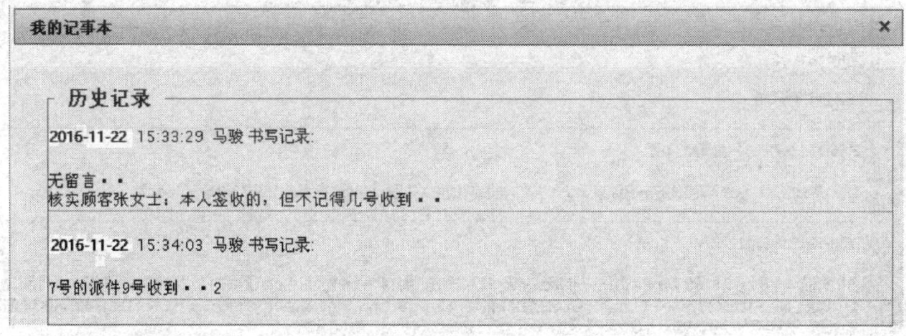

图 5-16　我的记事本

（三）快件短少投诉案例

图 5-17 为一起快件短少投诉事件的基本信息。

快件单号：1200289706430。

投诉方：贵州贵阳公司。

申请仲裁方：	贵州贵阳公司[550000]	申请仲裁方电话：	6816628	申请仲裁方姓名：	贵阳
责任方：	江苏昆山公司[215300]	责任方电话：		责任方姓名：	
运单号码：	1200289706430 核实淘宝件		仲裁类型：	淘宝短少	
发件人姓名：	姚小姐		收件人姓名：	白晓光	
发件人电话：	4851219		收件人电话：	18914972766	
发件客户地址：	贵阳		收件客户地址：	昆山市富士康路199号	
提出仲裁时间：	2016-11-02 22:05:16		目前状态：	不予处理	
面单图片：	第1次修改				
仲裁方阐述理由及过程：	物品名称:食品快件重量: 物品价值: 包装描述: 查询经过: 我司于10月28号发往昆山一票件，此件为11月1日到达，此件为当天的派送件，但此件送去时，未电话联系客户本人，未经客户任何允许和同意，擅自把此件送至收发室，后收发室把此件转交给客户时，客户发现包装破损，经验货，发现货物短少，此件是淘宝件，未电话联系客户，未经客户任何允许和同意，擅自把此件交给其他人签收，导致短少，现客户要求我司赔偿其损失，且客户对此次寄递非常不满意，非常生气，请总公司调查处理，谢谢！				
指定责任公司	江苏昆山公司[215300]	责任方姓名		责任方电话	

图 5-17 快件短少投诉事件的基本信息

责任方:江苏昆山公司。

投诉理由:派送此件时,未电话联系客户本人,未经客户允许和同意,擅自把此件送至收发室,后收发室把此件转交给客户时,客户发现包装破损,经验货,发现货物短少。

处理过程:先单击面单,核对快件单号是否一致,若不一致,则需重新上传。然后单击单号,看扫描记录、仲裁方阐述理由及过程和责任方第一次申诉,以及双方的有效留言,记下信息。然后对客户进行回访,明确"外包装是否被打过胶带,跟发件方描述是否一致,客户有没有当着业务员的面验货"。经回访,核实此件在未经客户允许的情况下被擅自放至收发室,导致货物短少。但由于此件为淘宝线下的件,按普通件处理(普通件则允许放至收发室,不需要客户本人签收),故投诉不成立,不予处理。留言操作如图 5-18 所示。

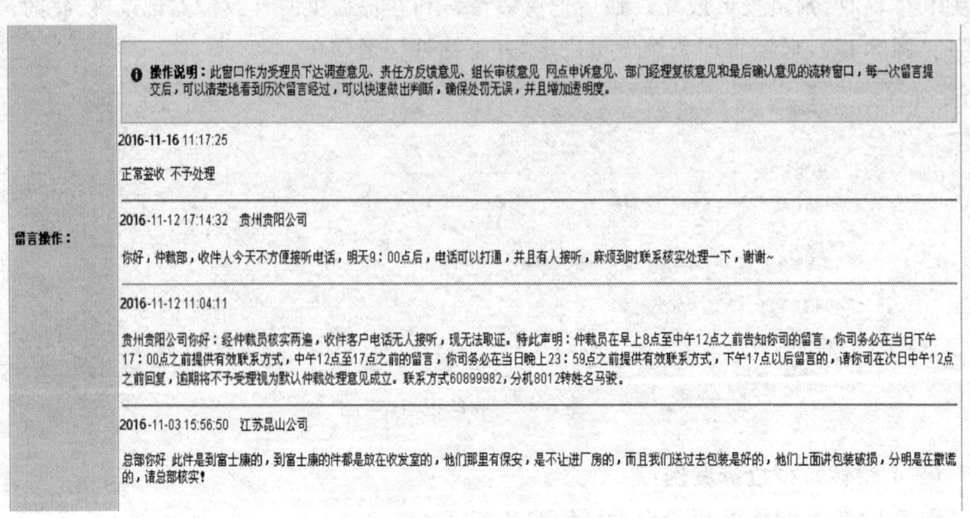

留言操作：

操作说明：此窗口作为受理员下达调查意见、责任方反馈意见、组长审核意见 网点申诉意见、部门经理复核意见和最后确认意见的流转窗口，每一次留言提交后，可以清楚地看到历次留言经过，可以快速做出判断，确保处罚无误，并且增加透明度。

2016-11-16 11:17:25

正常签收 不予处理

2016-11-12 17:14:32 贵州贵阳公司

你好，仲裁部，收件人今天不方便接听电话，明天9：00点后，电话可以打通，并且有人接听，麻烦到时联系核实处理一下，谢谢~

2016-11-12 11:04:11

贵州贵阳公司你好：经仲裁员核实两遍，收件客户电话无人接听，现无法取证。特此声明：仲裁员在早上8点至中午12点之前告知你司的留言，你司务必在当日下午17：00点之前提供有效联系方式，中午12点至17点之前的留言，你司务必在当日晚上23：59点之前提供有效联系方式，下午17点以后留言的，请你司在次日中午12点之前回复，逾期将不予受理视为默认仲裁处理意见成立。联系方式60899982，分机8012转姓名马骏。

2016-11-03 15:56:50 江苏昆山公司

总部你好 此件是到富士康的，到富士康的件都是放在收发室的，他们那里有保安，是不让进厂房的，而且我们送过去包装是好的，他们上面讲包装破损，分明是在撒谎的，请总部核实！

图 5-18 留言操作

解释:外包装完好,不予处理;快件签收后,客户发现短少或破损,不予处理;淘宝线上的件，必须由本人签收或由本人指定的代领人签收时，发现有破损或短少情况才给予处理。若外包装不完好，则做问题件处理，查看扫描记录，核定责任方。

（四）快件破损投诉案例

图 5-19 为一起快件破损投诉事件的基本信息。

申请仲裁方：	湖南长沙公司南站分部[410010]	申请仲裁方电话：	0731-82466028	申请仲裁方姓名：	长沙南站分部
责任方：	辽宁省葫芦岛公司[125000]	责任方电话：		责任方姓名：	
运单号码：	1200294985912		仲裁类型：	货件破损	
发件人姓名：	张艳斌		收件人姓名：	李媛媛	
发件人电话：	18908479731		收件人电话：	15504291626	
发件客户地址：	长冶		收件客户地址：	辽宁葫芦岛市龙港区	
提出仲裁时间：	2016-11-04 21:37:16		目前状态：	不予处理	
面单图片：					
仲裁方阐述理由及过程：	此件是26号从长沙发出的，1号到达的，辽宁葫芦岛公司进行派送，客户收货时发现盒子外部已被浸湿，要求验货，派送员不肯，直接把面单扯了，把件丢那就走了，客户联系要求把件取回，那边一直推脱，导致客户很大意见。还请仲裁部核实处理				
指定责任公司	辽宁省葫芦岛公司[125000]	责任方姓名		责任方电话	
调查经过					
	我要留言　我的记事本				

图 5-19　快件破损投诉事件的基本信息

快件单号：1200294985912。

投诉方：湖南长沙公司南站分部。

责任方：辽宁省葫芦岛公司。

投诉理由：客户收到货时发现快递外盒已破损，并被派送员拒绝验货。

处理流程：看面单是否与单号一致，单击单号，看扫描记录（看此件是在哪一个环节出现问题的），然后看投诉理由与申诉的证据，再看指定留言（无留言），最后核实：①当业务员送来快件时，其外包装是否完好；②发现外包装破损时，客户有没有当着业务员的面打开验货；③核实里面是否有填充物，如报纸、气垫、泡沫等。顾客提供证据为：因为忙就签收了，后发现盒子有几面是湿的，外包装是好的，里面是洗发水，用胶带包装过。经核实是当面签收，无当面验货，则不予处理。留言操作如图 5-20 所示。

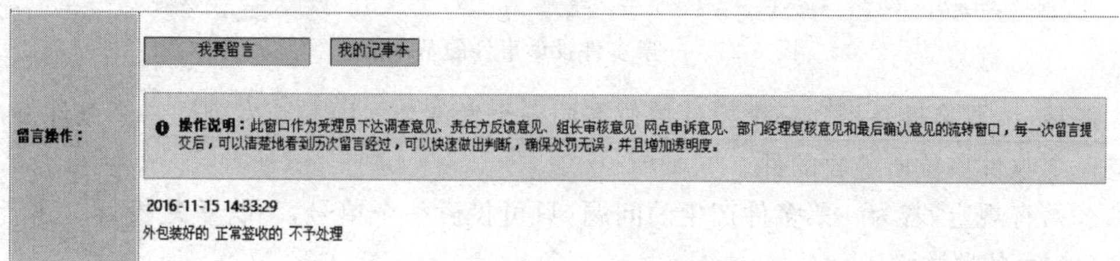
留言操作：

我要留言　我的记事本

操作说明：此窗口作为受理员下达调查意见、责任方反馈意见、组长审核意见、网点申诉意见、部门经理复核意见和最后确认意见的流转窗口，每一次留言提交后，可以清楚地看到历次留言经过，可以快速做出判断，确保处罚无误，并且增加透明度。

2016-11-15 14:33:29

外包装好的 正常签收的 不予处理

图 5-20　留言操作

核实以下事项：①当业务员送来快件时，其外包装是否完好；②发现外包装破损时，客户有没有当着业务员的面打开验货;③里面是否有填充物,如报纸、气垫、泡沫等。上述几点如有不符合,则破损不予处理。

(五)一票多件投诉案例

图 5-21 为一起一票多件投诉事件的基本信息。

申请仲裁方：	上海松江九亭公司九亭二服务部[201205]	申请仲裁方电话：	57636474	申请仲裁方姓名：	二部
责任方：	无锡公司十三分部[214015]	责任方电话：	13255221277	责任方姓名：	程辉
运单号码：	1200305422667 核实淘宝件	仲裁类型：	淘宝延误		
发件人姓名：	吴小姐	收件人姓名：	邹泽方		
发件人电话：	64131127	收件人电话：	0510-85016776 13083508001		
发件客户地址：	九亭镇	收件客户地址：	无锡市永乐东路99号		
提出仲裁时间:	2016-11-14 18:37:43	目前状态：	已完成		
面单图片：					
仲裁方阐述理由及过程：	物品名称: 快件重量: 物品价值: 包装描述: 查询经过:仲裁部您好!此件我部于10号发出,客户应在11号收到货,后客户直到12号还未收到货就打电话到我韵达来投诉了我部,我部很快就和派件公司联系让帮忙一定送货。后经我部多次催派件公司,它才给客户安排了送件,因派件韵达不按总公司规定操作,导致客户投诉韵达,现其要求理赔,我部只好申请仲裁来帮忙处理,谢谢!!!				
指定责任公司	江苏无锡公司[214001]	责任方姓名		责任方电话	

申请仲裁方：	上海松江九亭公司九亭二服务部[201205]	申请仲裁方电话：	57636474	申请仲裁方姓名：	二部
责任方：	无锡公司十三分部[214015]	责任方电话：	13255221277	责任方姓名：	程辉
运单号码：	1200305454686 核实淘宝件	仲裁类型：	淘宝延误		
发件人姓名：	吴娟	收件人姓名：	邹泽方		
发件人电话：	64131127	收件人电话：	0510-85016776		
发件客户地址：	九亭镇	收件客户地址：	无锡市永乐东路99号		
提出仲裁时间:	2016-11-14 18:35:27	目前状态：	不予处理		
面单图片：					
仲裁方阐述理由及过程：	物品名称: 快件重量: 物品价值: 包装描述: 查询经过:仲裁部您好!此件我部于10号发出,客户应在11号收到货,后客户直到12号还未收到货就打电话到我韵达来投诉了我部,我部很快就和派件公司联系让帮忙一定送货。后经我部多次催派件公司,它才给客户安排了送件,因派件韵达不按总公司规定操作,导致客户投诉韵达,现其要求理赔,我部只好申请仲裁来帮忙处理,谢谢!!!				
指定责任公司	江苏无锡公司[214001]	责任方姓名		责任方电话	

运单信息记录

发件客户城市	发件网点	发件日期	重量	收件客户城市	收件人	收件人电话	收件人地址

扫描跟踪记录(红色信息表示可单击打开相关信息)

扫描时间	入库时间	跟踪记录(红色信息可显示详细信息)	物品类型	业务员姓名(电话)	重量(千克)
2016-11-10 20:02:19	2016-11-10 20:15:10	揽件扫描 发件公司：上海松江九亭公司九亭二服务部(201205) ,揽件人员: 二部 ,发往 (0)	非货样	二部(021-57636474)	0.00
2016-11-10 20:42:36	2016-11-11 06:58:25	出中转公司扫描 在 上海中转站(200000) 进行中转,并发往:江苏无锡公司(214001)	货样		0.00
2016-11-11 02:02:50	2016-11-11 09:50:28	快件分发扫描 江苏无锡公司(214001) 指定 程辉 派送	货样	程辉(13255225677)	0.00
2016-11-12 20:49:24	2016-11-12 22:03:51	派送扫描 到达 无锡公司十三分部(214015) 进行派送扫描,上级地点:江苏无锡公司(214001)	货样		0.00
2016-11-12 22:19:27	2016-11-12 22:36:27	由 无锡公司十三分部(214015) 派送,由 何飞建 签收			

运单信息记录

发件客户城市	发件网点	发件日期	重量	收件客户城市	收件人	收件人电话	收件人地址

扫描跟踪记录(红色信息表示可单击打开相关信息)

扫描时间	入库时间	跟踪记录(红色信息可显示详细信息)	物品类型	业务员姓名(电话)	重量(千克)
2016-11-10 20:04:12	2016-11-10 20:15:09	揽件扫描 发件公司：上海松江九亭公司九亭二服务部(201205) ,揽件人员: 二部 ,发往 (0)	非货样	二部(021-57636474)	0.00
2016-11-10 20:43:20	2016-11-11 06:58:25	出中转公司扫描 在 上海中转站(200000) 进行中转,并发往:江苏无锡公司(214001)	货样		0.00
2016-11-11 02:42:02	2016-11-11 09:50:27	快件分发扫描 江苏无锡公司(214001) 指定 程辉 派送	货样	程辉(13255225677)	0.00
2016-11-12 20:50:43	2016-11-12 22:03:51	派送扫描 到达 无锡公司十三分部(214015) 进行派送扫描,上级地点:江苏无锡公司(214001)	货样		0.00
2016-11-12 22:22:21	2016-11-12 22:36:27	由 无锡公司十三分部(214015) 派送,由 沈智 签收			

图 5-21　一票多件投诉事件的基本信息

解释:一票多件是指同一个发件单位在同一个发件公司同一天发到同一个派件公司,由同一个收件单位所签收的件。

公司有规定,若为一票多件产生的问题,只可投诉一个单号,不得重复投诉。违者处以 1 000 元的罚款。

该案例中,由扫描信息及面单信息得知,此件为一票多件,则对发件方做出 1 000 元的处罚。

即问即答 5-3

处理网点之间的投诉与处理客户对网点的投诉有何不同？

三、仲裁业务常见问题解答(针对网点)

仲裁业务经常会碰到相似情况，而公司仲裁部员工的回复代表的是公司总部的意见，应该保持一致。以下将典型问题列出并进行解答，可以给仲裁工作带来有效的帮助。

(一) 延误件常见问题解答

(1) 问：不是一家客户发的货，而收件客户地址是同一个人，如果超重，是否要带派费？

答：要带的，按标准带。

(2) 问：一票多件，但不是同一时间到目的地的，在货没有到齐的情况下，是否要送？

答：原则上可以不送，但客户催件时是要派送的，必须向对方做好留言。

(3) 问：派送量大，业务员少，是否可以成为延误的理由？

答：不可以当作理由，但可以根据情况酌情处理。对于催件的急难快件，必须想办法解决，不能因人手不够而拒绝派送。

(4) 问：天气原因、交通管制等造成的延误，是否在公共留言板留言就可以了？

答：可以，但要告知信息时效部，同时要想办法解决急难快件。

(5) 问：淘宝快件没有加贴"淘宝标识"，周六、周日的快件是否可以不送？

答：不可以，要派送，没有标识的，在收件客户不在或不上班的情况下，可以不做指定留言。

(6) 问：送到学校的件，收件人不接电话，也不出来拿，传达室不收，可以退回吗？

答：不可以直接退回，先给对方指定留言，派送两次不成功、留言不回复的可以在5天后退回。

(7) 问：超区件是否可以不做留言直接退回？

答：不可以直接退回，必须先留言对方，如对方不回复，可以在5天后退回。

(8) 问：快件已经带出公司派送，发件方留言或电话通知要求停止派送，将快件退回，如果退不回来，该由谁承担责任？

答：由发件方自己承担。

(9) 问：收件客户要求改地址，导致当天无法派送，延误责任是否成立？

答：改地址之前，应当先向发件方留言，等回复以后再安排派送。如果直接答应客户改地址，但当天未送，引起客户投诉的，应由派送方承担延误责任。

(10) 问：错发大货或错发一票多件的货，当天网点车装不下，不能及时退回，是否也要承担延误责任？

答：应当留言告知，遇到急件，可以由对方承担运费后退回，但发件方可以追究分拨中心的错分责任，或者通过网运部门协调解决。

(11) 问：为何中转延误我多天，处罚却只按一天计算？

答：要看是大货还是小货。如果是一票多件的大货，班车爆仓，分拨中心不承担延误责任。如果是小件,属于分拨中心操作失误的,要追究分拨中心的责任,可以按实际天数计算,但不超过200元。

(12) 问:我投诉别的网点派送存在问题而总公司并未受理,但是别的网点一投诉我们的派送问题总公司就受理了,这公平吗?

答:你先把具体情况和快件单号告诉我好吗?每个地区的情况不一样,我们也要看具体事实来协调处理的,如果确实不合理的,我可以帮你向上级领导反映,给你一个公正的处理意见。

(13) 问:周六、周日的派送件,送去时客户不在,业务员回来他又上班了,等下午再送去时他又走了,造成延误怎么办?

答:客户是属于非正常上班,只要做到给对方指定留言就可以了。

(14) 问:无网点的件可以直接退回吗?分拨中心退回要做留言吗?

答:可以,不需要做留言。

(15) 问:问题件留言,5天后仍不回复,退回前留言对方,对方回复继续暂放,派送方是否可以退回?

答:可以不退,但必须在留言里要求对方确定具体时间,否则仍然可以退回。

(16) 问:分拨中心的问题件是否也要按新规定滞留5天再退回?

答:不需要,应当按正常操作程序处理。

(17) 问:按3月10号营运中心文件的新规定,发件方给派送方指定留言,报内件单号,要求派送或退回。但派送方坚持见钱派送或见钱退货,是否要承担延误责任?

答:要追究延误责任。如果收不到内件,可以反投诉发件方。

(18) 问:错发件是否也要放5天后退回?

答:不需要,当天要退回。

(19) 问:新文件规定必须5天后退回,如果对方第三天或第四天回复退回,是否要承担延误责任?

答:要承担。

(20) 问:破了的快件我们拉回来,对方会投诉我们破损,不拉回来,又投诉我们延误,还让不让人活了呀?

答:交接时发现快件破损,网点有权拒收,可以要求分拨中心提供破损件交接清单,分拨中心做好清单,网点必须将快件拉回,产生延误由派送网点承担;若分拨中心拒绝做破损件交接清单,延误责任由分拨中心承担。

(二) 破损少货常见问题解答

(1) 若快件已到达派送站点,派送公司称:从分拨中心拉回前就已破损或就用胶带缠过的,若未与分拨中心做交接,送至客户发现少货的,责任认定:派送公司。

(2) 派送方送至客户当面验收发现少货:①若客户急需此货,可要求客户在面单上注明少货字样,核实若外包装有异样(有被拆过的痕迹、纸箱有破损等),责任认定:派送公司;②若包装完好,派送员可以让客户再注明,责任认定:无法判定;③若分拨中心或中转点有称重,上下级有重量上的差异,责任认定:分拨中心或中转点。

(3) 派送公司在第一时间留言破损,发件方有义务核对重量,若只要求包装好就送,未与派送方确认核查的，如果核实客户是正常签收的，责任认定：无法判定；若客户验收发现少货的，责任认定：派送公司。

(4) 分拨中心或中转点有通知破损的：①到派送站点与分拨中心交接过的，责任认定：分拨中心或中转点；②若未与分拨中心交接的，送至客户验收发现少货的，责任认定：派送公司承担。

(5) 若只有发件公司有称重，其余扫描记录无任何称重的，送至客户发现缺货调包，仲裁后核实出重量相符的，责任认定：无法判定。

由于发件网点自身原因产生不能理赔的事件的标准回复用语有以下几种。

(1) [网点]甲问：为什么信封包装的物品不能赔钱？我的东西确实少了(坏了)啊！……

[我方]乙答：不好意思！对于您此刻的心情我十分理解，但对于此类物品的损坏，《网络快件损毁短少解决办法》中是有明细规定的，请您仔细参阅款项中第1款第1条的处理办法，防止下次此类事件的再次发生，谢谢！

(2) [网点]甲问：我发的东西是铁制品(无包装)，你们也能给运坏(带有激动情绪)……

[我方]乙答：不好意思！对于您此刻的心情我十分理解，但对于此类物品的损坏，《网络快件损毁短少解决办法》中是有明细规定的，请您仔细参阅款项中第1款第3条的处理办法，防止下次此类事件的再次发生，谢谢！

(3) [网点]甲问：我发的是两件货(子母包)，你们为什么只送一件给我客户(带有激动情绪)……

[我方]乙答：不好意思！对于您此刻的心情我十分理解，但对于此类物品的损坏与短少，《网络快件损毁短少解决办法》中是有明细规定的，请您仔细参阅款项中第1款第5条的处理办法，防止下次此类事件的再次发生，谢谢！

(4) [网点]甲问：我发的化妆品(有水剂、膏状)到收件人处全都碎掉了，怎么办……

[我方]乙答：不好意思！对于您此刻的心情我十分理解，但对于此类物品的损坏与短少，《网络快件损毁短少解决办法》中是有明细规定的，请您仔细参阅款项中第1款第6条的处理办法，防止下次此类事件的再次发生，谢谢！

注：如果有污染其他快件的情况发生，发件公司还必须承担相关的责任。

对于因特殊情况导致物品损坏责任无法认定的标准服务用语如下。

(1) [网点]甲问：我客户发的物品，外包装是好的，里面的物件坏掉了……

[我方]乙答：十分抱歉！对于您所受承的压力及经济损失我部深表理解，但我部还必须遵循《网络快件损毁短少解决办法》中第1款第6条的规定做出正确处理，请见谅，谢谢。

(2) [网点]甲问：我客户发的物品，外包装是坏的，里面的物件坏掉了……但是已经签收了。

[我方]乙答：十分抱歉！对于您所受承的压力及经济损失我部深表理解，但我部还必须遵循《网络快件损毁短少解决办法》中第3款第2条的规定做出正确处理，请见谅，谢谢。

(三)遗失理赔常见问题解答

甲:来电方(网点、下级分部或客户)

乙:仲裁理赔组受理员

来电到理赔组咨询的,其提问及回复方式有以下三种。

第一种提问及回复如下。

甲:你好!请问×月×日我部投诉的遗失件处理得怎么样啦?

甲:我要"查件"(找某某小姐)。

乙:请您稍等,我马上帮您查一下。您好!此件是×××处理的,我现在帮您转接过去,您直接与×××处理员联系好吗?

第二种提问及回复如下。

甲:你好!请问我部投诉的×××××××单号的延误件是你处理的么?

乙:不好意思,我们是仲裁理赔组,您投诉的延误件是由仲裁延误组处理的,请您稍等,我现在帮您转接过去,您直接与他们组联系一下好吗?

第三种提问及回复如下。

甲:是韵达总公司吗?你们的客服电话太难打了,我都打了半小时了。"我想要投诉×××××"

乙:非常抱歉耽误了您的宝贵时间,请您现在把您要投诉的内容告诉我,我帮您登记下来。我会转交我们的客服组代表,请留下您的联系电话,5分钟后会有专门的客服人员给您回电的,请您再耐心等待一会儿,谢谢您的来电,再见。

关于在处理遗失件方面遇到的来电及回复的标准如下。

甲(网点):是仲裁理赔部吗?签收返回单应该放在内件里面,还是放在货上面?

乙:签收返回单原则上应该是放在货上面的,并且货物上面必须写明"签收返回单返回"的字样。但是签收返回单如果放在内件里面同签收返回单费一起,则必须通过电话联系告知网点。

甲:(网点)请问怎样进行网上投诉?

乙:您首先进到韵达网络内部事务,公告栏的左边有一个申请仲裁栏,上方也有一个申请仲裁栏,直接单击进入,按里面的要求填写每一项后提交申请,就可以了。

客户询问遗失件的处理金额与处理办法的来电及回复标准如下。

甲(客户):请问是韵达总公司理赔部吗?我想问一下我那票×××至××××的件赔偿下来了吗?什么时候赔的?

乙:您好!由于我们的赔款只是韵达网络内部的赔偿规定,赔偿的标准也是针对我们韵达网络内部的,所以您这票件请务必与我们办事处的韵达负责人直接联系,与他们协商赔偿的金额及处理赔偿的时间。

甲:那你们的网点将我很重要很贵重的东西弄丢了,只赔我200元,我的东西价值1 500元,我不依的,你们总部难道就不管吗?

乙:您好,不是我们总部不管,是因为我们下面的网点都是独立经营的,是属于合同制的,我们对他们只有监督权,不介入他们公司的管理。如果您这票件我们站点没有按我们赔给客户的最低标准进行赔偿的话,我们可以帮您打电话协调处理。我们会让该站点按

面单上注明的赔给客户的最高赔偿金额对您进行赔偿，但是不能按您这票件的实际价值来赔偿，希望您能理解。

项目小结

本项目介绍了快递公司投诉与仲裁的定义，阐述了客服业务的作业流程，通过典型案例分析了客户投诉和网点相互间的投诉应如何处理。客服部门是维系客户与公司、网点与公司之间的润滑剂，其对投诉业务的处理妥当与否，会在很大程度上影响客户对公司的忠诚度。而作为客服人员，其除了需要具备良好的心理素质和沟通技能外，还需要具备丰富的一线工作经验，对公司的各项业务都要非常了解。因此，要做好客服工作是很不容易的。

课后练习

一、问答题

1. 对咨询业务的来电接听流程是怎样的？
2. 破损件与延误件的投诉处理有何不同？
3. 为什么说公司的仲裁业务是很重要的？

二、案例分析

张先生称1月8日通过快递公司从沙井快递了三瓶威龙干红葡萄酒给福田区的家人，当时该公司承诺当天可以送货上门，1月9日，张先生咨询该快递公司时被告知其中有瓶红酒已碎，但只负责赔偿20元，张先生觉得不合理，现投诉要求赔偿打碎的红酒和延误送达费用共200元。

问题：

假如你是客服人员，你会如何处理？

三、实训操作

接听客户的投诉电话，并进行相应的处理。

项目六

快递公司物流成本管理

学习目标

★ 了解企业物流成本的分类。

★ 掌握快递公司物流成本构成的具体内容。

★ 理解并掌握快递公司物流成本核算的方法。

★ 理解并掌握快递公司物流成本优化的途径。

★ 能熟练地对快递公司的物流成本进行测算与分析。

关键词

物流成本　运输成本　物流信息成本　成本核算　成本优化

顺丰的年报解析

2017 年 3 月 12 日晚，顺丰控股发布 2016 年年报，报告期内实现营业收入 574.83 亿元，归属于上市公司股东的净利润为 41.8 亿元。

看点一

574.83 亿元看起来只是一个数字，但没有对比就没有伤害。根据三通一达此前发布的公告显示，顺丰一家的营业收入就超过了“三通一达”的营收总和(385.27 亿元)。在全行业来看，2016 年全国快递服务企业业务量累计完成 312.8 亿件，业务收入累计完成 3 974.4亿元。顺丰的年报显示，顺丰 2016 年的业务量是 25.8 亿票。也就是说，顺丰用 8.25%的市场份额，为行业贡献了 14.5%的业务收入。

看点二

年报对 574.83 亿元的营收按行业和产品进行了分类分析(见表 6-1 和表 6-2)。

表 6-1　分行业

分　　类	金额(亿元)	占营收比重(%)
速运物流	571.4	99.40
商品销售	0.2	0.04
其他	3.2	0.56

表 6-2　分产品

产　　品	金额(亿元)	占营收比重(%)
国内时效产品	460	80.09
仓储配送产品	40.6	7.06
重货运输产品	23.4	4.08
增值服务	22.5	3.91
国际快递业务	11	1.91
冷运业务	13.6	2.36
商品销售	0.2	0.04
其他	3.2	0.55

从行业分类来看,快递物流业务是顺丰绝对的主营业务,占营收的99.4%,而商品销售其他收入合计只有3.4亿元,仅占0.6%。

从产品分类来看,国内快递时效产品为顺丰的营收主力军,贡献了营收总额的八成,而国际快递业务尚不足2%,仓储配送产品贡献了40.6亿元的收入。此外,重货运输和增值服务也分别贡献了超20亿元的收入。

看点三

顺丰挣得多,花得也多。年报显示,2016年顺丰的经营成本达461.65亿元,费用主要包括职工薪酬、办公及租赁费、折旧费及摊销费用等(见表6-3)。

表 6-3　经营成本支出

产　　品	金额(亿元)	占比(%)
职工薪酬	94.4	20.44
外包成本	209	45.18
运输成本	74	16.02
办公及租赁费用	27.2	5.91
物资及材料费	22.7	4.91
折旧费用及摊销费	21.2	4.60
销售商品成本	0.18	0.04
信息技术费	2.6	0.57
关务成本	3.8	0.82
理赔成本	4.6	1
交通差旅费	0.36	0.08
税费	0.07	0.02
其他	1.9	0.41

从年报可以看出,209亿元的外包成本为顺丰支出的大头,占到45.18%,职工薪酬和运输成本合计占到36%多。

面对如此高的运营成本,顺丰做了大量的管控工作,包括:优化线路规划、网点设置,提升营运底盘工具的科学化和智能化水平,以及不断优化人工、运力、车辆、物料等资源投入模型,积极管控营运资源投入效率等。

——摘自快递物流咨询网

任务一　快递公司物流成本的组成分析

情景导航

李玉刚是一个进入 YD 快递公司 5 年的员工,随着 YD 快递公司近年来的快速发展以及其自身的不断努力,李玉刚在公司也不断获得升迁。2016 年 3 月底,由于公司业务发展的需要,他被任命为 YD 公司杭州分拨中心副站长,主要负责内部运营工作。其中,成本的控制是很重要的一项内容。接下来,李玉刚会从哪些方面入手来分析该分拨中心的物流成本呢?

一、企业物流成本的常用分类方法

物流成本是物流活动中所消耗的物化劳动和活劳动的货币表现,即产品在实物运输过程中,如包装、运输、储存、流通加工、物流信息等各个环节所支出的人力、物力和财力的总和。

物流按其所处企业的领域不同可分为流通企业物流和生产企业物流,相应的物流成本也可分为流通企业物流成本和生产企业物流成本。

(一) 流通企业物流成本的构成及分类

流通企业物流成本是指在组织物品的购进、运输、保管、销售等一系列活动中所耗费的人力、物力和财力的货币表现,其基本构成及分类如下。

1. 物流成本基本构成

(1) 人工费用,如企业员工工资、奖金、津贴、福利费等。

(2) 营业费用,如运杂费、能源消耗费用、设施设备折旧费、保险费、办公费、差旅费以及经营过程中的合理消耗,如商品损耗等。

(3) 财务费用,如支付的贷款利息、手续费、资金的占用费等。

(4) 管理费用,如行政办公费、差旅费、税金等。

(5) 物流信息费,如硬件、软件费用,维护费等。

2. 物流成本的分类

物流成本按成本发生的流转环节划分,可分为进货成本、商品储存成本和销售成本。

(1) 进货成本,是指商品由供货单位到流通企业仓库所发生的运输费、装卸费以及损耗费、包装费、入库验收费和中转单位收取的费用等。

(2) 商品储存成本,是指物流企业在商品保管过程中所开支的转库搬运、检验、挑选整理、维护保养、管理包装等方面的费用及商品的损耗费。

(3) 销售成本,是指流通企业从商品出库到销售过程中所发生的包装费、手续费、管理费等。

(二) 生产企业物流成本的构成及分类

生产企业主要是生产满足市场需求的各种产品。为了进行生产活动,生产企业必须同时进行有关生产要素的购进和产品的销售，同时，为了保证产品质量，并为消费者服务，生产企业还要进行产品的返修和废物的回收。因此，生产性企业物流成本是指企业在进行供应、生产、销售、回收等过程中所发生的运输、包装、保管、配送、回收方面的成本。与流通企业相比，生产企业的物流成本大都体现在所生产的产品成本之中，与产品成本具有不可分割性。

1. 生产企业物流成本的基本构成

(1) 人工费用，是指企业从事物流工作的员工工资、奖金、津贴、福利费用。

(2) 采购费用，如运输费、保险费、合理损耗、采购人员的差旅费等。

(3) 仓库保管费，如仓库的维护保养费、搬运费。

(4) 营业费用，指在物流活动中的能源、材料消耗费、办公费、差旅费、保险费、劳动保护费等。

(5) 物流设施、设备维护和折旧费，仓库的折旧费。

(6) 产品销售费用，是指在产品销售过程中所发生的物流费用。如销售活动中的运输费、保险费、搬运费、装卸费、仓储费、配送费等。

(7) 物流信息费，如物流硬件费用、软件费用、维护费用等。

(8) 财务费用，如物流活动中的贷款利息、手续费、资金占用费等。

2. 生产企业物流成本的分类

其物流成本通常可以从三个方面进行划分。

(1) 以财务会计中费用发生为基础，按照交付形态的不同，可以把物流成本分为本企业支付的物流费用和向其他企业支付的物流费用，其中本企业支付的物流费用又可进一步细分为企业本身发生的材料费、人工费、工艺费、维护费、一般经费、特殊经费和委托物流费用。

(2) 按照物流功能的差别，物流成本可分为实物流通费用、信息流通费用和物流管理费用三类。

(3) 按照物流活动的不同阶段划分，物流成本包括采购、生产、销售和售后服务阶段的物流成本。另一种说法是包括供应、内部和销售物流成本。

二、快递公司物流成本的构成分析

快递公司属于第三方物流企业，一般认为，其物流成本由运输成本、仓储成本、包装成本、装卸搬运成本、流通加工成本、物流信息成本、物流管理成本、资金占用成本、物品损耗成本、保险和税收成本等几部分构成。

快递公司是服务型企业，没有实际意义上的"产品"或"制造费用"，所以传统的成本核算方法是核算其物流成本的有效方法。

三、快递公司物流成本的具体内容

与其他企业相比，快递公司的物流成本所含的具体内容会有所不同。

(一) 运输成本

运输成本是指一定时期内,企业为完成货物运输业务而发生的全部费用,包括从事货物运输业务的人员费用、车辆(包括其他运输工具)燃料费、折旧费、维修保养费、租赁费、养路费、过路费、年检费、事故损失费、相关税金等。在国内的快递公司中,有少部分的企业货运车辆是归企业所有的,它们聘用司机、维修员工等相关人员,相关的费用需要一项一项计算。大多数的快递公司是将货运车辆外包出去,快递公司与它们签订相应的合同,按其某条专线跑的次数来付费,这样其相关费用的计算就比较简单。

(二) 仓储成本

仓储成本是指一定时期内,企业为完成货物储存业务而发生的全部费用,包括仓储业务人员费用、仓储设施的折旧费、维修保养费、水电费、燃料与动力消耗等。快递公司的快件流通很快,其在库时间很短,仓储成本并不高,主要有总公司仓储成本、分拨中心仓储成本和网点仓储成本几部分。总公司的仓储成本主要是因为其有相关的物料需要储存,例如,面单、文件袋、叉车维修零件、手套、毛巾等物品。分拨中心在某种意义上相当于一个半敞开式的堆场,这里的场地租金、传送带的折旧、员工的工资及保险费等,都是快递公司的仓储成本。还有就是各网点,它们也会根据业务量的大小划出一块场地用于堆放快件,这部分场地所占用的租金及相关费用就是网点的仓储成本。

(三) 包装成本

包装成本是指一定时期内,企业为完成货物包装业务而发生的全部费用,包括包装业务人员费用,包装材料消耗,包装设施折旧费、维修保养费,包装技术设计、实施费用以及包装标记的设计、印刷等辅助费用。在快递公司,对用户寄递的文件需要包装加以保护,有些快件是用户自己包好的,有些需要快递公司网点提供相应的包装服务。这样,涉及的包装纸袋、胶带、纸箱等都是快递公司的包装成本。

(四) 装卸搬运成本

装卸搬运成本是指一定时期内,企业为完成装卸搬运业务而发生的全部费用,包括装卸搬运业务人员费用,装卸搬运设施折旧费、维修保养费、燃料与动力消耗等。因为流通速度快、环节多,快件的装卸搬运次数因此也比较频繁。在快递公司,装卸搬运成本包括叉车的作业成本及折旧、搬运用的塑料筐等。

(五) 流通加工成本

流通加工成本是指一定时期内,企业为完成货物流通加工业务而发生的全部费用,包括流通加工业务人员费用,流通加工材料消耗,加工设施折旧费、维修保养费,燃料与动力消耗费等。在快递公司,主要的流通加工作业就是快件的分拣,相关成本也主要是产生在分拣人员身上的费用。

(六) 物流信息成本

物流信息成本是指一定时期内,企业为采集、传输、处理物流信息而发生的全部费用,指与订货处理、储存管理、客户服务有关的费用,具体包括物流信息人员费用,软硬件折旧费、维护保养费、通信费等。快递公司在物流信息方面的投入越来越大,为了给用户提供更好的服务，便于及时查阅快件所处的状态，一般快递公司都建有相关的网络，配备有相应的计算机、车载 GPS、RF 手持，还有大量的技术维护人员，由此产生的费用属于快递公司的物流信息成本。

（七）物流管理成本

物流管理成本是指一定时期内，企业物流管理部门及物流作业现场所发生的管理费用，具体包括管理人员费用、差旅费、办公费、会议费等。在快递公司，几乎每个部门都与物流业务相关，例如运输部、仓储部、分拨中心、网点等。即使是客服中心，也必须熟悉快递业务的具体流程，提供良好的物流查询、投诉反馈等服务。这些部门所发生的管理费用，就是快递公司的物流管理成本。

（八）资金占用成本

资金占用成本是指一定时期内，企业在物流活动过程中负债融资所发生的利息支出（显性成本）和占用内部资金所发生的机会成本（隐性成本）。在快递公司，一般情况下现金业务是当天结算的，业务往来方面的资金占用很少，其资金占用成本主要是在业务扩张过程中快递公司在融资过程中所发生的利息支出。

（九）物品损耗成本

物品损耗成本是指一定时期内，企业在物流活动过程中所发生的物品跌价、损耗、毁损、盘亏等损失。

（十）保险和税收成本

保险和税收成本是指一定时期内，企业支付的与存货相关的财产保险费以及因购进和销售物品应缴纳的税金支出。

 **即问即答 6-1**

快递公司的运输成本包括哪些内容？为什么说油价上涨会导致快递公司提价？

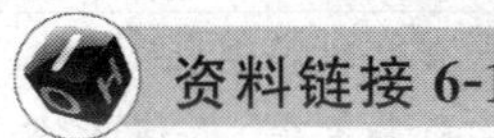

资料链接 6-1

快递新规正式实施　暴力分拣最高可罚款 3 万元

特意从国外带回来的奶瓶，收到时却发现奶瓶碎了，快递公司只赔三倍邮资，网上买工艺品，却收到一盒玻璃碴……快递行业在带来便捷的同时也存在不少问题。2013 年 3 月 1 日起，新修订的《快递市场管理办法》（以下简称《办法》）正式实施，新《办法》有哪些亮点？对快递行业会造成哪些影响？

消费者反映：奶瓶碎了，只获赔三倍邮费

最近，栾女士遇到一件烦心事。从烟台寄出的快递，到北京后却破损了。当她向快递公司投诉时，快递公司只同意赔偿三倍邮资。

栾女士告诉记者，1 月 20 日，她通过一家快递公司把从国外特意带回来的三个 PES 材质的奶瓶寄给远在北京的弟妹。"当着快递员的面儿封的箱,还按快递员的提醒加了泡沫。"栾女士说,原以为肯定万无一失,没想到三天后,她接到弟妹电话说其中一个奶瓶碎了。

"快递公司直接把快递员的电话给了我,快递员却说'外包装损坏不能赔偿',只能退快递费。"栾女士无法接受这个建议,当场拨通了快递公司的电话,得到了按三倍邮费赔偿的答复。

快递费一共不到20元,可一个奶瓶的单价是200多元。栾女士越想越生气,干脆投诉到了这家快递公司在上海的总部。"总部第二天回复我,说得找当地快递公司,而快递公司却让我找快递员。"如今,一个多月过去了,栾女士已经疲惫不堪,"每次想起这事就心烦,真不知道该咋办。"

记者调查:为免破损,店家试过各种招儿

快递破损,上火的不仅是收件人,寄件人也有一肚子的委屈。在淘宝做女装生意的田女士说:"我们商品页面上明确指出'买家必须先验货再签收',就是为了不想惹麻烦。因为货品一旦坏了,涉及赔偿很麻烦。"

"很多都是'暴力分拣'惹的祸。"同样做淘宝生意的李先生告诉记者,他做的是工艺品生意,有瓷器,也有琉璃。这种货物破损概率比较大,几乎每周至少要遇到两三次。

当记者询问有没有完善的保护措施时,李先生说:"泡沫、气泡袋、报纸等,这些招数我都用过了,还贴上了易碎品的贴,可还是有碎的。"买家退货,自家商铺信誉受损不说,商品的损失谁来赔呢?

赔偿不再设"三倍邮费"上限

新《办法》实施后,栾女士价值200多元的奶瓶受损,只能获赔三倍邮费的情况将不再出现。

据介绍,原来所谓的"三倍资费赔偿",主要依据的是《中华人民共和国邮政法》中一般赔偿消费者资费的3～5倍的规定。据业内人士称,快件和邮件并不能混同,这种说法本身就靠不住。

新《办法》规定:"在快递服务过程中,快件(邮件)发生延误、丢失、损毁和内件不符的,经营快递业务的企业应当按照与用户的约定,依法予以赔偿。企业与用户之间未对赔偿事项进行约定的,对于购买保价的快件(邮件),应当按照保价金额赔偿。对于未购买保价的快件(邮件),按照《中华人民共和国邮政法》《中华人民共和国合同法》等相关法律规定赔偿。"

按照《中华人民共和国合同法》的规定,如果运输过程中货物损毁或者丢失,承运人要按照约定进行赔偿,如果没有约定或者约定不清的,一般给予市价赔偿。

暴力分拣一直是公众关注的焦点,新《办法》专门针对暴力分拣进行了详细规定。从2013年3月1日起,暴力分拣最高处罚3万元。

新《办法》第十六条第(二)项规定:"企业分拣作业时,应按照快件(邮件)的种类、时限分别处理、分区作业、规范操作,并及时录入处理信息,上传网络,不得野蛮分拣,严禁抛扔、踩踏或者以其他方式造成快件(邮件)损毁",违反规定的,由邮政管理部门处一万元罚款;情节严重的,处一万元以上三万元以下的罚款。如何界定暴力分拣?快递服务国家标准有详细规定:离摆放快件的接触面间的距离不应超过30cm,易碎品不应超过10cm。

暴力分拣最高可罚3万元,泄露用户信息轻则罚款5 000元

新《办法》第二十八条也明确规定,快递从业人员不得扣留、倒卖、盗窃快件(邮件),不得违法提供从快递服务过程中知悉的用户信息和从事其他法律、法规禁止的其他行为，否则"由邮政管理部门责令改正，没收违法所得，并对个人处五千元以上一万元以下的罚款。构成犯罪的，将追究刑责"。

记者调查了解到，曾有报道称消费者填在快递单上的地址、电话等信息被公开在网上叫卖，很多消费者对快递单泄露个人信息表示担忧。新《办法》实施后，对快递行业的监管将加强。

另外，新《办法》第十七条还规定："经营快递业务的企业投递快件(邮件)，应当告知收件人当面验收。快件(邮件)外包装完好的，由收件人签字确认。投递的快件(邮件)注明为易碎品及外包装出现明显破损的，企业应当告知收件人先验收内件再签收。企业与寄件人另有约定的除外。"

快递应对：24小时不休力保"温柔"

新《办法》规定，在快递服务过程中，快件(邮件)若发生延误、丢失、损毁和内件不符的，快递公司须依法予以赔偿。新《办法》实施后，快递企业如何应对？

27日下午1点多，记者来到位于只楚路上的山东省邮政速递物流有限公司烟台市分公司，在二楼两三百平方米的分拣场地内，工作人员手拿扫描仪，正分拣着从全国各地发来的快递。"每位员工每年都要签保密协议。"分拣中心主任任柏源拿出《员工手册》说。

任柏源说，新《办法》3月1日正式实施，他们的要求也更严格了。"光二层就有十几个摄像头，工作人员24小时工作，实行三班倒。"任柏源说，平时每天进出2万件快递，光棍节等节日能达到3万件，实行三班倒就使得货物不至于在夜间积压，也保证了工作人员不忙乱，杜绝暴力分拣。

"公司规定，每一件快递从进到中心，再发出去，必须在60分钟内完成。"任柏源说，实时信息消费者可在网上通过订单号查询。工作人员一旦遇到有损坏的快件，即使包装没有损坏，里面有异响，他们也要上报，同时填写"异常件"的手续，方便查询。

随后，记者又来到宅急送快递公司的一家营业所，发现公司悬挂了"严格管理""内控丢失"等条幅，不少工作人员忙着分拣快递，根本无暇分心。

——摘自《齐鲁晚报》

任务二　快递公司物流成本的核算

情景导航

李芳在ZT快递公司工作有三年了，最近她被调到总部的统计部门工作。工作了一些日子后，她觉得有些困惑，公司的运输费用、仓储费用总额并不大，为什么公司的高层领导却总说公司的物流成本很高，要努力将其降下来，这是什么原因呢？

一、快递公司物流成本分业务核算

快递公司的物流业务可分为运输、配送、仓储、包装、装卸搬运、信息管理等方面，那么，其物流成本的核算也可以从这些方面进行统计，然后加总求和。此时，在企业里，其物流成本分别按运费、保管费、包装材料费、配送费、人事费、物流管理费、物流信息费等支付形态记账。以下以某快递公司 2017 年 3 月的物流业务数据(见表 6-4)为例进行说明。

表 6-4　某公司按形态划分的物流成本计算表

科　目		销售、管理费(千元)	物流费(千元)	计算基准(%)	
1	车辆租赁费	100 080	100 080	100	金额
2	包装材料费	30 184	30 184	100	金额
3	工资津贴	631 335	178 668	28.3	人数比率
4	水道光热费	12 645	6 664	52.7	面积比率
5	保险费	10 247	5 400	52.7	面积比率
6	修缮费	15 596	10 327	66.2	面积比率
7	减价偿还费	28 114	14 816	52.7	面积比率
8	捐税及公用费用	39 804	20 977	52.7	面积比率
9	通信费	19 276	8 115	42.1	物流费比率
10	消耗品费	21 316	8 974	42.1	物流费比率
11	软件租赁费	9 795	4 124	42.1	物流费比率
12	支付利息	23 861	10 045	42.1	物流费比率
13	杂费	33 106	13 927	42.1	物流费比率
14	广告宣传费	30 807	—	0	不含
15	交际接待费	26 825	—	0	不含
16	旅费交通费	24 120	—	0	不含
	合　计	1 057 111	412 301	39.0	物流费比率

这种方法是从月度盈亏计算书“销售费及一般管理费”等各个经费项目中,取出一定数值乘以一定的计算单位,算出物流部门的费用。物流部门的比率,分别按“人数平均”“台数平均”“面积平均”“时间平均”等计算出来,从中可了解到物流成本的总额,也可以了解到什么经费项目花费最多。

如果从功能的角度分析,分别按包装、配送、保管、搬运、信息流通、物流管理等功能计算物流费用,从中可以了解到哪种功能更耗费成本,比按形态计算成本的方法更进一步找出实现物流合理化的症结,如表 6-5 所示。

表 6-5　某公司按功能划分的物流成本计算表　　单位:千元

科　目	物流费	包装费	配送费	保管费	搬运费	信息流通费	物流管理费
1. 车辆租赁费	100 080		100 080				
2. 包装材料费	30 184	30 184					
3. 工资津贴	178 668			39 704	124 705		14 259
4. 水道光热费	6 664			3 332	3 332		
5. 保险费	5 400			2 700	2 700		
6. 修缮费	10 327			5 163	5 164		
7. 减价偿还费	14 816			7 408	7 408		

续表

科　目		物流费	包装费	配送费	保管费	搬运费	信息流通费	物流管理费
8. 捐税公用费		20 977						20 977
9. 通信费		8 115					8 115	
10. 消耗品费		8 974			2 991	2 992		2 991
11. 软件租赁费		4 124					4 124	
12. 支付利息		10 045			5 441			4 604
13. 杂费		13 927			9 282	4 645		
合计	金额	412 301	30 184	100 080	76 021	150 946	12 239	42 831
	构成比(%)	100	7.3	24.3	18.4	36.5	2.9	10.6

按功能计算物流成本，可以从功能的角度进行分析。按形态计算物流成本，在将物流费用按不同的形态进行详细划分时，其分配基准比例因行业和企业情况的不同而不同。因此，根据本企业的实际情况找出分配基准是很重要的。

快递公司物流成本核算的目的是什么？

二、快递公司物流成本分部门核算

图 6-1 为某快递公司组织架构图。

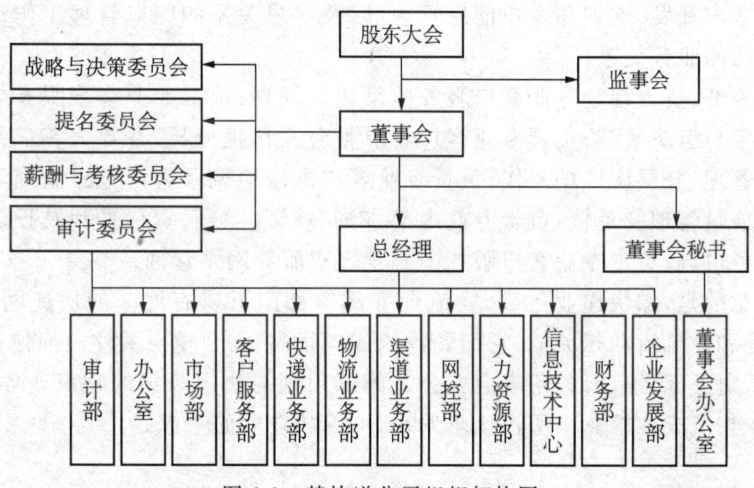

图 6-1　某快递公司组织架构图

该公司按相关法律、法规和公司章程，设立了股东大会、董事会、监事会和经营管理层，并设置了审计部、办公室、市场部、客户服务部、快递业务部、物流业务部、渠道业务部、网控部、人力资源部、信息技术中心、财务部和企业发展部等直属部门，这些部门又与快递公司的分拨中心、网点等相关联。在这些部门中，与物流成本关联度比较高的有快递业务部、物流业务部、渠道业务部、网控部、信息技术中心、市场部、客户服务部等部门及下属的网点，这些部门的职责主要有以下内容。

快递业务部:负责制定速递业务发展战略和发展规划,提出年度业务发展目标和措施,并组织实施;负责速递业务的经营和管理;负责制定速递业务的规章制度和管理办法,并组织实施;参与国际及台港澳地区速递业务的协调工作;负责提出速递业务的投资项目;负责速递业务大客户的开发与维护工作。

物流业务部:负责制定物流业务发展战略和发展规划,提出年度业务发展目标和措施,并组织实施;负责物流业务的经营和管理工作;负责制定物流业务的规章制度和管理办法,并组织实施;负责提出物流业务的投资项目;负责物流业务大客户的开发与维护工作。

渠道业务部:负责制定渠道业务发展战略和发展规划,提出年度业务发展目标和措施,并组织实施;负责各项渠道业务的规章制度制定和实施;负责渠道业务的经营和管理工作;负责渠道业务的投资项目;负责渠道业务大客户的开发与维护工作;负责边境口岸小额贸易市场、货运代理市场等业务的开发与管理工作;负责设关局、互换局、交换站、快件监管中心等口岸资源的商业化功能改选与开发工作。

网控部:负责制定网络规划;负责网路的组织和优化工作;负责制定各项业务的全程时限、处理和运输时限以及频次规定;负责营业和投递网路的建设;负责网路运行质量的监控和专业服务质量的监督检查工作;负责资费检查工作。

信息技术中心:负责信息系统和自动化系统的建设与维护管理工作;负责外部业务网站和内部管理网站的建设、维护和管理工作;负责公司内办公自动化等系统的管理及设备维护工作;参与速递物流专业信息系统与综合网和邮政其他相关系统的互联互通工作。

市场部:负责制订年度经营计划并组织实施;负责资费标准的制定工作;负责经营分析工作;负责市场研究、产品体系研究、产品开发和推广工作;负责组织综合营销工作;负责综合性大客户开发、维护和客户信息管理,以及客户关系的归口管理工作;负责协调公司内相关部门的业务关系。

客户服务部:负责制定专业客户服务体系建设规划;负责专业客户服务规章制度、规范标准的制定与组织实施;负责专业客户资源整合及情报分析,参与大客户开发;负责专业客户分级管理、分层次维护工作;负责专业客户需求协调及客户危机处理工作;负责专业客户服务质量管理及考核;负责专业内部查询、验证、赔偿、责任仲裁及投诉管理,以及国际客户服务协调;负责专业客户服务中心及客户服务网站管理。

需要注意的是,像快递业务部、物流业务部等部门下属有许多的快递网点和分拨中心,业务也是和物流活动相关的,它们的物流成本很高,需要重点关注。而像企业发展部、人力资源部、财务部、审计部、董事会办公室等部门则与快递公司的物流业务没有直接的关联,在企业物流成本核算中所占比重偏小,可以放在后面考虑。

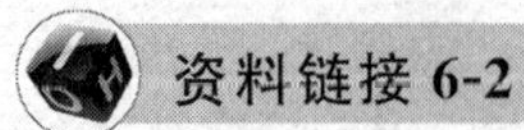

快递公司网点盈利分析

1. 人员、设备配置情况

(1) 人员配备:COD业务操作6～7人,司机4人,受理查询1人,普货业务操作4～5人。

(2) 车辆配备:小型面包车1辆,金杯车1辆,全顺车1辆,3吨厢式货车1辆,大众

轿车 1 辆(自用),合计 5 辆。

(3) 其他设备：计算机 5 台、电子秤 2 台、传真机 1 台、打印机 2 台。

(4) 库房面积：$100m^2$。

2. 业务、收入情况

(1) 出港：月均出港票数 12 000 票。

收入核算：12 元/票(市场指导报价)×0.8(折扣)＋300 元/票(代收款金额)×0.02(手续费)＝15.6 元/票。

出港收入：15.6 元/票×12 000 票＝187 200 元。

(2) 返货：月均返货率为 30%,合计 3 600 票。

收入核算：12 元/票(市场指导报价)×0.7(折扣)＝8.4 元/票。

返货收入：8.4 元/票×3 600 票＝30 240 元。

(3) 进港：月均进港票数 370 票。

派送收入：814 元。

(4) 收入合计：187 200 元＋30 240 元＋814 元＝218 254 元。

业务出港区域：东北三省、山西、河南、河北。

3. 综合成本情况

(1) 发货：以单票重量小于 1kg,代收货款金额小于 300 元代收货款,到达沈阳地级城市为例。

成本核算：0.7 元/票(工作单)＋0.1 元/票(信息流量费)＋1.5 元/票(坏账准备金)[300 元(代收款金额)×0.005]＋4.1 元/票(航空中转垫付)＋1 元/票(省内中转费)＋2 元/票(派送费)＋3 元/票(妥投费)＝12.4 元/票。

月均返货 3 600 票,妥投费用:3 元/票×3 600 票＝10 800 元。

发货成本：12.4 元/票×12 000 票－10 800 元＝138 000 元。

(2) 返货。

成本核算：1 元/票(中转费)＋1.7 元/票(航空垫付)＝2.7 元/票。

返货成本：2.7 元/票×3 600 票＝9 720 元。

(3) 经营成本(月平均值)。

成本核算如下。

人员工资：1 900 元/人×15 人＝28 500 元。

房租：1 550 元/月。

油费：5 000 元/月。

电话费：2 000 元/月。

电费：300 元/月。

经营成本：28 500 元＋1 550 元＋5 000 元＋2 000 元＋300 元＝37 350 元。

(4) 先行赔付：顺义站点于 4 月份加盟,现已先行赔付 4 万余元,月均 5 000 元。

(5) 成本合计：138 000 元＋9 720 元＋37 350 元＝185 070 元。

4. 分析

(1) 利润分析

收入合计－成本合计＝利润

218 254 元－185 070 元＝33 184 元，利润率为 15.20%。

(2) 经营分析

① 项目客户支持，综合成本较低。大型项目客户支持，月出港 COD 货物在万票以上，单位成本降低，综合成本较小。

② 地理条件优越，经营成本较低。该站点与北京分拨中心距离较近，单线不超过 5km，车辆油耗成本不高，并且位于郊区，房租便宜。

③ 出港业务量大，盈利能力强。该站点月出港票数一万余票，单票盈利 3.8 元，利润累计增长。

④ 客户返货费用支付高，创造新盈利点。项目客户返货费用按照正常报价 7 折支付站点返货费用，返货利润占整体利润的 50.81%，成为新的盈利点。

⑤ 人员、车辆资源利用率高，创造利润。该站点人员月均创收 15 030 元，人员月均成本 1 900 元，车辆月均创收 45 090 元，月均成本(油费)1 000 元。

三、快递公司物流成本分公司内外核算

为了提高服务质量，快递公司需要有覆盖面广的网点，国内有不少快递公司采取了加盟的模式尽快开拓市场，比较知名的有“三通一达”，加盟网点与快递公司是分开独立核算的，它们的物流成本，例如派件员的工资、机动车的费用、网点的仓储租金等都由网点自己承担，算是快递公司外部的物流成本。

另外，大型快递公司还有大量的长途货运业务是外包给第三方的，其自有的货运车辆只是其中的一小部分。这些第三方与快递公司根据运送快件的数量进行结算，结算的所有费用虽然是第三方产生的，但都是快递公司的物流成本。

资料链接 6-3

A 是某第三方物流企业集团下属的专业子公司，其主营业务包括跨区域长途运输、区域内配送、仓储管理、零担专线运营、能源运输等物流服务。所有业务归入项目操作和快运专线两种方式经营。该公司有欧洲轮胎、韩国轮胎和欧牌机油三个大型客户，公司财务进行独立核算，公司的业务流程图如图 6-2 所示。

1. 成本构成分析

该公司的成本分类主要包括直接业务成本、操作费用和业务税金三项，成本核算表如表 6-6 所示。公司总成本中绝大部分为直接成本，占总成本的比例为 92.91%，其中，项目组合计的成本占 87.94%(81.7%/92.91%)，快运专线业务成本占 12.07%(11.21%/92.91%)。此比例与其收入比例大致相同，即项目物流收入占 85.97%，快运专线业务收入占 14.03%。从业务角度讲，欧洲轮胎项目成本和零担快运成本分别占公司总成本的 29.30%和 8.24%。其中，欧洲轮胎外派项目组成本占整个项目成本的 89.12%(26.11%/29.30%)，快运部为欧洲轮胎项目提供快运服务分摊的成本占整个项目成本的 10.89%(3.19%/29.30%)。

操作费用主要是项目组及快运部直接服务于物流业务的人员、设备等相关的费用，占总物流成本比例为 6.35%。操作费用可以进一步分为与人员相关的费用与设备相关的

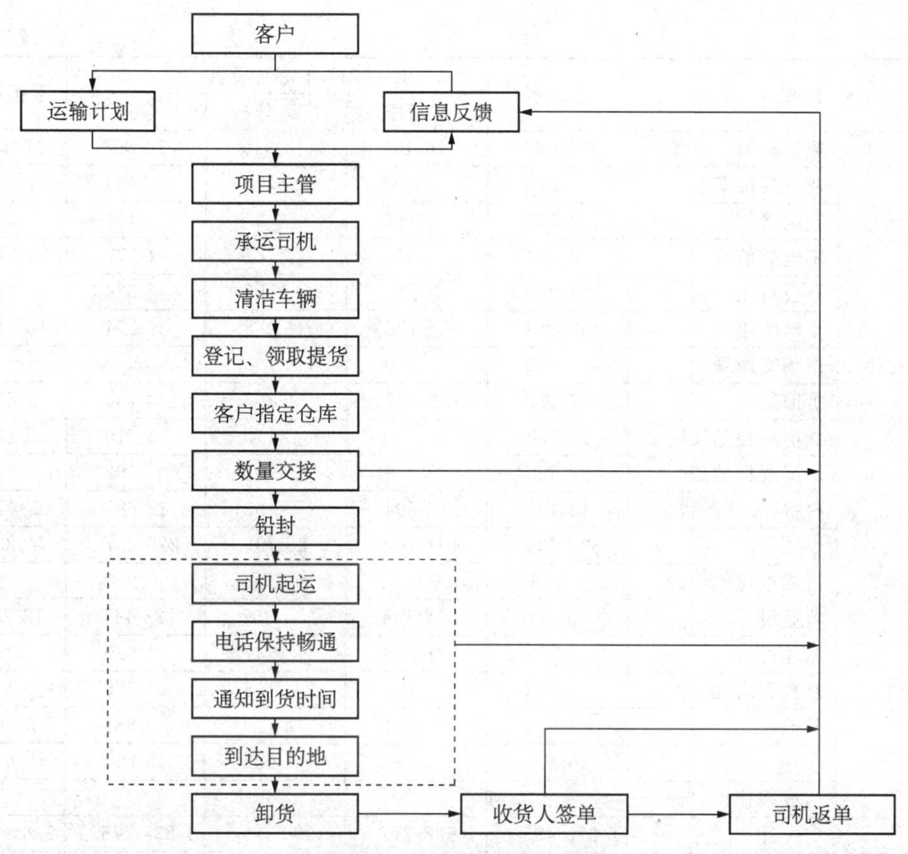

图 6-2　A 公司业务流程图

费用和与业务相关的费用，分摊后可知，三项费用占总操作费用的比例分别为 32.86%、46.03%、21.11%。

业务税金占总成本比例为 0.74%，包括营业税、城建税和教育费附加。该公司的城建税为营业税总额的 7%，教育费附加为营业税总额的 4%。该公司在具体操作过程中，有大量代开发票业务，下月互相冲减调整，但是并不影响公司整体税负大小。

表 6-6　某物流公司成本核算表　　　　单位：元

成本项目				总成本	欧洲轮胎项目			零担快运
					项目组	快运分摊	合计	
直接业务成本	项目组		仓储	240 093	0	0	0	0
			配送成本	11 844	2 180	0	2 180	0
			长途运输(汽运)	4 875 316	1 436 452	0	1 436 452	0
	快运部	网外	运输	217 378	0	50 707	50 707	130 726
			配送	36 844	0	8 604	8 604	22 181
		网内	干线车成本	301 749	0	70 388	70 388	181 465
			支线车成本	112 290	0	26 193	26 193	67 528
			配送成本	35 113	0	8 190	8 190	21 116
小　计				5 830 627	1 438 632	164 082	1 602 714	423 016
占成本比例(%)				92.91				

续表

成本项目		总成本	欧洲轮胎项目			零担快运
			项目组	快运分摊	合计	
操作费用	职工薪酬	122 629	16 455	18 349	34 804	47 306
	业务招待费	3 186	0	400	400	1 032
	差旅费	2 052	1 317	87	1 404	224
	邮电通信费	8 384	645	727	1 372	1 874
	办公费用	3 263	118	166	284	429
	车辆费用	65 419	28 186	4 088	32 274	10 540
	市场交通费	122	0	0	0	0
	折旧费	147 377	132 237	1 893	134 130	4 881
	低值易耗品摊销	10 332	0	2 410	2 410	6 213
	房屋及场地费	22 526	0	492	492	1 269
	税费(非业务税金)	13 401	12 504	183	12 687	471
	小计	398 691	191 462	28 795	220 257	74 239
	占成本比例(%)	6.35				
业务税金	营业税	43 046	18 184	4 957	23 141	12 780
	城建税	3 013	1 273	347	1 620	895
	教育类附加	1 722	727	198	925	511
	其他	−1 604	−12 001	2 120	−9 881	5 466
	小计	46 177	8 183	7 622	15 805	19 652
	占成本比例(%)	0.74				
合计		6 275 495	1 638 277	200 499	1 838 776	516 907
占总成本比例(%)		100	26.11	3.19	29.30	8.24

注:欧洲轮胎项目和零担快运只是其中的两个项目,总成本除了这两部分还有其他的。

2. 成本趋势分析

该公司2013—2016年发生的物流成本情况如表6-7所示。

表6-7 某物流公司近四年成本核算结果表 单位:元

成本项目	2013年		2014年		2015年		2016年	
	金额	比例(%)	金额	比例(%)	金额	比例(%)	金额	比例(%)
业务成本	7 112 663	93.30	8 330 388	91.05	10 613 751	96.31	5 830 627	92.91
操作费用	425 355	5.58	431 188	4.71	306 181	2.78	398 691	6.35
业务税金	85 244	1.12	387 565	4.24	100 213	0.91	46 177	0.74
合计	7 623 262	100	9 149 141	100	11 020 145	100	6 275 495	100

从表6-7可知,该公司近四年来成本构成几乎未变,成本构成比例大致相同,直接业务成本占公司总成本比例一直高于90%。从绝对数看,前三年一直呈上升趋势,2015—2016年开始下滑。究其原因,该公司于2016年在辖区内的其他子公司新设了两个快运专线部,新设的两个区域快运专线部使得其操作费用即间接成本增加。

该公司的几个快运部区域内成本归公司统一核算,其直接成本通过三个层次实现:①依据干线收入将成本分摊至各干线;②依据物流量分摊至区域内的各快运部;③按照项目物流量将公司快运部的成本分摊至各项目。现选用快运部的原始收入构成为成本动因，重新分摊快运部成本至各成本中心，成本中心成本核算结果如表6-8所示。

表 6-8　成本中心成本核算结果　　单位：元

成本项目			欧洲轮胎项目	韩国轮胎项目	欧牌机油项目	零担快运
直接成本	金额	项目物流	1 438 631.71	586 489.40	3 102 131 82	0
		快运部分摊	1 640 823	116 316.37	0	423 016.54
		小计	1 602 714.71	702 805.77	3 102 131.82	423 016.54
	占项目总成本比例(%)		87.16	93.29	97.97	81.84
操作费用	金额		220 260.03	28 988.70	75 201.29	74 241.68
	占项目总成本比例(%)		11.98	3.85	2.37	14.36
业务税金	金额		15 806.18	21 565.56	−10 846.61	19 651.77
	占项目总成本比例(%)		0.86	2.86	−0.34	3.80
合计			1 838 780.92	753 360.03	3 166 486.50	516 909.99
占总成本比例(%)			29.30	12	50.46	8.24

由表6-8可知，欧洲轮胎、韩国轮胎、欧牌机油项目及零担快运业务成本分别占公司总成本的29.3%、12%、50.46%和8.24%，各项目直接成本、操作费用、业务税金占各自总成本比例大致与总成本构成比例相当。该公司欧洲轮胎项目和零担快运业务直接成本低于90%，对于全部由快运部负责的零担快运业务，具有客户数目多且单个业务规模小的特点，通常需要拼车，多个项目由一人负责，而快运部的职工薪酬、折旧费、信息费等服务于所有客户，故操作费用较多也是比较合理的。对于欧洲轮胎项目，则大部分由外派的欧洲轮胎项目组完成，直接成本主要是运输车辆费用。间接费用中欧洲轮胎项目操作费用主要是职工薪酬和折旧费用，分别占欧洲轮胎项目总成本的1.89%和7.29%。此处车辆折旧费用比较高，这是因为欧洲轮胎项目大部分业务由项目操作管理部的自有车辆完成。相应的，因为使用外来车辆运输费用高，故欧洲轮胎项目的直接成本较低。所以，公司应该计量外采车辆引起的高直接费用与自有车辆引起的高管理间接费用效益。

3. 成本中心利润分析

根据对公司总收入和总成本再次分摊核算的结果，按照成本中心核算利润，如表6-9所示。从该表可以看出，韩国轮胎项目毛利率最高，欧洲轮胎项目毛利率最低，而欧牌机油项目和零担快运业务毛利率居中。这种分析结果显示出欧洲轮胎项目实际盈利性较差。在将快运部发生的成本分摊至各项目前，各项目的利润核算结果如表6-10所示。

表 6-9　成本中心利润核算结果　　单位：元

项目	欧洲轮胎项目	韩国轮胎项目	欧牌机油项目	零担快运
收入	1 909 133.80	1 153 845.67	3 966 803.89	647 841.68
成本	1 838 780.63	753 360.03	3 166 486.51	516 909.99
利润	70 353.17	400 485.64	800 317.38	130 931.69
毛利率(%)	3.69	34.71	20.18	20.21

表 6-10 快运部成本分摊前成本中心利润核算结果 单位:元

项目	欧洲轮胎项目	韩国轮胎项目	欧牌机油项目	零担快运
收入	1 909 133.80	1 153 845.67	3 966 803.89	647 841.68
成本	1 638 277.85	611 225.89	3 166 486.51	859 546.91
利润	270 855.95	542 619.78	800 317.38	−211 705.23
毛利率(%)	14.19	47.03	20.18	−32.68

在分摊快运部成本前,公司认为欧洲轮胎项目和欧牌机油项目的盈利情况比较接近,但是公司忽略了两点:①欧牌机油项目不需要快运专线部提供承运服务,而欧洲轮胎项目需要。公司在核算过程中已经将快运部收取的承运价款计入欧洲轮胎项目收入中,但未将其成本分摊至欧洲轮胎项目,即收入已经全额计算,但成本未全额计入;而欧牌机油项目的收入和成本已经全额计算。②在分摊快运部成本前,欧洲轮胎项目较欧牌机油项目的操作费用高。欧洲轮胎和欧牌机油项目的操作费用占其利润的比例分别为70.69%和9.4%。其中,两者差别最大的是折旧费,对欧洲轮胎项目是车辆折旧费,对欧牌机油项目是仓库折旧费。

针对这种情况,应该规范财务核算体系,并搭建完善的配送网络,进而降低空载率。

任务三 快递公司物流成本的优化分析

情景导航

张伟原来是联邦快递公司中国华东片区的运营总监,最近被猎头公司挖到YT快递公司担任运营总监。上任之后,他发现YT快递公司的物流成本与业内竞争对手相比高出很多,影响到公司最后的净利润。YT快递公司总经理对张伟提出的要求就是,在2017年将公司的物流成本降低三个百分点。接下来,张伟应从哪些方面着手,既不降低对客户的服务水平,又能达到总经理提出的物流成本下降目标?

一、快递公司物流成本管理上存在的问题

我国快递公司的业务按照其快递物品可以大致分为三类:文件、包裹和重货。从快递的物品性质来看,大多数具有多品种、小批量、高附加值、高时效性的特征。开展这三种物品的快递业务的最终目的都是通过一定的手段,将所委托的物品准确及时地送达到最终用户的手中。其中,在整个快递物品中,包裹在三类产品中所占的比重是最大的,几乎达到50%。

由于包裹快递运价一般是按照包裹的重量以及运输距离来确定的,因此包裹运输的价格比文件快递的价格要高。而一般文件快递的货物交付期很短,运输安全性很有保证,因此,快递企业开展文件快递服务的成本比较低,风险性也较小。重货由于运送周期长、价值较高,致使快递企业在重货运输过程中所产生的成本是三者中最高的,也是最难得到用户认可的。

资料链接 6-4

滑向退市边缘的速递易，为何高速失控

智能快递柜本属快递企业内控成本，外延服务的网络基建和技术升级的业务范畴，为何那么多的“外行”要以第三方运营的角色贸然进入？

智能快递柜的江湖，本算不上江湖

更确切地讲，并不是每个人，或每个企业都能混的江湖。或是资本市场激情的冲动，或是转型企业失控的野心，或是创业公司盲目的跟进，终是催生出一个不尴不尬，不热不闹的“外围”江湖。

实在想不通的是，智能快递柜本属快递企业内控成本，外延服务的网络基建和技术升级的业务范畴，为何那么多的“外行”要以第三方运营的角色贸然进入？要知道，没有一定规模性的基础快递业务支撑和内部输血，智能快递柜的商业模式是不成立的，其商业价值也是根本激不活的。坦率地讲，对于第三方运营的智能快递柜企业而言，仅凭在社区立几组铁皮柜体，装块电子显示屏，再开发个 App，然后就想上拢快递 B2C 业务流量，下控社区 O2O 信息入口，是太过天真的想法。特别是在国内社区管理极不规范，社区配套极不成熟的前提下，进驻社区的谈判成本和管控风险都显得畸高，无疑更是痴人说梦。

为什么要做智能快递柜

从行业层面分析，智能快递柜的市场或许还不成熟，但它的存在及迅猛发展，又有着时代的合理性及必然性，在快递物流业转型升级的产业链条中，也必然具备不可或缺的重要角色。理由有二。

(1) 订单海量且高速增长的快递业，无法回避人力成本过高、配送效率过低的现实困境。2016 年，我国的快递总业务量已达到 312.8 亿件，同比增长 51.4%，而过去 6 年中，基于网购需求的电商快递市场急剧膨胀，年复合增长率均超过了 50%。预计到 2020 年，中国的快递业务量更是会达到惊人的 700 亿件。日均 1 亿～2 亿件的快递总单量，纯粹靠快递员人工上门送取是完全无法想象的。被人力成本不断挤压的快递公司，已处在微利的危险边缘，在最后一公里配送环节，利用高效且智能的柜体服务替代成本高昂的人工，已是不可逆的变革趋势。

(2) 智能快递柜是解决电商最后 100m 配送难题最为经济有效的方式，也是中国式社区管理最为认可的服务模式。24h 提供不间断服务的智能快递柜，不但可以帮快递员节省时间成本，降低劳动强度，减少重复投递次数，而且也方便用户随时提取，且有保护用户隐私，满足社区安全管理等多重功效。

然而，智能快递柜作为物流服务链条里的基础设施(工具)，其内嵌式的天然依附属性，决定了无法以第三方运营或“外包”的形式独立存活。形象点解释，就如无法单独组建一个巴枪公司给快递公司使用那样，智能柜当然也不能。

这也是为何那些嫁接了快递业务的平台级电商巨头，或更应该，也更有条件去做，可对智能快递柜却一直持观望且保守的态度。譬如亚马逊、京东、阿里等，其自提柜的铺设，都依然处在战略性的试探或试错阶段。

速递易为什么败得那么惨

作为快递柜第三方运营公司的标杆企业,速递易是一家集幸运、尴尬和悲情于一体的"非天命"公司。说幸运,是因为它趁巨头打盹的时候,在O2O风头最好的时候,以抢占社区最后一公里(100m)入口的名义,吃尽了市场和资本的"风口"红利。自2013年11月,速递易的母公司三泰控股发布配股公告,计划募集资金7.5亿元,加码快递柜业务开始,在短短不到一年半的时间里,其股价就从4元/股一路狂飙到40元/股,其市值曾一度突破400亿元大关。

很多人不明白,为什么那么好的风口,会被速递易这个名不见经传的小公司抢去。说来也是命好,速递易所属的技术公司,曾受一家著名快递巨头的委托,深度介入过智能快递柜的前期研发工作。但由于当时快递巨头在战略层面还在做深度布局,智能快递柜一直处在隐秘性的内部测试阶段,从而被急于转型,寻求突破的三泰控股抢了先机。

说尴尬,是因为"速递易"一直在以最不恰当的方式做自己最不擅长、也是最不应该做的事情。这个层面的尴尬主要体现在企业的战略卡位上。资本层面华丽的泡沫,让速递易彻底迷失了自己,错判了方向。迷醉在资本幻影里的速递易,竟然真以为自己已经强大到可以和快递巨头平起平坐,对等博弈的地步,早早就悍然举起"第三方运营"的独立旗帜,后来又是迫不及待地收割,这在事实上都是战略性逼迫或催生强劲的竞争对手,残忍点讲,就是"自我作死"的节奏。

既无技术垄断自信,又没品牌势能,仅占据先发优势的速递易,最聪明的战略卡位做法,其实也不外乎三种选择:一是傍势连横,在顺丰抛来橄榄枝时,主动臣服事强;二是聚力合纵,抢在丰巢之前,联合"三通一达",形成利益捆绑;三是借壳托底,借资本市场利好的风口和A股的概念优势,或借壳给更有实力的关联实体企业,或寻求更大的金融大鳄、资本巨头来站台托底。然而速递易最终选择了最失策的战略,那就是一个人玩。妄想借区区几十亿元的资本势能,布局卡位一个千亿元级规模的潜在且不成熟的市场。于是,错位的企业命运悲情便不可避免汹涌而来,纵是再努力也于事无补。

或是缘于传统业务飞速下滑的压力,或是缘于对智能快递柜过于乐观的期望,三泰控股自2013年11月募集第一批7.5亿元资金始,就进入快节奏的高频自助融资之旅——2014年6月,通过配售募集7.12亿元;2015年1月,通过定增募集29.4亿元;2015年11月,通过定增再募28.7亿元。

钱是融了不少,花得也很痛快。公平地讲,速递易的业务数据增长也很漂亮。到2015年年底,速递易业务已扩张至79个城市,全年新增网点3.4万个,营业收入也从2013年的126万元增至2015年的3.09亿元。按照速递易当初的乐观估计,2016年的年营收和净利润更是要分别达到惊人的13.27亿元和3.17亿元。

然而,在速递易高歌猛进的网点大跃进背后,是特别不堪,甚至非常可怕的亏损数据:2015年亏损3 792.8万元;2016年亏损12.69亿元,同比下降3 244.99%;2017年一季度,亏损也将近3 000万元。

如此惊人的财务数据,已让人莫名惊诧了,而年报里对亏损的解释,核心理由更是漫不经心,并牵强得不可思议:因为预留了部分广告位。2016年的财报如是说,2017年一季度财报还是这样说,好像预留的广告位在孵金蛋似的。真是无法想象,一个市值曾高达

500 亿元的上市公司，其业务模式竟然如此单一，其赢利套路竟能这般随意！

荣光背后的多重隐患

速递易还有三组财务数据值得深思，需要警惕。一是 2016 年公司的总资产是 48.77 亿元，同比下降了 29.07%，理由是报告期内公司业绩大幅下降、公司归还借款及支付供应商货款减少相应资产所致。且不管这些理由合不合理，若按这样的节奏下去，速递易的家底会很快败光。二是 2017 年 1 月底发布的《2016 年业绩预告修正公告》，又不好意思地公布了两笔财务损失：一笔是因早期铺设的设备提前淘汰，造成损失约 6 630 万元；另一笔是早期开发的平台及软件也要淘汰，造成损失约 1 370 万元。这些也都间接说明速递易的先发优势，除了速度和决心外，行业经验和技术实力太过欠缺，核心竞争力实在堪忧。三是当初以溢价 217%代价，花费 7.5 亿元收购的烟台伟岸信息科技有限公司，因为其营业收入大部分来自于平安财险和平安人寿的互联网推广业务，存在单一大客户的风险。而当这一风险变成事实后，竟然一年多的时间手足无措，缓不过神来。

更令人担忧的是，当初收购这家公司的目的是想做社区金融。但速递易想依靠智能快递柜做社区金融，本身商业逻辑就很不通。两年多的实践也证明，至少速递易是没有能力和机会跑通这个模式的。

在一系列惨淡的事实和数据面前，除了过剩的诚意和野心外，我们无法相信，速递易有能力和实力去实现未来三年总投资超过 200 亿元，通过打造"速递易""金惠家""家易通""维度金融"等服务平台与品牌，实施"十万千"发展战略，推动公司向社区综合服务平台转型的任务和目标。

速递易是否会被收购

"根基不牢，地动山摇"的速递易，在经历过一番过山车般的股市刺激后，终是被打回原形，市值回降到 93 亿元，不及最高点的五分一。更令人担忧的是，连续两年巨亏的速递易，已经到了被强制退市的危险边缘，目前处于停牌阶段，同时紧锣密鼓地筹划重大资产重组，酝酿最后的反击。

那么最关键的问题来了。在全国拥有 5 万多个社区网点，号称行业第一的速递易，还有多大的收购和重组价值？一是取决于网点布局是否合理，以及优质社区网点的占比；二是取决于快递柜硬件设备和软件平台的质量。如果都如速递易淘汰的那批一样，返厂维修升级及软件兼容成本过高，那就远不如铺放新的柜体，打造新的平台划算；三是取决于与收购(合作)对象的战略布局匹配度和融合度。简单来讲，就是为收购而收购，换个财主的意义不大。速递易团队跑不通的，不是简单换个团队就能跑通，更不要说想跑赢。

纵观智能快递柜的江湖，一路抢跑的速递易，虽是跑得上气不接下气，虽是跑马圈了一大圈地，但方向错了，方法错了，一切人为的野心，数据的狂欢，到头来可能都是虚无的泡沫。

——摘自虎嗅网

二、国内快递公司物流成本偏高的原因分析

近几年，快递业在我国的发展非常迅速。在我国快递业不断多元化迅速发展的大环境下，对快递企业的物流成本进行合理化、最优化的管理和控制，是企业在激烈的市场竞

争中获取独特优势的制胜法宝。快递公司物流系统是由多个单元组成的,因此各种快递方式和各个快递环节都会产生相应的物流成本,主要体现在企业内外部的信息处理、运输、配送和库存方面。

(一) 信息处理成本

快递公司开展一次快递业务首先要接受来自社会、用户的信息资源,所产生的成本即是信息处理费用。开展快递服务,最基础的工作是信息系统的建立和信息的收集,只有通过各种渠道广泛收集来自用户的各种有用信息,才能继续下一步业务的开展。信息收集是整个快递物流信息工作中工作量最大、最费时费力的环节,所耗费的成本也是比较大的。

控制和作业信息是指在快递物流活动中所产生的信息,是掌握快递物流活动实际情况必不可少的信息。由于控制和作业信息具有很强的动态性,信息更新的速度非常快,信息的时效性也很强,因此,在处理信息时对快递企业内部的信息系统要求非常高。

现在,国内大型快递公司在信息系统的改造升级方面投入很大,导致短期内的成本高企。

(二) 运输和配送成本

对于快递物流来说,运输费用最能体现快递物流成本。在一次快递服务中,运输费用在整个成本中占的比重最大。根据货物、时间以及客户的不同要求,运输可以采用多种方式,一般文件快递和包裹快递会较多地采用航空运输。航空运输的速度快、安全性高,但因此产生的成本也是最大的。在实际运营中,必须根据实际运费、运输时间、货物的性质以及运输安全性来进行综合选择。其次是在运输过程中货物灭失和损坏的成本。如果货物灭失和损坏,快递企业所存在的最严重的损失是失去潜在的客户,从而影响企业的业务发展。

此外,快递服务的配送和传统的配送中心一样,在一定区域内将客户所需要的各种货物按要求进行集中,然后制定科学的运输路线将物品送达客户手中。在备货、理货和送货的过程中,如果资源筹措、库存决策、价格、配送与直达决策以及送货不合理,会导致企业产生巨大的成本压力。

近年来,国内油价不断上涨,创出新高,这直接导致了快递公司的运输和配送成本上升。这也是国内快递公司收费不断提高的重要原因。

(三) 仓储和库存成本

在快递业务中,仓储承担了改变“物”的时间状态的重任。由于快递服务注重的就是速度和及时性,所以仓储和库存成本在快递服务整个物流成本中所占的比重相对较小。但是为了实现仓储和合理的配送,快递企业也必须建立一个配送中心,将货物分拣组合后送出。这个过程虽然很短,但是在这期间所产生的仓库管理费用以及库存物品的保管费用等,仍然是快递企业物流成本中不可分割的部分。

大型快递公司的分拨中心基本都是直营的,每个分拨中心的占地少则几十亩,多则几百亩,无论是租赁的,还是自建的,每年的固定成本都比较高。另外,随着电子商务的飞速发展,越来越多的分拨中心开始为重要的电商客户提供仓储,也就是自建仓库供电商客户使用。这虽然降低了前期收件的费用，提高了快件的反应速度，但也使得相关的仓储成本有所上升。

资料链接 6-5

如何降低社会物流成本

在2017年2月27日国新办召开的新闻发布会上，交通运输部部长李小鹏提出2017年力争公路、水路两方面再降物流成本400亿～500亿元的目标。就如何实现这个目标，引发了业界广泛探讨。关于降低全社会物流成本，需要更深层次的思考。

不能简单地用高或低来衡量当下中国的物流成本，更不能简单地将中国的社会物流总费用与GDP的比值与发达国家相比较。其原因是，各个国家的发展阶段不同、产业结构不同，物流费用占GDP的比重自然也就不同。

发达国家的第三产业占GDP的比重为70%左右，美国2014年的数据是75.3%。而不久前发布的中国2016年的第三产业增加值是384 221亿元，占GDP的比为51%左右。

中国的发展阶段决定中国还需要进行大量的基础设施建设，需要大量的钢筋、水泥等建材，这些物流成本占GDP的比重相当高。中国近14亿人口需要不断提高生活水准，需要大量的工业产品。

中国是世界工厂，在全球产业分工中，担负大量工业品的制造，大量的工业原材料、半成品、零部件及成品流通，都需要物流，都表现为巨大的物流成本。发达国家则不同，发达国家的基础设施建设高峰已过，大部分工业制造已经转移到其他发展中国家，第三产业及高端制造业占GDP的绝大比重，其物流成本占其增加值的比重很低。

中国的发展阶段，使得我们不能简单套用适合欧美发达国家的物流费用占GDP的比重来看我们自己的问题，但是不断降低全社会物流成本确实是非常必要的。

降低全社会物流成本，一个最简单直观的常识性原则就是：全社会要尽最大可能一次性把一个物品运送到它的目的地，减少不必要的中间转运环节。中间环节过多不仅导致成本问题，还导致运输破损等一系列问题，这些都加剧了物流成本的增加。

同时，我们首先要清楚中国物流的现状，要清楚哪些因素导致了物流成本居高不下，要清楚哪些因素是可控的，哪些因素是不可控的。

从全社会物流系统运行的角度分析，影响物流成本的因素主要有以下三方面：宏观政策、交通基础设施、生产活动的物流组织效率。这三个大的方面都会有很多具体的问题影响物流成本。

宏观政策方面

能否通过政策性引导，使得大中生产资料的运输更多的靠铁路和水运。能否通过政策性引导，加快一些重载、轻量化、低排量运载工具的普及推广（类似2016年的交通部921新政，就是通过政策规范治超，这个对规范物流行业运行是有积极意义的）。能否通过政策性引导，加快“互联网＋”和传统物流的融合，通过新技术降低成本。类似从政策层面的规范、引导、约束要做的工作会很多，在中国的国情下，能起到很积极的作用。

交通基础设施方面

加大交通枢纽的优化建设,特别是公路、铁路、水运、航空枢纽的衔接;加大路网的合理布局,打通各类断头路、"肠梗阻";用铁路、公路的历史运行数据分析瓶颈路段,对瓶颈路段扩能改造。通过对交通基础设施的优化升级,给全社会的物流活动提供一个高效便捷的运输通道。

生产活动的物流组织效率方面

切实减少不必要的多次搬运。一定程度上,能否一次把货物送到最终用户手上,考验的是物流系统的组织能力,也是降低全社会物流成本空间最大的方面。这需要各个企业想办法尽可能地降低商品流通的中间环节,降低原材料、零部件及成品的库存,想方设法实现一次运输就可以把商品送到客户的手中。具体的做法就是,企业需要建立"透明一体化供应链",减少不必要的物流搬运过程。

所谓的"透明一体化供应链",是指应用互联网及信息技术,把供应链中的物流要素进行透明连接,并系统性地考虑终端需求拉动及供给的有效响应,尽最大可能减少不必要中间环节的物流过程,在整体上实现物流及供应链效率的提升。构建"透明一体化供应链",需要各个产业的各个企业深入合作,需要原材料供应商、制造商、分销商、零售商及物流服务商的共同努力。

上面分析的降低全社会物流成本的思路和措施,其实并不新鲜,一定程度上,这些方面是全社会一直在努力的方向。我国现在的国情和社会发展水平,给我们实现这些思路和措施提供了更多的可能性。

持续多年在基础设施上的投入,我们的高速公路世界第一,现在只要在一些枢纽和瓶颈路段稍微投入,就能产生很大的效应。高速铁路世界第一,还在迅猛发展,会很快做到50万人口以上城市全覆盖,那么依托高铁网开通高铁快运,可以充分发挥铁路的运输优势。高铁网建成后,以前的客货混编网可以转为货运铁路,会释放更多的铁路货运能力,对降低物流成本也会有明显效果。

更关键的是,现在是互联网和移动互联网的时代,已经具备把消费者和生产、物流环节全链条信息打通,用消费驱动整个制造供应的基础条件,通过消费驱动制造和物流供应,而不是先把物品制造出来不知道运输给谁,会极大降低全社会物流成本。

总之,借"400亿～500亿目标"这个契机,需要我们进行更深层次的思考如何降低全社会的物流成本。简单来说,政府要通过制定政策引导规范物流行业的运行。优化交通基础设施建设,给全社会提供高效便捷的物流通道。全社会经济运行的各个方面,从消费者到生产、流通企业,都要有意识,通过构建透明一体化供应链,尽最大可能一次性把物品运到它该去的地方,减少不必要的中转次数。

——摘自经济参考报

三、快递公司物流成本的优化对策

基于以上对快递企业物流成本结构的分析,快递企业物流成本管理应从信息、运输、仓储、配送等方面找出最优的成本管理方法,主要表现在以下三个方面。

（一）完善信息资源管理

快递业务过程是一个多环节的复杂系统，各个子系统必须要由一定的介质将其联系起来，这个介质就是信息。快递企业通过建立信息中心实现计算机网络化管理，可以节约传统人工管理所产生的成本。从处理用户信息开始到货物在途信息控制，再到反馈用户信息和统计处理用户信息，是一个循环往复的过程。在此传递过程中，无论哪个环节出现偏差必将导致信息出现错误。

由于快递服务用户的信息源点多、分布广和信息量大，因此在处理用户信息时必须要建立一个庞大而完善的信息中心。建立信息中心需要以下几种技术的支撑才能完成，分别为：数据库技术、条形码技术、EDI技术和EOS自动订货技术。

通过一系列的现代化信息管理手段，快递企业可以准确地提高企业信息资源系统的效率，使信息在企业内部、用户之间的传递变得更加便利和迅速，减少传统过程中由于信息的失真和缓慢导致的成本增加。

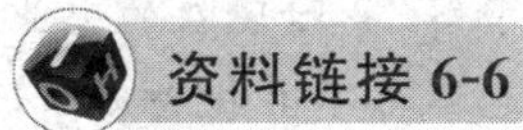

资料链接 6-6

美国两大快递企业利润双双下降　战略布局加速

2017年3月，联邦快递公布的2017财年第三季度(2016年12月1日—2017年2月28日)财报显示，该季度盈利6.38亿美元，同比下降0.54亿美元。而另一家美国快递企业联合包裹此前发布的2016年年报显示，2016年第四季度(2016年10月1日—2016年12月31日)净亏损2.39亿美元，2015年同期净利润为13.3亿美元。

美国两家快递企业的营业利润均出现下滑，这在使人感到些许吃惊的同时，也让人多了几分猜测——到底与美国低迷的经济环境有关，还是与企业自身的发展布局有关？

交通设施老旧致运输成本上升

联邦快递和联合包裹两家公司有许多令人羡慕的优势，如全部直营，即整个网络从总部到末端全部自行建设，以及拥有全球网络等。二者在美国的合计市场占有率超过70%。理论上讲，像这样已经形成网络效应的快递公司，在业务量越来越多的情况下，应该是越来越赚钱才对。但殊不知，土地、人工和燃油等价格的上涨，在一定程度上加大了两家公司的成本支出，进而导致利润堪忧。有意思的是，联邦快递还将矛头指向了美国的交通基础设施，认为是陈旧的道路把利润颠没了。

美国白宫2014年发布的《交通基础设施投资经济分析报告》指出，全美约有65%的主要道路亟待维护或重修，25%的桥梁已经无法满足当前的交通需求，而且基建支出占GDP的比例一直不高。在为美国众议院交通及基建委员会提交的备忘录中，联邦快递称，其货车2016年在美国跑了超过20亿英里的路，轮胎的磨损速度却比20年前快了一倍，以至于车辆的燃油消耗跟着增加。就连联邦快递首席执行官弗雷德·史密斯都按捺不住吐槽说："如有必要，联邦快递甚至可以提交司机的道路通行费和油费账单，作为佐证。"

业内人士表示，糟糕的路况或许不会直接影响那些对物流服务要求不高的人，但对于联邦快递和联合包裹来说，它们希望在每一细小之处都节约开支。另外，自从亚马逊将

"两天内免费送达"的物流标准与其 Prime 会员制捆绑,并开始自建物流中心与配送队伍后,相信两家快递企业确实体会到了"后有追兵"的竞争压力。

战略投资布局让支出成本高企

如果说美国的路况问题是个存在已久的客观因素,那么,两家快递企业近期来的投资布局则是企业的主动行为。而这也是导致其利润下滑的原因之一。据了解,美国的电商市场正处于高速发展阶段,联邦快递和联合包裹都在加大投资布局,以更好地服务电商客户。二者都在建造包裹分拣中心和自动化设施上花了大量的钱。联合包裹首席财务官理查德·佩雷茨表示,2016 年,公司已在网络改造和科技设备上投入了近 30 亿美元,未来计划拿出年收入的 6%~7%用于投资建设。目前,其正加大对医疗、制造等快速增长市场的投资布局,并通过收购、战略合作等方式不断提升服务能力。联邦快递在 2017 财年已投入 20 亿美元用于扩建地面物流和分拨中心,共完成了 185 个工厂项目,包括 4 个主要物流点、19 个全自动站点和 69 个再分发中心,新增约 1 000 万平方英尺的分拣空间。在联邦快递的发展史上,同一年内进行如此大规模的扩建实属罕见。

大规模的投资扩建还带来另外一个问题——劳动力短缺。据了解,美国现在的失业率已降至 2007 年以来最低点,整个劳动力市场十分紧俏。联邦快递不得不靠提升时薪、高峰期福利和奖金等方式,吸引更多劳动力满足新增地面处理设施的人力需求和应对节日业务高峰的需要。

B2C 业务占比持续扩大

电商快速增长在为快递企业带来更多业务量的同时,也使其业务结构发生了变化。而这也与二者利润的下滑息息相关。

以联合包裹为例,根据其发布的 2016 年年报,在"黑色星期五"到圣诞节前夕,联合包裹在全球范围内共递送近 7.12 亿件包裹,超过此前预估的 7 亿件。在 2016 年第四季度,其美国本土的包裹递送数量增加了 5%。激增的 B2C 业务(其中包括电商)占据了联合包裹 55%的营收占比,在 2016 年 12 月份占比甚至高达 63%,而且,这些包裹被运送到 250 万个新增地址。

业内人士指出,此前,B2B 业务是联合包裹和联邦快递的主要营收来源。如今,随着电商的发展,B2C 业务大量增加。事实上,将包裹运送到个体消费者家门口,要远比向同一个地址运送多个商品耗费成本。"最后一公里"需要快递企业投入很大支出,不断增多的个人包裹注定对两大快递企业的利润造成很大挤压。另外,由于受到美国疲软的工业生产趋势和强劲美元的冲击,联邦快递和联合包裹的 B2B 业务也存在下滑风险。

此外,业内分析人士指出,在电商持续快速增长的大环境下,联邦快递和联合包裹以及它们的同行都要快速跟上市场的需求,尤其是在旺季到来时,要确保包裹能够按时送达。对于这些快递企业而言,未来几年不得不面临如何转型的问题。

两家快递企业近期召开的会议均透露了相关信息。联合包裹计划将投入 40 亿美元,未来 3 年将重点打造一个"智能物流网络",通过对分拣设施、技术能力和生产自动化进行升级和投资,开创一个全新的发展时代。而联邦快递亦称未来的投资方向将聚焦信息技术和移动技术,并不断为客户推出创新、灵活的多样化投递方案,确保其到 2020 财年利润大幅提高。

——摘自中国邮政快递报

（二）优化运输和配送路线

快递公司在接受用户要求后，必须尽快地完成客户的要求，将快递服务与多种运输方式融合发展，利用各种运输方式的特点进一步降低运输成本。同时，快递企业必须对配送路线进行一个合理的规划。合理的配送路线可以缩短货物的运输时间，提高服务的保证程度，减少库存成本。快递配送最优化路线的制定可以通过GIS线路优化辅助系统对区域送货线路进行跨区域优化整合，以及通过GPS卫星定位系统对送货车辆进行实时监控，对配送线路进行动态管理，以保证每条送货线路的合理性和科学性。

对于快递业来说，业务的扩展必须要求打破地域的界限，运输和配送路线应该在大范围内进行制定，从而实现快递业务的广泛开展，争取更大的市场份额，逐步打造全方位、综合性、跨区域的快递服务网络，拓展服务区域和服务范围。

资料链接 6-7

快递企业成本将降低

京广高铁于2012年12月26日正式开通运营，这条世界上运营里程最长的高速铁路的开通，将对航空运输业、快递物流业产生重要影响。目前多条短途航线机票打折，部分航空公司考虑取消受京广高铁冲击严重的航线。而快递企业将因京广高铁的开通迎来成本大降，消费者有望享受到快递“降价提速”的实惠。

京广高铁全线贯穿近30个城市，其中不乏省会等热门城市。京广高铁这一轮的冲击并未直接撼动京广航线上的票价，却直接造就了一批中短途航线的“白菜票”。有媒体报道称，武汉到北京的机票价格低到2折以下，三班航班价格直接击穿200元。

除了武京航线，石家庄到武汉、长沙的航线也受到了影响。有媒体报道称，从9月18日开始，河北航空停飞石家庄—西安—长沙航线，新开辟石家庄—西安—桂林航线。河北民航业内人士称，一旦京广高铁开通，石家庄到武汉和长沙两地的航线将基本停飞。

铁路部门消息显示，武广高铁开通后，京广线货运能力将提升10.9%，可有效满足长期受限的煤炭、石油、粮食等重点物资及港澳地区外贸货运的运输需求。

国内快件运输80%是用汽运，15%是航空，但受到地域等的限制，依靠铁路等其他形式的还不足5%。京广高铁的全线贯通，对快递行业无疑是一个利好消息。《中华工商时报》报道称，当前京广线上仍有100多对客车在运行。京广高铁网络全线贯通后，这100多对列车将全部停运让道给货运，届时预计京广线的货运能力将从现在的4 000多万吨提升到1.2亿～1.5亿吨。

有快递企业负责人表示，利用高铁的物流体系，其成本相比航空运送至少可节约50%，且受天气制约的因素比前者要小得多。

——摘自中新网

（三）仓储和库存成本最优化

快递企业的物流成本管理中最容易被人忽略的部分就是库存成本。对于快递企业来说，要想实现在快递过程中的规模经济，拥有一个适当的库存是必要的。整个仓储作业，基本上包括货物的入库、储存保管和出库发送三个阶段。

首先，快递人员在接受客户的工作要求以后，要将货物送回仓储中心加以分类和筛选，这就形成了仓储作业的开始。在此过程中，通过入库前的检验、核对资料、落实商品的数量等工作，可以及时发现货物在运输前的问题，避免货物在快递服务开始前的成本风险。

其次，是货物在配送前所发生的保管费用。由于快递企业所接受的物品种类繁多，因此建立仓储品种结构管理非常重要。此外，要注意时间的合理化，解决这种问题最重要的手段就是实现“先进先出原则”。

最后，到了作业流程的结尾部分即商品出库阶段。针对巨大的出货量，需要深入了解业务流程和充分利用库存管理软件的功能。在此环节中出错就可能直接导致快递服务最终的错误，造成经济和信誉方面的损失。

四、我国快递企业盈利的其他因素

我国快递企业不仅要面对国际快递巨头的冲击，还要面对同行业间无序的竞争，在双重挤压下，生存艰难。在对快递各环节的管理方面，我国快递企业也缺乏精心的组织安排和周密的衔接，仍停留在粗放式管理阶段，致使一些环节和部门之间相互脱节，影响了快递的速度，对成本控制也形成了很大的阻碍。在市场经济环境下，快递公司应树立成本的系统管理观念，将企业的成本管理工作视为一项系统工程，强调整体与全局，对企业成本管理的对象、内容、方法进行全方位的分析研究。加快诚信体系和制度建设，进一步完善法律法规，褒奖守信、惩戒失信，从而全面提高快递服务水平。

(1) 重视员工成本观念的提升。快递业务作为终端物流服务，快递人员要直接面对客户。快递人员综合素质的高低对企业开拓新客户、巩固老客户无疑至关重要。员工培训应形成完整的体系，从而提升企业的形象，增强客户对企业的忠诚度。通过实行全员成本管理，增强成本观念，改变企业常用的靠惩罚、奖励等方式实施外在约束与激励的机制，实现员工自主管理，这既是一种代价最低的成本管理方式，也是降低成本最有效的管理方式。

(2) 提高信息化和电子商务水平。将先进的信息技术应用到快递业务操作和服务中，是快递企业取得成功的又一要素。快递企业正确地应用信息手段，可以缩短业务的操作流程，提高公司的生产效率，这给用户提供了极大的方便。另一方面，信息手段的使用有利于快递行业走向标准化。快递企业应与电子商务携手，提高电子商务应用水平，培育电子商务服务体系，提升企业创新能力，完善支撑环境。我国快递企业应加大与大型电子商务网站的合作，加强对国内外快递客户的争夺，增进合作，分享优势，这也将是快递业的发展趋势。

(3) 扩大品牌知名度并加强网点建设。快递企业的竞争最终要落在网点、服务和品牌这三方面。拓展网点对于快递企业的发展是当务之急。在全国各地建立自己的服务网点，扩大业务范围是快递企业增强竞争优势的手段，广阔的服务网点也成为其他竞争对手难以快速逾越的屏障。在品牌问题的认识上，更应该强化品牌的建设和宣传，建立自己的竞争优势，赢得客户信任。只有拥有更广阔的市场，利用规模效益，快递企业才能降低物流成本。

项目小结

本项目介绍了快递公司物流成本的构成，并分析了从不同角度如何对快递公司的物流成本进行核算。针对国内快递行业飞速发展的现状，分析了其物流成本偏高的原因，并从多个方面提出了优化的建议。快递公司本身就是物流企业，从大的方面讲，其所有成本都是物流成本。但是，其本身的运营活动也有物流业务与非物流业务之分，这里的物流业务所产生的成本才是其核心的物流成本，它在快递公司总成本中占有较高的比重。如果通过现代化的手段将这部分物流成本大大降低，那么快递公司将在激烈的竞争中占有明显优势。

课后练习

一、问答题

1. 快递公司的物流成本主要包括哪些方面?
2. 你认为联邦快递在节约物流成本方面有哪些值得国内快递公司借鉴的地方?
3. 快递公司的部分物流业务外包有什么优缺点?

二、案例分析

德邦上市冲刺“晒家底”:人力成本居高不下

2017 年 3 月 16 日晚间，证监会预先披露了德邦物流最新的招股说明书，德邦 2016 年最新业绩情况也随之曝光:170 亿元营收，3.8 亿元净利润。另外，招股书披露，德邦的快递业务在 2016 年实现扭亏为盈，但其在快递市场占比仍然较小。

不过，从德邦披露的信息也可以看出，随着德邦在快递领域的布局，德邦的人力成本正在大幅增加，毛利率不断下降。为了应对这种局面，以直营模式起家的德邦不得不推出事业合伙人制度，以纾解成本上的压力。

从承包货运处业务到零担物流老大

根据招股说明书，德邦 IPO 拟公开发行股票总量不超过 15 000 万股，包括公司公开发行的新股及公司股东公开发售的股份(以下简称“老股”)。此次发行后德邦总股本不超过 101 000 万股，且本次公开发行后的流通股股份占公司股份总数比例不低于 10%。

此次发行新股后，实际控制人崔维星直接与间接合计持股比例将下降到 33.04%，但不影响其对德邦的实际控制权。

崔维星于 1998 年 6 月至 2002 年 5 月承包了中国南方航空股份有限公司老干部航空客货运处的业务，然后在 2001 年 6 月成立广州市德邦物流服务有限公司，2004 年 10 月成立广东德邦物流有限公司。2009 年 6 月，崔维星与其他 170 名股东共同投资发起设立广东德邦投资控股股份有限公司，同年 8 月与德邦控股共同投资发起设立德邦物流股份有限公司，并担任董事长兼总经理至今。

零担物流是相对于整车物流而言,一张货运单货物不够整车运输,共同装运。德邦物流对运输货物重量按照不同规格进行分类:轻货(单票30kg以下)、小票零担(单票重量在30～500kg范围内)、大票零担(单票重量在500～6 000kg范围内)以及整车(单票6 000kg以上)。

上市过程中,德邦将募集29.88亿元资金投入直营网点建设、零担运输车辆购置、快递车辆及设备购置以及信息一体化平台建设等项目,如表6-11所示。

表6-11　投资项目一览表　　单位:万元

序号	项目名称	项目总投资额	募集资金拟使用金额
1	直营网点建设	52 000	37 100
2	零担运输车辆购置	209 000	171 300
3	快递车辆与设备购置	78 000	59 200
4	信息一体化平台建设	49 000	31 200
合计		388 000	298 800

《招股说明书》显示,2015年和2016年,德邦营业收入同比增长分别达到23.14%和31.57%,持续保持着零担物流市场老大的地位。

但受不断扩张的整车业务和快递业务影响,从2014—2016年,德邦物流毛利率一路下滑,分别为17.77%、14.53%及13.41%。另外,主要受到快递业务发展初期大量投入影响,德邦2015年净利润一度大幅度下滑。2014—2016年相关财务数据如表6-12所示。

表6-12　2014—2016年相关财务数据　　单位:万元

项　目	2016年度	2015年度	2014年度
营业收入	1 700 094.06	1 292 149.36	1 049 312.19
营业利润	30 419.14	27 869.08	47 881.69
利润总额	47 624.22	42 710.53	62 760.39
净利润	37 993.78	33 719.54	47 155.07
归属母公司股东的净利润	37 993.78	33 719.54	47 155.07
扣除非经常性损益后归属于母公司股东的净利润	20 230.40	20 965.27	32 712.96

截至2016年年底,德邦及下属全资子公司在全国32个省、市、自治区315个城市共拥有营业网点5 320个(不含事业合伙人网点),拥有各型运输车辆10 211台(仅考虑长途车车头而不考虑半挂车的计算口径),在北京、上海、广州、武汉、成都、郑州等各区域中心城市有114处分拨中心。

德邦上市的漫长中场

德邦选择上市的原因与民营快递企业差不多,国际上知名的综合物流企业都以快递业务为主,德邦作为中国零担物流业规模最大的企业,发展上面临瓶颈,需要开发快递新业务,而新业务的拓展显然需要大笔的投入。

2015年,德邦物流新增加营业网点数205个,同比增加3.81%,但由于事业合伙人模式的推出,德邦把业务薄弱的支线区域交给合伙人运营,2016年营业网点因此减少261

个，同比减少 4.68%。

而德邦在 2013 年上线快递业务之后，大量前期投入也拖累了德邦的盈利能力，要想进一步发展，跟上民营快递巨头的脚步，德邦需要引入资本。

相比已经通过借壳和赴美 IPO 完成上市的五大民营快递企业，德邦的上市之路可谓好事多磨。

2015 年 6 月，德邦就向证监会提交 IPO 申请材料，7 月 3 日，德邦在证监会官网首次公开发行股票信息披露，拟在上海证券交易所上市。但由于证监会在 2015 年 7 月到 11 月间暂停了 IPO，德邦物流的上市进程不得不迎来“中场”休息。

鉴于 IPO 进程缓慢，五大民营快递企业都选择借壳上市、赴美 IPO 这两种较为快捷的方式，陆续在 2016 年年底 2017 年年初完成上市。

但德邦董事长崔维星在接受媒体采访时表示，不觉得上市的早晚对德邦有多大的影响，更专注于把管理做扎实，把客户体验做好，所以没有考虑借壳上市。

快递扭亏为盈，但人力成本吞食盈利能力

上市步伐继续迈进，但德邦面临挑战也越来越多，不论是在主营业务还是新的快递业务上，德邦都有着不小的压力。

与发达市场相比，国内公路零担货运市场集中度仍然不高。2009 年，欧洲公路货运市场已经处于市场集中阶段，最大的 5 家零担公司份额之和为 28%，而美国公路货运市场已经高度集中，最大的 5 家零担公司份额之和达到 60%。

而德邦不仅面临天地华宇、佳吉快运等企业追赶，还有为数众多区域性物流企业的竞争。

鉴于快运业务贡献了超过 87%的利润，在快递业务没有建立起明显优势之前，德邦仍然会着力巩固主营业务。从德邦配套募资用途也可以看到，超过一半的募资投入到零担车辆的购置方面。

快递业务方面，德邦刚刚起步便定位为“中国性价比最高的重货快递”，主要针对货物重量在 1.5～30kg 的快递产品，以实现与其他快递公司的差异化服务。虽然通过差异化的市场定位打开了局面，并在 2016 年实现扭亏为盈，但德邦快递规模仍然比较小，由于尚处在前期打基础阶段，对德邦利润率的拖累也比较明显。

2015 年，德邦利润大幅减少，主要原因就是 2013 年德邦上线快递业务后，人员及快递网点建设等成本投入较大。

2015 年及 2016 年，德邦主营业务成本分别增长 28.00%及和 33.29%，均高于同年 23.14%及和 31.57%的营业收入增速。

近年来，劳动力成本上升，加上员工数目剧增，德邦人力成本不断上涨。据德邦披露，快递业务的快速发展导致用工需求大幅增加，德邦自有员工人数在 2014 年到 2016 年分别达到 52 520 人、75 244 人和 114 108 人。而德邦员工数量(包括劳务派遣用工)年均增长率达 31.63%，人力成本正在成为德邦负担最大的成本项目。

德邦物流虽然长期坚持直营模式，但在 2015 年 8 月，为了实现快速扩张，弥补网络覆盖的不足，德邦启动事业合伙人计划，已签约成为公司事业合伙人的个体总计 5 190 个。德邦方面表示，直营与合伙互补的网络结构将成为未来发展的主流。

合伙模式对德邦的服务质量也带来了挑战。2016 年,德邦的服务指标数据较 2015 年水平有所下降,其快递业务新纳入了事业合伙人的指标统计,异常签收率、百万件丢货件数和万件投诉量均有上升。

——根据天下网商网页资料修改

问题:

(1) 德邦物流成本增长的原因有哪些?

(2) 事业合伙人制对德邦的物流成本有何影响?

三、实训操作

请找一家快递公司的分拨中心或网点,调查其物流成本,并分析可以从哪些方面降低其物流成本。

项目七

快递公司供应链管理

学习目标

★ 了解快递 VIP 客户的概念、特征。

★ 了解电子商务快递的流程。

★ 熟悉不同模式下快递网点的管理方式。

★ 理解并掌握快递 VIP 客户项目的实施过程。

★ 能熟练处理 VIP 客户的投诉。

★ 理解并掌握终端落地配的作业流程

关键词

VIP 客户　电子商务快递　项目开发　实施　投诉　特许加盟　直营连锁　落地配

京东发力服饰产业，供应链上是坦途，还是荆棘路

作为国内一线电商平台，2017 年年初，京东商城在服饰产业方面动作频频：

3 月 16 日，京东宣布，将原服饰家居事业部一拆为二，成立大服饰事业部和居家生活事业部。其中，拆分后的大服饰事业部将包括服装自营部、运动健身部、国际品牌部等八大业务部门及相关支持团队。

3 月 29 日，京东作为“2017 年梅赛德斯-奔驰中国国际时装周”首席官方赞助商，联合国际潮流品牌与国内原创设计师，打造了一场“即看即买”时尚秀演，将科技与时尚结合，引领未来潮流新趋势。

4 月 13 日，京东在上海时装周的最后一天，带来了声势浩大的“京东日”系列活动。活动当天，京东正式宣布上线 JD(x)高端子品牌线，并将举办京东新面孔模特大赛，刘强东夫人章泽天亲自代言京东服装品牌。

至此，京东在电商领域最重要的三大品类(鞋服箱包、3C 家电、美妆)中，已经拿下了其中的两个，可谓发展态势愈来愈好。

纵观整个行业发展，近几年，服装电商玩家就像流水席一样来了又走，比如凡客、梦芭莎等就没捞到什么好处。那么,京东持续强势发力服饰产业,在供应链上到底是坦途,还是荆棘路?

供应链协同管理,助力争夺市场

相较于 showroom(一家汇集国内外原创设计师品牌的 O2O 买手交易平台),电商在为设计师提供品牌发展的策略上,往往并没有明显优势。

然而,以物联网为导向优化供应链协同管理的发展战略,则是京东在这场竞争中作为电商的绝对优势。接下来,就从采购、仓储、分拣、运输及配送环节具体分析,京东是如何将物联网技术融入供应链管理中的。

(1) 采购环节:据了解,京东依靠其包含 RFID、EPC、GIS、云计算等多种物联网技术的先进系统,可以对一个区域进行发散分析,从而了解客户的区域构成、客户密度、订单的密度等。然后,再根据这些数据,提前对各区域产品销售情况进行预测。根据预测销售量备库,同时决定采购商品分配到哪些区域的仓库,以及各仓库分配数量。从运作效率角度看,物联网技术的应用,可以使京东由产品销售总量的预测细化到各个区域,根据销售前端传来的详细信息,有利于采购人员做出更加合理的采购决策。从成本管理角度看,物联网技术还可以帮助采购人员合理地做出采购决策,加速产品库存周转率,提高产品合理分配仓库程度;同时,销售数据与供应商的直接交流,以及允许供应商自行补货,也可大幅降低交易成本。如果京东在发力服饰产业中继续延用这一技术,将大幅减少用户在下单中出现缺货现象的可能性,有利于顾客更快做出购物决策,从而增加购物的流畅感,提高顾客的消费体验。

(2) 仓储环节:为实现仓库自动化管理,京东运用了 RFID 技术、EPC 库存取货技术、库存盘点技术,以及智能货架技术。首先,京东将自身库房划分为三大区域:收货区、仓储区、出库区。具体来说,在收货区对供应商送来的商品进行质量抽检,利用 EPC 和电子标签技术给每一件商品贴上条形码标签,然后在仓储区域上架入库。在上架时,仓库管理人员还会利用 PDA(手持终端)设备扫描商品条形码和商品进行关联后传入信息系统。这样一来,用户订单下达后,仓库管理人员就可以依据系统记录直接到相应的货架取货。此外,京东还会根据历史数据计算结果,及时将相关度高的商品摆放在一起,以提高库房完成订单效率。当在促销季节时,为配合网站商品促销,库存位置也会随之同步改变,以节约取货时间,提高商品出库效率。

据了解,京东的仓储系统管理主要包含三大模块:入库管理模块、库存位置管理模块、出库管理模块。就功能而言,该系统负责出入库管理扫描,更新 EPC 标签信息,以及确定商品储存库区和货架位置等。从运作效率的角度看,物联网仓储管理技术的运用,使得京东能够更加高效的摆放商品,更加及时的更新库存信息,从而实现了仓库内商品的可视化管理,提高了仓储环节的敏捷性和精确度,促进了京东服务水平的提升,并为发货、退货的正确与补货的及时性提供了有力保障。从成本管理的角度看,这些技术也使得仓储空间效用最大化,大幅减少了商品库存,降低了存储成本,实现了储存、出入库、盘点等环节的自动化管理,从而节约了劳动力和库存空间,减小了供应链中由于商品位置错误等事故造成的损耗。

可以预见，随着物联网仓储管理技术的不断革新与广泛应用，京东在仓储能力方面将会越来越强，这为京东在服饰产业的跨界发展奠定了坚实的基础。

(3) 分拣环节：为提高分拣效率，京东同样应用的是RFID、EPC等技术。首先，通过ERP系统确定订单所需商品发货库房，然后自动查询到商品在仓库中的位置，信息将自动发送到库房管理人员随身携带的PDA上。在工作人员分拣货物完毕后，货物将放在对应的周转箱上传送到符合扫描台。当确认无误后，打印发票清单送到发货区域准备进行运输。从运作效率的角度看，物联网技术的运用，实现了京东商品的快速分拣，有助于快速发货，减少消费者的等待时间，使其更早享受商品的价值。从成本管理的角度看，这些技术也提高了京东商品分拣的自动化程度，在效率大幅提高的同时，更加节约了人工成本。无疑，这样一套先进的分拣系统，将为京东发力服饰产业起到巨大的推动作用。

(4) 运输及配送：为了满足客户的物流需求，京东在运输及配送环节上主要应用的是GIS地理信息管理系统技术。该技术是物联网技术应用的典型实例，京东通过与地图服务商合作，将后台系统和该公司GPS系统进行关联，实现了可视化物流。无论在运送的包裹上，还是在运货的车辆上，都装有EPC标签。当包裹出库时，京东将通过RFID技术进行扫描，并与运送车辆关联起来。当货车行驶在路上时，其位置信息将通过GPS系统即时反馈到后台系统，并在网站地图上显示出来。从运作效率的角度看，通过应用物联网技术，物流管理人员能在系统后台即时查看物流运行状况，并通过数据分析合理规划配送人员和配送路线，从而极大地缩短了配送时间，提高了配送效率。另外，该系统还可以使用户即时查询商品运输信息，有助于提高用户对商品的实体感知程度。从成本管理的角度看，物联网技术的运用，也优化了京东自身的配送计划，在一定程度上降低了运输成本。

基于上述分析，不难看出，京东坚持自建物流体系，多年来在创新管理、核心技术、相关标准等方面苦练内功，并结合物联网技术不断优化供应链协同管理，这帮助其构建了时效和售后上的体验优势。倘若将这些供应链优势复制到服饰产业上，对于京东而言，未尝不是企业发展的另一契机。

——根据快递物流咨询网相关资料整理

任务一　电子商务与快递服务

情景导航

小王是YD快递公司电子商务部的项目专员，接到公司培训部的通知，让她对新进的员工进行业务培训。那么，小王应该从哪些方面去对新员工进行培训呢？电子商务与快递又有着什么样的联系呢？

一、电子商务快递概述

传统快递服务中，用户一般是通过电话、传真等传统线下下单的方式与快递公司发生业务联系,快递公司再结合自身网络建设情况,通过货运公司完成快件的中转。近几年,随着电子商务"网购"业务的兴起,一种新的快递产业模式——电子商务快递迅速进入人们的生活。消费者只需轻点鼠标完成购物活动,然后就可在家等待物流送货上门,而在整个活动流程中,快递服务成为其物流环节的首选。电子商务和快递相互促进、共赢发展,两者的紧密结合已成为新的经济发展方向。

(一) 电子商务快递的定义

电子商务快递是快递服务组织(企业)受参与网上交易的用户的委托,对相关物品(包括纸质类物品如文件、书信、明信片等)提供快速传送的服务。

电子商务环境下,快递作为解决 B2C 或 C2C 电子商务模式中小规模物流的主要形式,其用户更多地来自包括淘宝网、拍拍网、当当网、卓越网等大型的电子商务服务平台,这些电子商务平台通常为用户提供了灵活方便的下单接口,因此越来越多的用户习惯于通过电子商务服务平台直接下达派发件业务。

从 2016 年的情况看,电子商务对快递服务的需求已经逐渐成为快递市场的主力,保守估计其业务量已经超过普通快递业务量的 70%。据中商情报网数据,2016 年全国网上零售额达到 51 556 亿元,其中实物商品网上零售额 41 944 亿元,由此带动的包裹快递量约 200 亿件,其中绝大部分来自淘宝网。

为了适应市场的需求,越来越多快递企业开始重视电子商务带来的快递市场。例如,以"三通一达"为代表的快递企业已经开始针对电子商务的特点推出相应的运单。2013 年 5 月 28 日,阿里巴巴集团、银泰集团联合复星集团、富春控股、顺丰集团、"三通一达",宅急送、汇通,以及相关金融机构共同宣布,"中国智能物流骨干网"(简称 CSN)项目正式启动,合作各方共同组建的"菜鸟网络科技有限公司"正式成立,这标志着阿里集团与众多快递巨头意图合力打造专业完善的电子商务物流。随着市场形式的明朗,将有越来越多的快递企业加入电子商务市场的竞争,符合网购等特殊需求的快递品也将陆续出现。

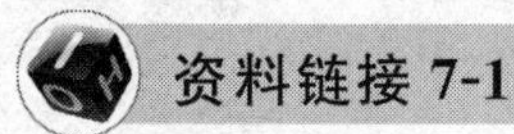
资料链接 7-1

电商大战在即,看如何应对"最后一公里"

快递末端配送的"最后一公里"是各大电商的当务之急,电商业务增加进入瓶颈期,电商们开始更多地在客户体验上下苦心,"211""今日达"等让购物体验上升到了一个新高度,同时对快递末端配送增添了极大压力。作为本就是老大难的"最后一公里",在电商大战下又将迎来哪些变化?

"最后一公里"的难点在于如何用最低成本将快递最快地送到消费者手中。从 2015 年和 2016 年 10 家快递服务品牌主要时限指标来看,顺丰各项指标均为第一,EMS 紧随其后。"三通一达"占据中游,其庞大的业务量在一定程度上拖累了服务时效。

从寄达地处理时限来看，“三通”基本维持在相同水平，韵达连续两年相对靠后让人感到惊讶，这恰恰是影响末端配送的关键之一。而在成本方面，相比于设备的使用、维护费用，人工成本更大，尤其是在中国目前人口红利逐渐见底的情况下。

具体到企业，顺丰由于其模式能够掌控自己末端的人员配置，所以有能力将时效和成本均衡；而“三通一达”对末端的网点无法形成有效掌控，所以只能通过“以罚代管”的方式保证快递的时效性，并将成本转嫁于加盟店。京东的情况与顺丰类似，并且京东本就以卓越的物流服务为卖点，先重时效后顾成本的做法成了京东亏损的主因之一。如何解决“最后一公里”的难题，成了各家快递的当务之急。

无人机试水最后一公里

在2016年6月8日，京东完成了第一单无人机送货，并将范围扩大至23万个村落甚至更广，以及在同年“双十一”期间对无人车的试运营，除此之外，亚马逊也早已开启了无人机配送测试，近日，DHL也宣布将参与无人机包裹投递测试项目，这一切似乎暗示着“最后一公里”的难题即将被攻破。

对于京东无人化配送，菜鸟曾表示，无人机并不是智慧物流的全部。但是随着京东无人机配送被社会认可，菜鸟不得不承认，无人驾驶未来对物流和快递行业将带来巨大影响。其实早在2015年2月，菜鸟就联合圆通成功测试了无人机送货，但是并没有大规模推广，而且此次测试也只是将快递品运送到快递点，并不是用于“最后一公里”。

在2016年9月，菜鸟还发布了其首款末端配送机器人小G，并在阿里巴巴总部进行测试，这给“最后一公里”难题的解决带来了无限遐想，甚至有人认为阿里加入无人驾驶大战只是时间问题。

无人机不是万能药

某种程度上，无人化配送在“最后一公里”展现了其兼顾成本和时效的优点，但政策的限制，无人机的研发、使用、作业人员培训、后期维护等成本高昂，运送货品的适用范围小以及飞行途中的意外状况(被恶意击毁等)等局限性都成了其推广的弱点，因此京东目前只在农村或者县城使用。

与京东相比，菜鸟更存在着自己的难处。菜鸟本身不具有物流配送能力，即使菜鸟能够将小G等无人化设备市场化推广，作为其盟友的快递企业中加盟制居多，末端的快递点是否有能力使用也是问题，因此对于菜鸟、京东乃至快递企业来讲，“最后一公里”的解决依旧着落在人上。

高工作强度和服务随意性阻碍高效

电商促销大战最直接的体现就是末端配送点的配送量，加之电商促销不断，因此整体配送量也居高不下。根据2015年《全国社会化电商物流从业人员研究报告》数据显示，中国6成快递点的电商物流件占比5成以上，17.74%的站点电商物流件占总件量的比例达到了80%。而全年整体206.7亿件的包裹数量靠118.3万人的配送员进行派件，平均每人每天需47件。而为了满足“双十一”的配送要求，需要增加临时快递员达10%以上，占调查网点总数的五成以上。

从工作时间来看,一线配送员平均工作时间为8～12h,在电商促销季,甚至能达到极端16h左右。繁重的业务量带来的是高流动性,据报告显示,超一半人员工作年限在一年以下。种种数据表明,对于"最后一公里"至关重要的快递员并不稳定,高工作量和缺乏保障使其没有行业认同感,也为降低服务埋下了隐患。

另外,本刊记者在调查时发现快递员在配送以及揽件时,对于快件的大小、目的地的远近、如何配送都是凭借派送员的经验来判断,存在着极大地主观性;不仅如此,派送员时常会接到收件人的催单电话,临时更改配送路线更是时常发生。面对因电商大战升级带来的不断增长的快件数量,如何提高效率做到及时派送就此成了派件员的心病。

优化资源配置＋系统提升效率

针对这样的问题,几家快递企业在2016年"双十一"的做法让人眼前一亮。以顺丰为例,一方面使用大数据预测区域内的快件量和具体网点的快件量,并且根据数据调配人员和车辆,例如将快件较少地区的派送人员调往件量大区,热门线路的送货频次也相应提高;另一方面,在顺丰某些快递点的派送人员配备了智能手持终端,其内置的App能够提供事前预测、智能分配线路、事中监测、事后分析等服务,而针对即将超时的订单,系统也为及时提醒派送员优先派送。

依靠这些智能化设备和系统,顺丰实现了平时一样的送货速度。同样的还有圆通,圆通的收派员通过"行者App"能够实现抢单、即时通信、地图导航及对快件基本操作等服务功能,此外,此App还支持签收状态实时自动上传,扫描一键拨号即收派员扫快递条码就可以给收件人打电话等功能。

他山之石,可以攻玉

顺丰和圆通的做法也许能够为菜鸟和京东提供些许思路。菜鸟的核心优势就是其对大数据的整合与分析,因此菜鸟有能力开发配送端的智能系统,提升"最后一公里"的效率。而京东目前使用的配送系统"青龙"也基本实现了这样的功能,用"青龙"作为农村地区的补充,将配送做到极致。

诚然,菜鸟研发并推行此类系统存在着不少难点,例如如何开发通用于各合作商家的系统,前期的测试和调整,以及后期的维护,还有如何说服合作商家使用,等等。但是相比于费用高昂、操作复杂的无人驾驶设备来说,此类软件的推广使用更为便捷和容易接受。而对于京东来说,京东物流社会化之后必然会有更多更高的服务需求,在"青龙"的助力下,无论是推行无人驾驶还是推行人机结合也会显得更加游刃有余。

从价格到服务,从商品到物流,多年的"猫狗大战"延伸到了每一个角落,可以预见的是,快递"最后一公里"必将因此迎来更多更好的解决方案。

——根据快递物流咨询网相关资料整理

(二) 电子商务快递的构成

目前电子商务快递主要由六类参与方构成:发件方、收件方、电子商务平台、快递企业、货运代理及货运公司,如图7-1所示。

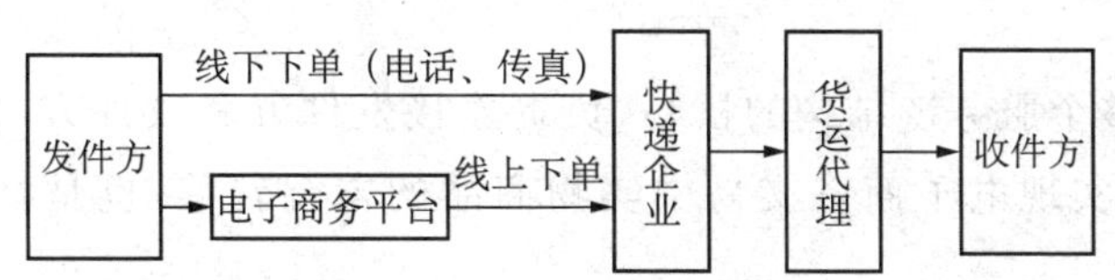

图 7-1　电子商务快递构成

1. 发件方

发件方是指那些有实物递送需求的委托方。电子商务快递服务链中的发件方专指利用电子商务平台提供有形商品的企业或个人，即网商，常利用电子商务交易平台提供的数据接口直接向快递公司下单。

企业用户通常是指 B2C 或 B2B 电子商务模式中的 B，由于 B2B 模式的电子商务交易大多涉及大批量有形物资的运送，通常以物流方式解决为主，只有产品样本或文件等小件物品借助快递通道。因此电子商务快递业务中的发件方又以 B2C 中的 B 为主。个人用户则主要指 C2C 电子商务模式中的前一个 C，国内包括淘宝在内的 C2C 电子商务交易市场为广大个体卖家提供了良好的经营平台和庞大的市场空间，他们只要有一台能上网的电脑，在 C2C 交易平台上进行认证注册，成为在线商家后就可以在线经营了，其中大多没有实体门店，有的甚至没有库存。

2. 收件方

收件方是指实物递送到达的目标对象。电子商务快递服务链中的收件方主要是指电子商务交易活动中的买方，即网络买家。

网络买家通过登录电子商务交易平台选购商品，确定支付方式后即可等待收货。由于快递区别于物流，以提供门到门或桌到桌的服务取胜，每一单快件都对应着不同的收件方和收件地址，加上电子商务交易全球性的特点，网络买家可能分布在全国乃至全球任何一个接入互联网的地方，这使得电子商务快递的送达对象地理分布非常广泛，同时也给快递公司服务网络的建设提出了更高的要求。

3. 电子商务平台

电子商务平台专指提供在线交易、在线支付、信息服务及应用服务的网络接入平台。作为发件方展示商品、收件方浏览和选购商品的基础，电子商务交易平台负责监控电子商务活动中信息流和线上资金流的转移，同时也负责监控商品递送过程中物流的转移和商品交付后商流的转移。其中淘宝作为 C2C 电子商务中介商的代表，为广大零散的、以个人为单位的交易主体提供了商品交易的平台，许多交易主体既是买家，又是卖家；即既可能是发件方，又可能是收件方。这成为电子商务快递业务的一大特色。从电子商务市场产生的快递业务数据量来看，作为 B2C 代表的当当，其日交易笔数总计为数十万单，而淘宝的日交易量为数千万单。显然，快递公司来自 C2C 电子商务交易平台的业务量远远超出了 B2C 电子商务交易平台的业务量。

4. 快递企业

快递企业是整个服务链结构的核心,负责连接发件方和收件方、联系货运代理、协调货运企业、组织实现电子商务交易中实物商品的末端转移,也是物流环节的最终实践者。

近年来,随着电子商务市场的繁荣,国内快递公司的业务量急剧上升,尤其是自2008年金融危机以来,更具有成本优势的网络贸易形式吸引了更多的买家和卖家,快递行业成为金融风暴大环境中业务量不降反增的少数行业之一。严格来说,快递企业具有货运代理的性质,受用户委托将文件或包裹从一个地方送到另一个地方。为将其与后面出现的二次货运代理区分开来,在这里我们将直接与发件方或收件方联系的快递企业作为独立的一类实体进行讨论。此外,部分快递企业还为用户提供了代收货款、仓储保管等增值业务,大型综合快递企业甚至承担了货运代理、仓储企业甚至货运企业的角色。

5. 货运代理

货运代理简称货代,主要负责承担零散货源的集中、整合,寻找合适的货运企业,运输单证处理、地面收货及货物暂时存储,主要完成单证审核、货物出入港安全检验、货物暂时储存、货舱配载及货舱装卸等职能。

货运代理按运输工具可分为公路货代、铁路货代、海运货代和航空货代等形式。由于快递行业对于递送时效的严格要求,航空运输以其自身的速度优势在国际国内快递行业干线组织中起着至关重要的作用,电子商务快递也多以航空件为主,因此快递公司与航空货代接触最为频繁。

尽管电子商务的发展带来了快递业务的不断增长,但目前除DHL、UPS等国际快递巨头以及深圳顺丰快递在部分省会城市拥有自己的包机航线外,国内绝大部分快递公司的业务收入都还不足以维系全国范围内所有航线的经营,这就必须借助于货代的力量。航空货代依靠其代理多家航空公司航线的优势,整合来自各大快递公司的货源,灵活调度货舱配载情况,利用与航空公司间的协议关系,可以获得较好的运价,尽可能降低运输成本。

6. 货运企业

货运企业主要负责干线运输及单证的审核工作。在当今全球化经济的背景下,跨区域乃至跨疆域的经济活动极为活跃,相距上千千米,甚至数千千米的货物快递的传送需求也越来越普遍。在快递的远程运输中,主要依靠铁路运输和航空运输,其中又以航空运输为主。航空货运业承担了快递跨地区业务中最大量、最高效,同时也是最高附加值快件的干线运输任务,同时电子商务快递也为货运业的发展提供了更为广阔的市场,并贡献了较高的利润率。货运公司大多无法与货主直接接触,货物进入始发地机场或站台之前的操作都是由货代负责,其服务质量受货代影响。

二、电子商务快递服务运营管理

（一）电子商务快递平台管理

电子商务快递最大的特点就是所有买家和卖家从下单、划拨资金到确认物流运营商等整个交易过程都是在网上实现的。从最初的选购、支付、下单，到递送过程中的跟踪、查询，再到最后的确认、评价，都是通过电子商务服务平台中信息的收集、处理、传输和控制来完成的。

快递企业可以利用电子商务服务平台来规范各快递业务运作过程、优化运力配置，完善订货单证、存货信息、各种发票内容，并向客户及时反馈快递信息。同时，客户可以通过外部网络信息平台及时了解各类快件的动态信息，建立与快递企业的联系。通过电子商务服务平台，客户可以在网上下订单，随时通过网络查询物流信息，如果与银行联网，客户还可以进行网上支付。其体系结构组成图如图 7-2 所示。

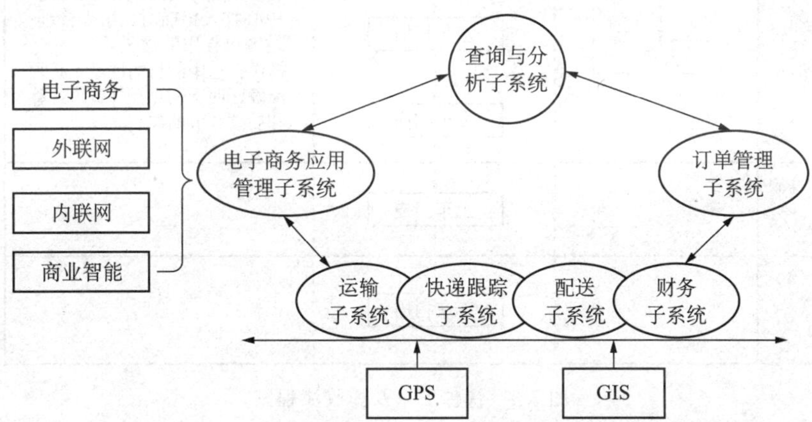

图 7-2　电子商务快递服务平台体系结构组成

从图 7-2 可以看出，电子商务服务平台为客户提供从发货到收货的整个快递业务服务。其中，订单管理子系统是其业务流动的起点；快递跟踪、运输、配送和结算是最主要的业务活动；查询与分析子系统为业务活动的灵活处理和实时分析提供了便利；商务应用管理子系统包括内部部门之间沟通的办公自动化网与外部客户、合作伙伴及其中介等组织进行信息交互的外联网，对外界进行宣传及客户进行商业交易的电子商务网络，最后还有支持进行深层次分析决策的商业智能系统。

（二）电子商务快递业务流程

电子商务快递业务的流程大体与普通快递业务流程一致，分为快件下单及揽收、快件中转运输和快件派送三个环节，其区别主要在于客户下单的方式以及快件中转过程中的信息管理。下面结合快件的信息系统操作，对电子商务快递的业务流程进行详细的讲解。

1. 快件下单及揽收

与普通快件由客户电话下单方式不同，基于电子商务的快递服务平台的快件揽收，客户可以直接在网上实现电子下单,快递企业可以通过网上平台上的数据显示直接和客户联系,根据客户在平台上所留的信息将订单分配给相关区域的网点,并由网点进行快件上门揽收,以及费用的缴纳等活动。在该环节,快递企业可以通过电子商务平台进行业务的分配、客户信息的收集以及相关快件运单信息的录入,其流程如图 7-3 所示。

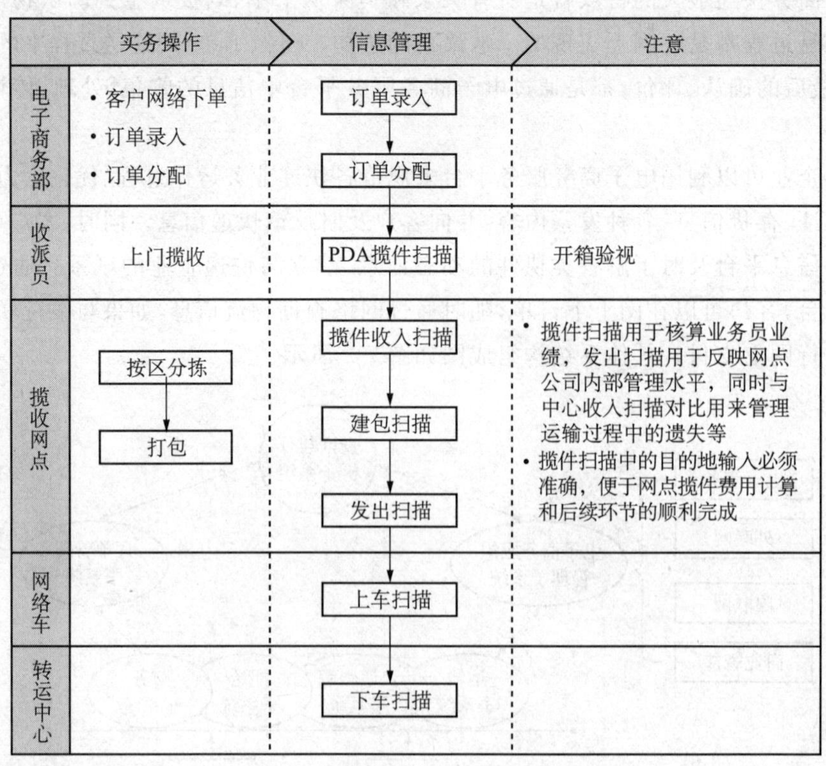

图 7-3 快件下单及揽收流程图

2. 快件中转运输

基于电子商务的快递服务平台的快件中转,各转运中心可以在网上进行快件查询,在货物还没有到达之前就可以安排相关的运输服务,到达后,完成分拣归类,并实时上传快件的信息,便于客户随时进行快件查询以及企业自身进行运作管理分析。在该环节,客户可以通过电子商务与快件企业的衔接平台进行快件的跟踪,对快件当前状态、揽收日期、揽件人等相关信息进行查询;此外,客户还可通过电子商务平台所提供的在线客户服务接口,与快递企业进行在线交流,免去普通快递拨打热线电话所带来的不便,其流程如图 7-4 所示。

3. 快件派送

基于电子商务的快递服务平台的快件派送,网点公司可以在网上进行快件查询,在货物还没到达之前就可以对相关人员进行派送安排,到达后,完成拆包就可以进行派送,从而节约派送时间。在该环节,客户可以通过电子商务与快件企业的衔接平台对快件的派送员、派送日期等相关信息进行查询,其流程如图 7-5 所示。

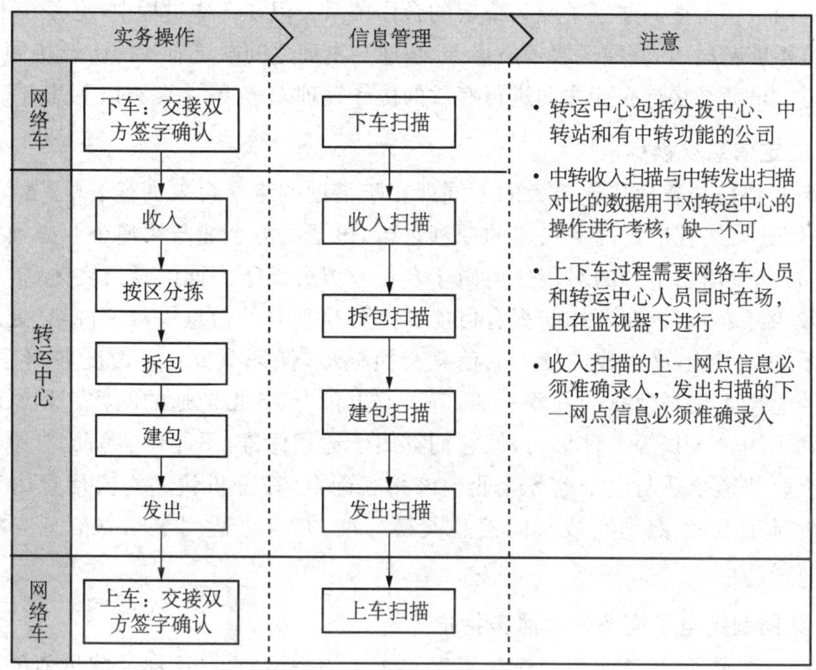

图 7-4　快件中转运输流程图

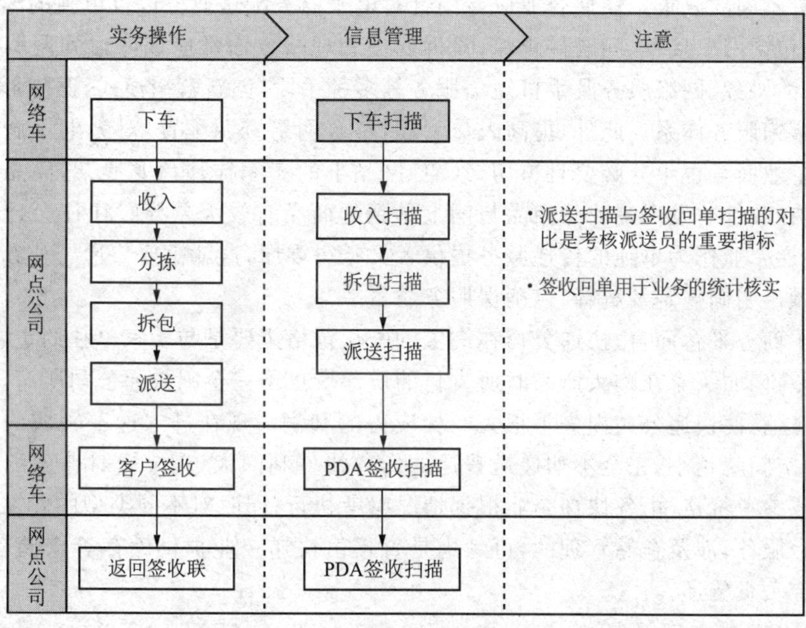

图 7-5　派件任务流程图

三、电商与快递的协作管理

在新的形势下，快递服务与电子商务合作日趋密切，范围不断拓展，水平不断提升，电子商务企业也与快递企业间建立了较为稳定的合作关系。但在合作过程中,也存在不少问题,例如信息流不够畅通、物流配送服务质量差、快递与电商之间缺乏有效的协调机制等。这些问题需要通过电商与快递企业之间进行有效的协作管理来解决,主要有以下几点。

(一)制定信息交换标准

电子商务快递与普通快递最大的不同即在于借助网络平台来进行下单、支付、跟踪查询等活动,因此要实现电子商务快递的顺利进行,电子商务企业与快递企业必须先实现信息共享,进行部分信息平台的对接。但由于合作双方分属于不同的经营实体,信息化水平可能存在较大差异,双方在合作前都有可能拥有各自独立的信息平台,对信息处理的流程和需求也不同。因此,必须建立统一的信息交换标准,保证双方在不改变各自系统架构、数据格式的基础上实现信息的互联互通,解决双方信息、数据流通的问题。尽管信息交换的标准包括 EDI、XML 等多种形式,但它们都属于通用标准,不能切实满足快递物流信息交换的特点。快递企业与电子商务企业应该相互配合,在分析快递物流信息内容特征和交换要求的基础上,参照现有成熟的信息交换标准,制定出适用于双方信息有效对接的标准。

(二)共同制定电子商务快递服务标准

对快递企业而言,快递服务是连接买家和卖家的桥梁,也是网商品牌价值的延续。尽管电子商务快件和普通快件相比没有本质的不同,但在业务流程、派送标准、服务水平等方面应该有不同的要求。快递企业应专门针对电子商务配送业务设置单独的客服人员和服务标准,包括网上接单、问题件跟踪、投诉处理和理赔方面都应该考虑到网购业务的特殊服务、电话服务、网络服务及手机短信服务等多种手段,创新营销模式,逐步形成以客户为中心的营销服务体系。此外,提高人员素质,整合网络资源配置,对为电子商务物流服务的快递企业而言也十分必要且迫切。C2C 网站上的卖家往往鱼龙混杂,商品质量无法保障,买方在收件时发现签收的商品与网上见到的商品有较大差异时往往会迁责于快递企业,而快递企业作为单纯的传递服务提供者又觉得委屈,这就需要快递企业在服务标准和承诺上做出明确规定及解释,以确保服务质量。

对电子商务平台而言,快递公司在淘宝的配送价格主要是与卖家单独约定,淘宝并没有一个指导价,而买家在购买产品时所支付的快递费也不完全归快递公司所有,而是要与卖家分成,这就使快递公司损失了很大一块应得的利润。现在进入这一领域的快递公司越多,利润空间就越小,完全不如递送普通的商务快件利润大,淘宝应对普通的快递业务设立指导或参考价格,由各快递企业根据情况参考执行;同时对不同类型的卖家提供不同的系统平台服务,涉及仓储管理的,可考虑是直接由快递企业提供库存等仓储管理信息,还是由淘宝负责传递。

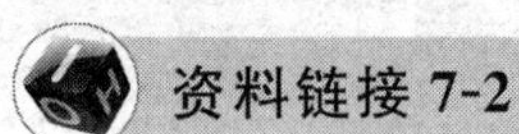

物流暗战:市场比想象广阔 阿里京东都是“新人”

电商落地,依赖的是物流。新零售时代的到来,线上与线下的结合成为企业新的盈利

增长点，物流的重要性更加不容忽视。"三通一达"、顺丰等是消费者熟知的快递企业，是电商与线下联结的重要角色。但就整个物流环节来看，它们只是商品到达消费者的最后一环。整个物流市场远比我们能看到的宏大、广阔、复杂得多。

一罐啤酒的旅行

青岛啤酒的前身，是1903年8月由德国商人和英国商人合资在青岛创建的日耳曼啤酒公司青岛股份公司，而它开始拓展电子商务的时间则在2012年年底。2013年6月25日，经过半年时间的筹备，青岛啤酒在天猫开设官方旗舰店。消费者在青岛啤酒网店点击就能完成购物，购物的背后，其实有着一条完整物流体系在支持。

在2017年年初举行的青岛啤酒股东会上，其董事长孙明波在发言中多次表达对阿里巴巴旗下菜鸟网络的欣赏之情，明确表示青岛啤酒的新型供应链建设将尝试电子商务。孙明波称，"(新模式)资本占用低、更灵敏也更能保证产品新鲜度。"

初次涉水电商后，青岛啤酒逐渐入驻更多的电商平台。2015年3月，青岛啤酒与京东开始接触，当年7月，青岛啤酒正式与京东开展合作，使用京东仓库和物流进行仓储配送。

青岛啤酒电子商务总经理李奕霆对TechWeb表示，"与京东谈合作的时候，它们的物流还没有宣布对外开放。当时我们评估了好多家，综合各方面因素觉得跟京东合作会比较好。当时他们也愿意做一些开放性的尝试，这两年来的我们的合作都很好，通过与我们的合作京东物流也积累了对外开放的一些经验。"

电商涉足物流几乎是必然的选择，电商落地，线上与线下的联结，物流都是绕不开的关键环节。根据交通运输部发布的数据，2016年全年社会物流总额达到230万亿元，而统计数据则显示，2016年网络零售额达到5.2万亿元，同比增长26%，快递包裹量增长超过50%。

然而，菜鸟网络与京东物流的加入，并不是想取代快递公司，它们有更深远的谋划。

开放的物流平台

2016年11月23日，京东宣布全面开放物流，对中小商家敞开大门，提供仓配一体化、智能供应链等服务。与提供送货服务的快递公司不同，京东物流将自己定义为"物流履约平台"。京东副总裁、物流开放业务部负责人唐伟在接受媒体采访时表示，商家甚至可以将包括京东在内的所有电商平台的仓配物流业务外包给京东物流，"无论是B2B还是B2C的业务，京东物流都可以承接，电商并不是我们的边界"。

自宣布开放物流平台以来，京东又交出了一份怎样的答卷？

京东集团副总裁、京东商城华北区域分公司总经理邵继伟亮出了这样一组数据："青岛啤酒与我们合作半年内，其配送范围增长27%，配送时效提升40%，快递成本则下降了35%，快递差评率下降80%，同时其产品在京东旗舰店的销售额较上年同期增长了584%。"

这一数据得到了李奕霆的确认，他同时表示，与京东合作之后最直观的改变是配送范围的扩大，破损率的降低。李奕霆向TechWeb介绍，"第三方快递公司因其配送范围受限，部分地区此前都无法送达。与京东合作之后，在配送范围、配送时效方面均有很大的提升，有很多城市都能做到当日达、次日达。破损率大幅下降，因为快递带来的差评很少了。”

除了京东物流之外,青岛啤酒与“三通一达”、顺丰、菜鸟网络等都有合作,据李奕霆介绍,青岛啤酒与京东物流在仓储配送方面均有合作,青岛啤酒生产的产品,直接入京东仓库,消费者线上下单后,通过京东物流发往全国各地。目前青岛啤酒线上销售的物流配送近7成订单都由京东物流承担。

在中国物流学会特约研究员杨达卿看来,京东物流的平台化和开放化,意味着在优质物流服务资源的争夺上,京东和阿里将展开一个新的博弈。

菜鸟网络的谋划

依靠流量贩卖盈利的阿里,与依靠卖货赚钱的京东,在电商下半场的想法出奇的一致——争做物流平台。

2013年,阿里菜鸟组建之初的定位就是在全国铺一张智能物流骨干网。童文红清晰地给菜鸟下定位,是“社会化物流协同、以数据为驱动力的平台”。

2016年的云栖大会上,马云提出“电商即将消失,新零售即将来临”的观点让“新零售”被越来越多的人关注。新零售是什么?马云是这样描述的:“线下与线上零售将深度结合,再加现代物流,服务商利用大数据、云计算等创新技术,构成未来新零售的概念。”也就是说,新零售要打通线上和线下,把原来以场地为主的线下销售模式,变成以人为主的线上线下一体化销售模式,要做到这些,就要求解决方案提供商具备一体化的整合能力。而整合的核心,就是大数据。对于阿里巴巴而言,承载这一使命的无疑是菜鸟网络。

这就必然会产生京东物流开放平台与菜鸟网络会产生同业竞争,因为京东物流开放平台的定位是一站式解决品牌商全供应链问题。就目前来看,阿里和京东在物流领域的竞争难言胜负。

杨达卿认为,京东的优势,在于垂直一体化的供应链体系,即京东从采购到库存、销售、物流的垂直模式,这让京东在服务体验上,有一定优势,或能吸引高品质物流企业。但菜鸟网络凭借着规模订单和海量数据,则可以发挥供应链集成竞争的优势。

增量市场的诱惑

尽管每年“双十一”“618”电商购物节公布出来的销售数据不断刷新纪录,但其实中国线上零售占据整个零售市场的份额并没有想象中那么大。以青岛啤酒为例,据李奕霆透露,因为啤酒适合在线上做的商品包装形式有限制,从行业角度来看目前还是线下销售比例更大。

京东物流和菜鸟网络推出定制化、一体化的供应链服务,受益最大的无疑是品牌商和平台本身。

在知名电商分析师李成东看来,提供物流整体服务属于增量市场,这一领域远没有开发出来,以前都是企业在找各种物流公司去找解决物流中出现的痛点问题。现在有了京东物流、菜鸟网络这样的物流整体供应商,对于企业而言运营效率可以大大提升,企业品牌价值也将越来越大。

另一方面,开放物流之后,京东物流从以前的成本中心转化成为利润中心,这对于如今已经实现盈利的京东,可以说是锦上添花。

杨达卿则认为,平台开放,对京东集团的生态化更有战略价值,平台开放将为京东后

台数据导流更多，利于京东金融等关联服务体系做大，既可以满足定制化供应链服务的多样性、多区域服务商选择，还可以给京东供应链金融等充实大数据弹药库。

就整个物流行业来看，无论是京东物流还是菜鸟网络对行业的影响都有限。

对于庞大的传统物流服务行业而言，刚刚涉足这一领域的京东物流和菜鸟网络还太小，不足以产生影响行业的能力。但杨达卿看好这种形式的服务，“传统物流服务竞争更多是枪炮的短兵相接，而定制化供应链打的是服务市场的核战争，可以迅速聚合多元服务资源，打通流通服务的全链条。”

——根据快递物流咨询网相关资料整理

（三）服务模式创新、共谋价值最大化

面对日趋激烈的同质化竞争，快递公司相当无奈，之所以仍然有快递公司愿意与电子商务合作，执行“精准服务，垃圾价格”，主要还是看中了淘宝巨大的交易量，这对一些小地方的网点维持生存来说很重要，如果能够保证一天300票的量，就可以维持网点一天的开销。像当当网等B2C网站，主要就是找一些中小快递公司来递送，由于其自身业务量不太大，递送价格也就更低。面对来自电子商务企业和卖家的双重压力，处于夹缝中的快递公司在忍受利润一再被剥夺的同时，还要接受电子商务平台的卖家的多方评价，稍有不慎，就有可能失去更多。各自为政的快递物流公司之间由于利益纷争很难坐在一起进行系统平台的对接，导致规模化无法形成，在服务链中始终处于弱势。这样的局面想必是大多数快递公司的管理者都不愿意看到的。

其实，在电子商务环境下，快递企业的成功更多地需要根据网购业不断发展的新特征，在平台、卖家、买家和物流的四方互动中，进行服务模式的创新，灵活地调整产品结构，优化服务手段，根据不同的用户需求实施差异化经营战略，加快向现代服务业转型的步伐。这里的用户有两层含义，一层是指个人用户，另一层是指网商，其中网商是大客户，需要他们提供全方位的服务。在服务模式创新时也应该考虑到这两个层面，卖家除了发货外，可能正因为仓储的难以控制而烦恼（经营不同商品类型对物流细节的需求不同，例如包装环节外包等）。差异化经营在快递行业中已有体现，例如顺丰将自己的业务经营范围限制在轻便的文件包裹市场，申通则提出了“仓储服务＋配送服务”的整体电子商务物流供应链服务解决方案。电子商务中介应协助快递企业更好地了解卖家和消费者的需求，尤其是卖家的物流需求，做好详细、深入的需求调研，为快递企业实施差异化经营战略提供基础，以谋求双方在合作中实现价值最大化。

圆通电商路上的三座山

继2017年3月15日试运行之后，4月7日，圆通速递旗下的电商平台“妈妈商城”正式上线，目前可以通过微信商城和安卓版App登录。据公开资料显示，妈妈商城定位为跨境购平台，100％海外直采，商城内提供全球海量好货，以及地方特产，了解至此，当你在逛“洋货”的时候看到了定州焖子，就不会感到惊讶了，但平台也因此而受到了诟病。中国

电子商务研究中心主任曹磊对新金融观察记者表示,既有跨境购,又有地方特产、农产品,这会使妈妈商城的定位比较模糊,不够清晰。

事实上,妈妈商城是圆通旗下的第二家"妈妈店",第一家是其线下的妈妈驿站。对于"妈妈"的含义,曾有业内人士猜测,"妈妈店"或将聚焦于母婴产品,但圆通方面相关负责人却表示,妈妈驿站是一个快递体验店,之所以叫妈妈店只是为了强化亲切感。

对于两家"妈妈店"的设定,圆通的逻辑不难理解:消费者在体验店中了解产品的质地、功能,随后从妈妈商城下单,圆通在两者之间以物流的方式进行衔接,最后,消费者可以从体验店收货。如此一来,线上线下不仅可以相互导流,还可以打造出一个完整的消费闭环。

目前,圆通妈妈驿站微信公众号内已经设有妈妈商城板块,以及发布后者的促销信息。此外,圆通速递的官方网站上,加入了"圆通电子商务"栏目,其中分为三部分,包括妈妈商贸、无花果公司与黄金峡公司。新金融观察记者尝试与妈妈商城的在线客服,以及电话客服取得联系,但在线客服显示不在线,商城电话也无人接听。中国电子商务研究中心主任曹磊表示,如今,部分企业已经将跨境电商做大,圆通妈妈商城现在上线,是需要一定勇气的。

主业危机

2017 年以来,圆通的快递业务频频被爆出一些负面消息,包括安徽圆通内部出现纠纷、合肥承包商罢工、部分网点倒闭关停、快件积压严重、高价快递丢件等。由于服务水平较低,圆通还受到了江苏省邮政管理局的红色警示。纵观整个行业,已保持多年高速增长的快递业在 2017 年以来已有所放缓。4 月 13 日,国家邮政局发布的一季度邮政业运行数据显示,一季度全国快递服务企业业务量累计完成 75.9 亿件,同比增长 31.5%;业务收入累计完成 984.6 亿元,同比增长 27.4%。与去年一季度业务量 56.4%和快递收入 42.1%的同比增速相比,今年的两项数据均大幅回落。

按照国家邮政局此前预测,2017 年全年国内快递业务量增速会从 51.4%回落至 35%,而一季度的增速回落,恰好印证了这一点。与此同时,以阿里、京东为首的电商企业正在加紧自建快递网络,这对传统第三方快递企业来说无疑是一个不小的打击。主营业务同时面临内忧外患,这为圆通的跨界发展提出了一个不小的难题。

行业难题

事实上,快递企业如何成功跨界电商并不是圆通独有的难题。近年来,已有多家快递公司对此进行尝试,但效果并不理想。早在 2011 年,顺丰就已探路线下,2012 年,电商网站顺丰优选上线,但其探索的道路却颇为曲折。2011 年,顺丰旗下快递网点加入了便利店业务;2014 年 5 月,推出便利店品牌"嘿客"后迅速扩张,并放话称,未来将在全国开设 3 000 家门店;2015 年,"嘿客"和顺丰优选通过系统集成的方式合体,随后,成立 1 年、耗资 10 亿元的"嘿客"逐渐被"顺丰优选"的线下服务店"顺丰家"所取代。

随着前景愈发不明、亏损持续扩大,顺丰决定甩掉这个"包袱"。2015 年 9 月 30 日,顺丰控股将顺丰电商、顺丰商业 100%股权分别以人民币 1 元转让给大股东明德控股持股 76%的顺丰控股集团商贸有限公司。顺丰控股公开的资料显示,剥离的商业板块自 2013 年至 2015 年前 9 月亏损分别是 1.26 亿元、6.14 亿元、8.66 亿元,相加亏损 16.06

亿元。对于亏损的原因，报告中称，主要是因为顺丰商业自2014年开始集中铺设线下门店所致。截至2016年6月30日，顺丰商业共拥有门店1 566个，覆盖全国44个业务区。

无独有偶，2015年，百世快递的母公司百世集团成立百世店加（杭州）科技有限公司，从事电子商务业务。据公开资料显示，百世店加是一个打通厂家、便利店、消费者的商业渠道。

此外，2017年年初，申通快递也发布公告称，拟以子公司申通有限为出资主体设立申通国际电子商务有限公司，以此正式进军电商领域。

曹磊认为，快递企业探索电商的出发点是好的。"它们看中电商这块大蛋糕，这恐怕是来自政策的利好所带来的市场回暖。所以各家快递企业不甘心只给电商'打工'，想要触及快递行业上游，分羹市场。"

然而，多年以来各大快递物流企业都在做电商，却没有一家真正成功，可以说，这是一个行业性难题。"现在从下游反向做电商，快递企业掌握着大量用户数据，资源是有的，但能否转化还是个未知。"曹磊对新金融观察记者说道。

——根据《新金融观察》相关资料整理

任务二　快递公司VIP大客户的管理

情景导航

小张从学校物流管理专业毕业后，应聘进入YD快递公司VIP客户部担任项目专员一职。上班第一天，部门负责人告诉他，VIP客户与普通客户不同，需要区别对待。那么，VIP客户与普通客户具体有什么不同呢？VIP客户项目实施的具体操作流程又是如何呢？

一、快递VIP客户的界定及人员配置

（一）快递VIP客户的定义

随着管理界二八原则的揭示，现代企业越来越认识到，企业最核心的利润源实际上仅仅来源于自己的一小部分关键客户，这一小部分客户消耗了企业相对并不算多的资源，却对企业生存与发展起着至关重要的作用。

快递VIP客户是指快递需求频率高、需求量大、利润率高，对快递企业的经营业绩能产生较大影响的关键客户。一个客户能否成为VIP客户的关键不在于它的规模或实力大小，而在于它对企业所做的贡献有多少。如果某一客户在企业所有销售利润中所占的比重较大，尽管客户规模不如其他客户，但对该企业来说，它也称得上是VIP客户。

尽管不同快递企业对快递VIP客户的定义不同，但作为快递VIP客户至少要满足以下几个元素之一。

(1) 与本企业事实上存在大订单并能带来相当大销售额的客户。

(2) 有大订单且具有战略性意义的项目客户。

(3) 在目前或将来对企业有着重要影响的客户。

(4) 有较强的技术吸收和创新能力的客户。

(5) 有较强的市场发展潜力的客户。

(二) VIP 客户部岗位人员配置

在传统的客户管理模式中,VIP 客户一般都放在客服部中进行统一的管理,但随着企业规模的不断扩大以及 VIP 客户个性化服务的提出,客服部门统一管理的模式已经慢慢不能被现在企业所接受。为了有别于客服部的其他职能和突出 VIP 客户管理的重要性,越来越多的企业需要设定一个专门的部门来负责快递 VIP 客户的销售服务、快件运输问题的解决,以及后期的管理和关系维护工作,从而实现对 VIP 客户业务的供应链优化的整合。

VIP 客户部通过采用项目管理模式将企业其他部门结合到 VIP 客户的管理体系中去,通过构建完善的 VIP 快件网络服务体系,优化 VIP 快件递送服务,保障 VIP 快件递送质量,为 VIP 客户提供后台支持。其组织架构如图 7-6 所示。

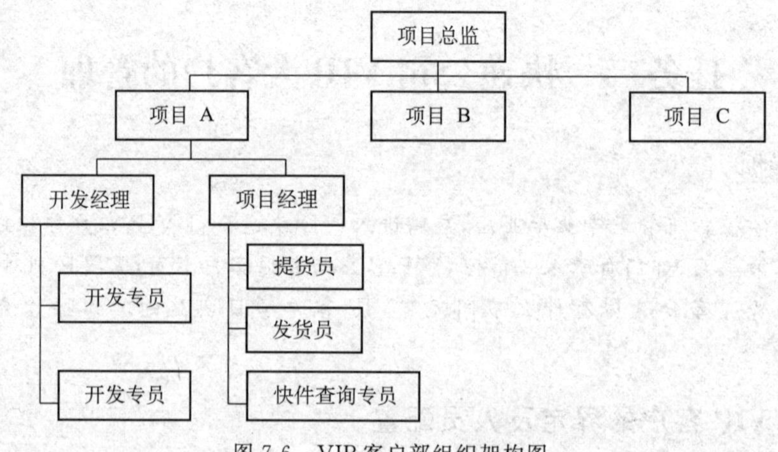

图 7-6 VIP 客户部组织架构图

VIP 客户部的设立管理与传统的客服部统一管理相比,有何优点?

二、VIP 客户项目的开发

VIP 客户开发是指快递企业合理利用所拥有的人、财、物等资源,结合快递 VIP 客户的业务流程,针对快递 VIP 客户经营发展过程中所面临的问题,创造性地为客户提供个性化的快递产品或服务,解决经营管理中存在的问题,从而和客户建立长期稳定的关系,实现和客户的共同发展的市场经营活动。具体可分为快递 VIP 客户的确定、VIP 项目的立项、VIP 项目的提案、VIP 项目的招投标、VIP 项目的商务谈判几个阶段。

（一）快递 VIP 客户的确定

快递客户或项目开发是快递 VIP 客户开发流程的起步阶段，其内容主要包括快递 VIP 客户搜寻及寻找线索、初次拜访、VIP 客户价值分析等。

1. 快递 VIP 客户搜寻及寻找线索

快递 VIP 客户搜寻及寻找线索是指开发专员在目标市场针对目标客户群进行有计划的搜寻与分组，以找出成熟客户或值得长期经营的潜在客户的系列行动。

2. 初次拜访

初次拜访的目的主要是建立客户对自己的好感和初步的印象，让客户对企业的基本情况有所了解，展示企业的实力；收集客户信息、客户规划信息、竞争者信息等关键信息，判断客户属于 A、B、C、D 级客户中的哪一级别。

3. VIP 客户价值分析

VIP 客户价值分析的目的在于明确客户的类型，从而做到合理调配资源，降低经营成本，提高物流服务的效果和综合实力。同时也可使企业规避风险，避免失误，如果选择 VIP 客户失误，将给快递企业带来人力资源配置失调、物流费用浪费、成本上升、应收款发生风险等问题。

对 VIP 客户价值分析可分新增客户价值分析和老客户价值分析。对于新增客户，开发专员需知道客户的优劣势及可利用的资源，以便于全面迅速地了解客户的潜在需求，并通过推介的快递产品或服务来扩大自身优势。而对于老客户，除了考察对新增客户价值分析的相关内容外，还要对以往交易记录进行分析研究，看是否能由普通客户转化为 VIP 客户。

即问即答 7-2

如何从众多的客户中识别出 VIP 客户？

（二）VIP 项目的立项

VIP 项目立项是快递 VIP 项目开发流程的第二阶段，也是一个非常重要的阶段。其目标就是力争成为 VIP 客户选定的候选快递商，为顺利进入快递项目提案阶段做准备。其基本内容包括：交流和调研、售前立项评审、制订项目营销计划、编制销售行动计划书、VIP 客户跟进和填写项目总结报告。

1. 交流和调研

开发专员通过交流和调研等跟进方式，努力向客户提高自身企业的知名度和美誉度，尽力将竞争者挡在外面，至少要在这个阶段准确了解客户的关键评估要素，并与决策者建立一定的联系，以进一步确认客户价值。

2. 售前立项评审

若客户或项目符合企业的立项要求，即向项目总监提交立项报告。立项内容主要包括项目名称、项目编号、客户方负责人、预计签约金额、项目毛利率估计、销售费用预算、项目分类、预计签约时间等。

3. 制订项目营销计划

VIP 项目立项后,根据自身企业的目标,制订项目营销计划并确定实施策略,对各种信息经过不断确认、分析、否定或肯定,敏锐地判断并得出客户结论,确定计划可实施的程度。在实施计划结束后,制订下一次销售行动计划或补救措施。

4. 编制销售行动计划书

根据项目营销计划,制订阶段性或周期性的销售跟踪目标和销售行动计划书,分解为实施方案和步骤,明确目标及实施技能和方法,进行人员分工,按时间管理的原则实施,强调协同合作。根据市场信息和客户反馈信息,进行结果分析,确定其成果、得失。

5. VIP 客户跟进

客户跟进就是要及时全面跟踪客户信息,切实理解客户需求,协助客户完成构想,防止客户信息被竞争者抢先,或者跟单跟丢。

6. 填写项目总结报告

项目总结报告就是总结销售跟踪过程阶段的成绩,确定物流项目风险和失败的关键因素,及时总结项目经验和相关知识,制定措施,为开发下一个客户或项目做好准备,如表 7-1 所示。

表 7-1 项目总结报告

总结人: 提交日期: 年 月 日

<table>
<tr><td>客户名称</td><td></td><td>客户编号</td><td></td></tr>
<tr><td>项目名称</td><td colspan="3"></td></tr>
<tr><td colspan="2" rowspan="6">项目评述:
采取过何种行动?该行动取得的效果?是否奏效?客户的反应?团队配合情况?
竞争者采取何种行动?对客户是否奏效?对应策略?对竞争者是否奏效?
主要的成功和失败之处分别是?
为何能够或没能进入下一项目阶段?</td><td>客户开发阶段</td><td></td></tr>
<tr><td>项目立项阶段</td><td></td></tr>
<tr><td>项目提案阶段</td><td></td></tr>
<tr><td>项目招投标阶段</td><td></td></tr>
<tr><td>项目商务谈判阶段</td><td></td></tr>
<tr><td>项目工程实施阶段</td><td></td></tr>
<tr><td colspan="4">项目成功/失败原因总结:</td></tr>
<tr><td colspan="4">建议:</td></tr>
<tr><td colspan="4">VIP 客户项目经理对项目的评述:</td></tr>
</table>

(三)VIP 项目的提案

项目提案是 VIP 项目开发流程的重要阶段,其目标是为顺利进入下一阶段做好投票的各项准备和方案评估的技术准备,其主要内容包括以下几项。

1. 起草项目建议书

根据 VIP 客户需求制订个性化的项目建议,强调独特的价值定位;记录双方在洽谈中已达成的协议;陈述公司对客户问题的认识,强调客户面临的核心问题;陈述企业将主要采取哪些工具和手段来为客户提供快递服务以及项目的大概轮廓。

2. 快递产品或服务解决方案演示

快递产品或服务解决方案演示是通过介绍、说明、发问、回答、讨论等快递产品或服务

的沟通流程，让客户对公司、快递产品或服务以及快递 VIP 客户服务人员对客户的需求状况等有更进一步的了解。

演示一般可分为在特定场所为特定客户演示（如在客户处或在本企业为客户进行快递产品或服务解决方案演示）和在公众场所（如快递技术交流会等）为目标客户演示，两种演示技巧虽略有不同，但都是为了将快递解决方案的知识及功能传递给目标客户。

3. 安排客户到企业参观考察

通过对企业的参观考察，客户可更深入了解物流企业的品牌、形象、服务、经验，从而提高快递企业在客户心目中的地位，确立竞争优势。

4. 排除客户异议

从接近客户、交流、调研、快递产品或服务解决方案演示、示范操作、提出建议书、组织客户参观考察、招投标到签约的每一个环节，客户都有可能提出异议，每化解一个异议，就摒除了快递客户人员与客户的一个障碍，就越接近客户一步。

（四）VIP 项目的招投标

这一阶段的目标就是在投标中胜出，转而进入独家的商务谈判或多家的竞争性商务谈判阶段。其主要内容包括以下几项。

1. 分析 VIP 客户的项目招标书

仔细分析研究招标书内容，得出 VIP 客户资质、对投标企业的要求、评标条件等。对招标书中不清楚、不明白或有问题的地方，认真做记录，然后有计划地与招标方进行讨论，讨论结果由招标方确认，作为招标过程的支持文件。

2. 投标书的制作

制作投标文件是投标活动中一项重要的环节，投标书制作是否规范将直接影响中标率，所以应对投标文件给予足够的重视，特别是在投标人资格、投标文件要求方面要特别关注。

资料链接 7-4

HS 电脑有限公司对本公司全国性货物运输业务面向全国快递企业进行招标。ST 快递有限公司 VIP 客户部决定参与投标，公司的高层领导也批准了 VIP 客户部的申请，项目部把投标任务交给了项目组 A，该项目组根据 HS 公司给出的招标书相应的制订了一份投标书，如下所示。

1. 封面

投标书

投标项目名称：HS 电脑有限公司

投标单位：ST 快递有限公司

投标单位全权代表：张全

投标单位：（公章）

2016 年 9 月 14 日

2. 正文

致:HS电脑有限公司

根据贵方__________招标项目(招标编号:×××)的投标邀请,签字代表______经正式授权并代表投标人______提交下述文件正本一份和副本一式三份。

(1) 投标书。

(2) 投标分项报价表。

(3) 法定代表人/负责人授权书。

(4) 售后服务计划。

(5) 相关经营业绩。

(6) 资格证明文件。

(7) 按招标文件投标人须知和技术规格要求提供的有关文件。

(8) 投标保证金,金额为人民币______元。

在此(据此函),签字代表宣布同意如下:

(1) 投标人将按规定履行合同责任和义务。

(2) 本投标有效期为自开标日起______日。

(3) 投标人已详细审查了全部招标文件,包括修改文件(如需要修改)以及全部参考资料和有关附件。

(4) 投标人同意提供按照贵方可能要求的与其投标有关的一切数据或资料。

地址:__________邮编:__________

电话:__________传真:__________

投标人代表(姓名、职务)签字:______

投标人名称:______(盖公章)

日期:______年______月______日

全权代表签字:______

(五) VIP项目的商务谈判

VIP项目的商务谈判是快递VIP客户项目开发流程的关键阶段,其目标就是保证企业获得最大利益,得到一份最大利润、最小实施风险、最好合同额的合同书,为下一阶段做准备。其主要内容包括项目商务谈判准备、商务谈判流程、正式谈判、谈判记录与总结、审核并签订合同等。

1. 商务谈判准备

充分准备是商务谈判成功的前提。在进行商务谈判之前,务必先制订好谈判策略和计划。如快递产品或服务策略、总价和分价格策略、价格折扣策略、价格底线、项目经理及成员安排、付款方式、项目实施计划、工作说明书、合同样本等准备工作。若是多家公司的竞争性谈判,一定要了解对手各种信息,做出及时准确的判断,最好做出主动的具有竞争力的谈判策略。

2. 商务谈判流程

在商务谈判开始前,一般VIP客户项目经理需提交《商务谈判计划书》和《报价表》,一同由项目总监审批,审批通过后,按商务谈判流程准备各项工作。快递VIP项目商务谈判一般可分为准备谈判、正式谈判和审核合同三个步骤,如表7-2所示。

表 7-2　商务谈判的三个步骤

准备谈判	正式谈判	审核合同
① 了解双方的目标和备选方案 ② 确定改进备选方案的方法 ③ 了解竞争对手和他们可能做出的反应	① 集中在关键问题上 ② 集思广益，制订双赢的解决文案 ③ 谈判中不带有情感因素 ④ 使用程序的方法促进协议的达成	① 审核解决方案，确定可能的互利的改进措施 ② 审核个人的交流，核对谈判对手的反馈

3. 正式谈判

正式谈判是获取最有利条件，向客户证明自己价值的唯一途径。其主要内容包括确定谈判的任务和原则、拟定谈判议程、明晰谈判策略和掌握结束谈判方法等。

4. 谈判记录与总结

对谈判进程做详细的记录，同时无论谈判成功与否，都要及时填写谈判总结报告并结项。未及时结项，将直接影响物流企业成本核算的准确性和可能的资源投入。

5. 审核并签订合同

审核合同的目的在于进一步降低合同的风险成本和创造双赢的局面。

对快递合同及附件所列条款进行风险评估。对不合格的合同条款，由快递 VIP 客户经理与客户协商处理，在双方达成共识后，再提交企业有关负责人审批。若客户不同意，由 VIP 客户部门提交说明理由，由企业进行决策，决定是否特别处理。

合同必须由双方法人（法人授权人）签字盖章才能生效。若需要，可举行合同签字仪式，由双方共同策划，注重宣传效应，宣传双方的业绩及品牌、项目的重大意义、对未来的深远影响。签订合同之后，将表示 VIP 项目开发阶段已成功完成，顺利进入项目实施阶段。

三、VIP 客户项目的实施

项目实施是 VIP 客户管理中最关键的一步，也是最能够反映出快递企业 VIP 客户服务水平的一个方面。项目的成功实施，对提高客户的满意度、忠诚度，以及最终留住 VIP 客户都起着非常重要的作用。每个项目的内容包括以下几个环节：提货→发货→快件跟踪查询→异常件处理→信息反馈。

（一）提货

提货是指快递企业按照合同规定，安排发货员在指定的时间到客户处提取快件，以保障快件顺利寄递。其工作流程如图 7-7 所示。

其工作流程如下。

（1）公司提供专用车辆进行提货，提货员跟车去客户处提货。

（2）提货员到客户处提货，重点核对出库货物的货物型号、件数，将核对好数量的一式两份的底单交与客户一份并签字，并做好货物交接工作。

（3）将货物装上车辆，装车时做到文明操作，避免挤压破损。同时检查货物包装是否合格，若不合格，应及时说明情况，加固后方可提货。

（4）回到公司，选择安全、面积适宜的卸货位置进行货物卸车。

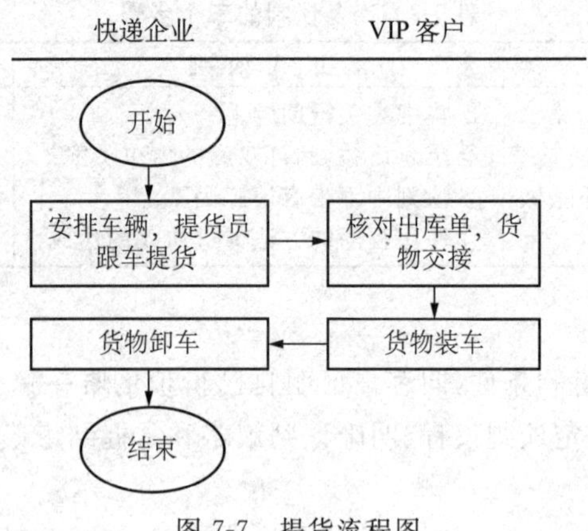

图 7-7 提货流程图

(二) 发货

发货是指将每天提取的货物进行分拣、加固包装，根据货物出库信息填写面单，最后将其送到对应的区域进行中转的过程。其工作流程如图 7-8 所示。

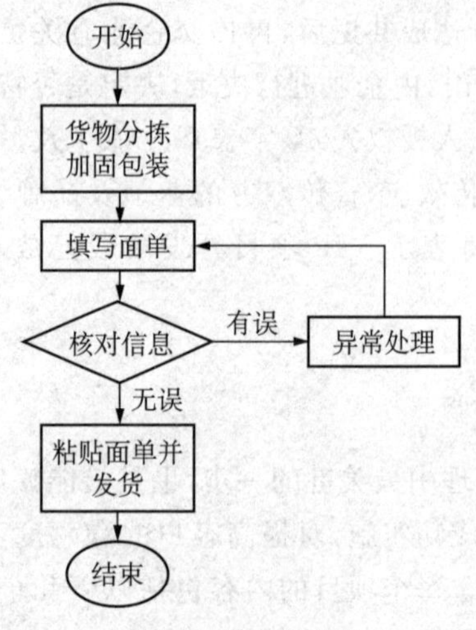

图 7-8 发货流程图

其工作流程如下。

(1) 根据快件路由，按操作区域进行快件分拣。对于高价值货物、易碎品在分拣的同时要进行加固包装，包装材料主要有气泡膜和胶带。

(2) 根据出库单货物的收件地址，进行面单填写，需做到客户出库单信息与面单填写信息一致，用大头笔标出对应区域。

(3) 核对面单信息。核对面单地址是否属于运输网络的覆盖区域，核对客户信息，是否有信息错误，若有，则做异常件处理。

(4) 根据货物型号，将填写好的面单一一对应粘贴于货物上，确保每件 VIP 客户快件必须粘贴 VIP 面单或在快件明显位置粘贴 VIP 标贴，易碎物品必须贴上易碎品标签，保价物品应填写好交接清单。发货员在所有面单粘贴好后应记录下完整的快件信息，包括当日的快件件数和单号。

(5) 将粘贴好面单的快件送至发货场地,发货员需在场监督操作人员进行操作,每一票件必须称重扫描。对于贵重物品要做好交接,保证交接单信息准确无误。

(6) 针对有异常问题的货物可分情况进行处理,主要问题有以下几类。

① 出库单货物型号与实际货物型号不匹配,可联系客户相关负责人重新确认货物信息,另外安排寄递。

② 有单无货,可与客户处仓库出货人员重新确认该货物是否出仓。

③ 有货无单,可核对面单数量,确认是否漏写面单。

(三) 快件跟踪查询

快件跟踪查询是指通过快递企业内部信息网络对已发出的货物进行查询,掌握货物最新动态,并将货物信息及时反映至 VIP 客户处。其工作流程如图 7-9 所示。

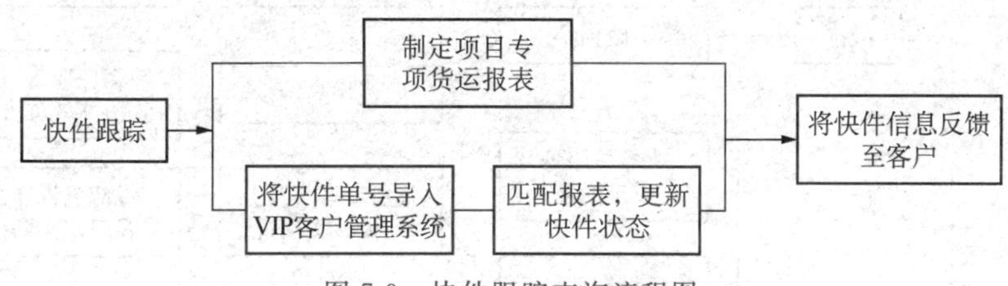

图 7-9　快件跟踪查询流程图

其工作流程如下。

(1) 快件查询专员每天早上根据上一天所发货物的信息制定项目专项货运报表,包括发件日期、运单号、起始站、目的站、收件方、签收时间以及异常信息等。

(2) 将上一天所发货物的单号导入 VIP 客户管理系统,跟踪每笔货物的在途信息。

(3) 将货物的在途信息与项目专项货运报表相匹配,及时更新快件的状态,并将快件信息反馈至 VIP 客户处。

(四) 异常件处理

异常件是指在运输过程中,因为若干主观或客观原因未能在规定时效内递送到指定收件地址的快件,可根据性质不同分为超区件、延误件、遗失件、破损件和短少件等。查询专员在进行快件跟踪查询时,一旦发现货物的运输信息有异常,应立即通过快件查询系统、网点电话查询确认货物状态,并电话告知收件客户;并根据异常件的类别对其进行相应的操作,如图 7-10 所示。

1. 超区件

超区件是指收件地址不属于快递企业派送区域的快件。若异常件属于超区件,可考虑联系收件客户自提或采用转单的方式,由派件网点代为转发其他快递。

2. 延误件

延误件是指快件在正常运转过程中因各种原因,造成收件方未能在规定时效内收到的快件。

若遇到异常件属于延误性质,首先要确认快件延误环节,如果延误在分拨中心,则重

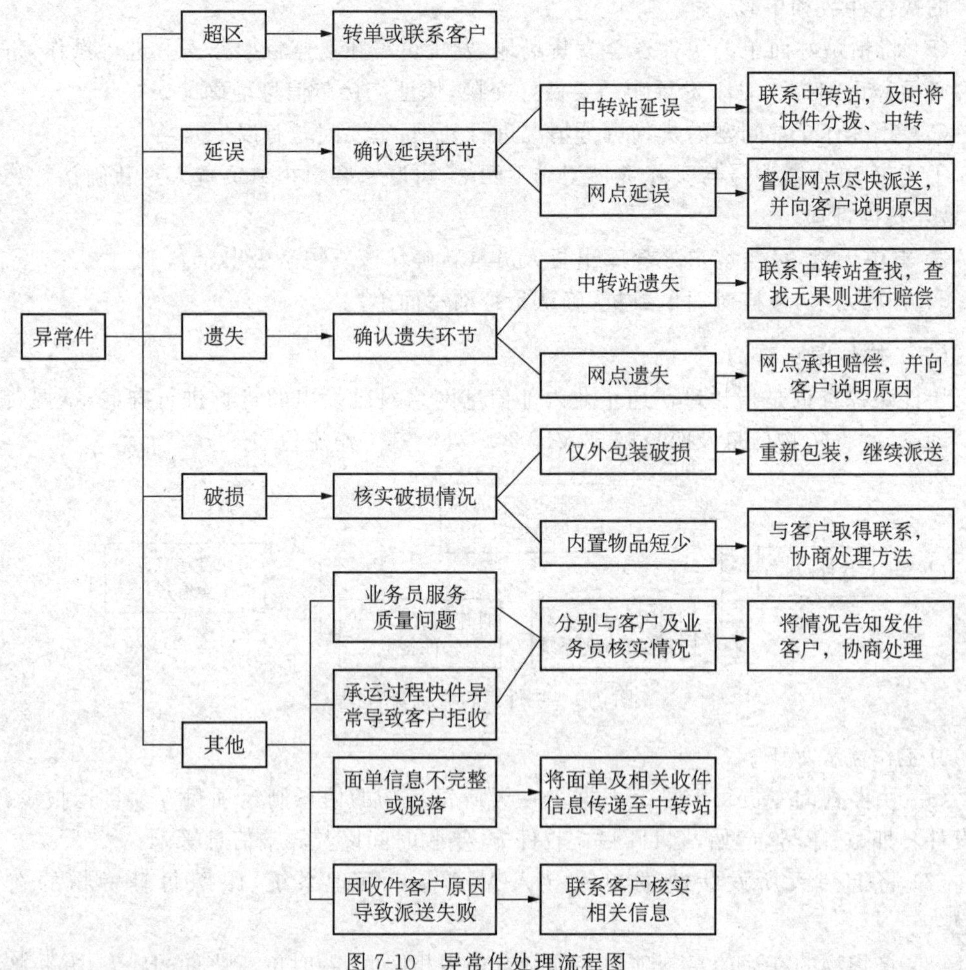

图 7-10 异常件处理流程图

点跟踪分拨中心的发货情况,督促相关负责人确保快件及时将快件分拨、中转;如果延误在网点,则需第一时间督促网点进行派送,同时联系客户说明延误原因,必要时可采取换车的方式。

3. 遗失件

遗失件是指快件在正常运转过程中因各种原因造成丢失,且不能挽回的快件,或在彻底延误时限到达时,仍未能投递到客户处且客户追究已失去价值的快件。

若异常件属于遗失性质,首先要确认快件发生遗失环节,如果认定遗失在分拨中心,则联系分拨中心人员进行查找,查找无果,则确认遗失,确认快件遗失后,需要及时与发件客户沟通,根据合同的相关规定协商费用赔付问题;如果通过快件查询系统确认遗失在网点,则由网点承担赔偿责任,同时向客户说明情况。

4. 破损件

破损件是指在运输过程中,因快件包装不当或快递人员操作不当所引起的外包装破损的快件。

若异常件属于破损性质,应先核实破损情况。如果仅外包装破损,内置物品无短少,

则重新包装、继续派送；如果因承运过程中导致的外包装破损使内置物品短少，则需要与发件客户沟通处理方式，协商补货事宜，费用根据合同的相关规定由 VIP 客户部自行承担。

5. 其他原因

(1) 因服务质量产生的问题件。如业务员因服务问题导致与客户发生摩擦，承运过程快件异常而导致客户拒收等情况。查询专员应先与客户及业务员核实情况，核实后给客户答复，并对业务员做相关指正，必要时根据公司服务质量管理条例做出相关处罚。

(2) 因收件客户信息不完整或无法联系导致的问题件。如地址不详，无人收取、电话无人接听等情况。查询专员应首先与收件客户联系以获得详细的收件信息，如联系未果，应及时与客户沟通，等待客户反馈正确、详细的信息，与此同时，留言给网点代为保管此问题件。

（五）信息反馈

信息反馈是指在规定时间内向项目客户反馈所发快件的信息，它是 VIP 客户项目实施中每天必须完成的任务，其内容主要包括：①项目客户各类报表跟踪，主要跟踪前几日发出的快件物流信息，并进行信息记录；②重点跟踪由项目客户提供的异常件物流信息，同时进行信息记录；③根据项目客户要求，进行每月或每周的快递服务质量汇报；④根据项目客户的要求，提供其他需反馈的信息。

每个项目的实施都离不开与客户的沟通与交流，通过邮件沟通反映出的问题需第一时间解决，并尽快进行信息反馈，每天的信息反馈是项目客户对自己快件信息掌握的最直接的方式。在进行信息反馈时，要注意每个项目客户都有特定的报表传送时间，信息反馈必须具有时效性，按时完成，同时报表信息必须准确、完整，方便项目财务做账。

四、VIP 客户的维护

（一）快递 VIP 客户回访

快递 VIP 客户回访是快递企业进行快递产品或服务满意度调查、VIP 客户购买行为调查和 VIP 客户维系的常用方法。通过定期对客户进行回访，可以了解客户的需求，及时对客户反馈的问题做出相关协调处理，对避免再次出现类似问题可以起到非常重要的预警作用。客户回访过程主要包括以下步骤。

(1) 由项目经理下达《快递 VIP 客户回访通知书》，开发经理负责安排具体回访任务，并上报指定人员名单。

(2) 开发专员制订回访计划和回访提纲，按要求实施回访方案。

(3) 回访任务完成后，开发专员对其资料进行整理，并撰写书面回访报告。

(4) 回访报告经开发经理审核、项目经理审批后，由开发专员进行存档。

快递 VIP 客户回访流程如图 7-11 所示。

在具体回访过程中需要注意以下几个问题。

1. 注意客户细分工作

在客户回访之前，要对客户进行细分。客户细分的方法有很多，快递企业可以根据自

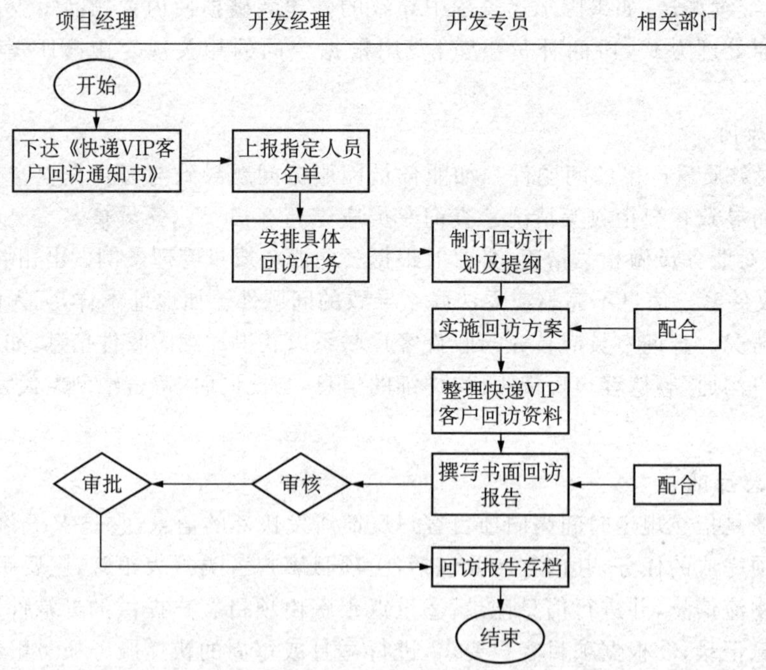

图 7-11 快递 VIP 客户回访流程图

己的具体情况进行划分。客户细分完成之后,应对不同类别的客户制定不同的服务策略。例如,有的公司把回访的客户划分为高效客户(市值较大)、高贡献客户(成交量较大)、一般客户和休眠客户等;有的公司从客户的来源将客户细分为 CALL IN、自主开发、广告宣传、老客户推荐等。

在进行客户回访前,一定要对客户进行详细的分类,并针对分类制定出不同的服务方法,提高为客户服务的效率。总而言之,回访就是为提供更好的客户服务而服务的。

2. 确定适合的客户回访方式

客户回访有电话回访、电子邮件回访、信函回访及当面回访等不同形式,从实际的操作效果看,电话回访结合当面回访是最有效的方式。

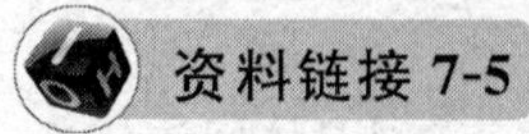

电话拜访流程

拜访的两个重要阶段

(1) 准备阶段

① 选定拜访客户。符合以下条件的客户要优先选择:近期出现服务事故的客户、满意度调查时对公司表示不满的客户、较长时间没有联系的客户、新开发试运作的客户。

② 收集相关资料。需要收集基本客户信息,包括联系人、电话、客户近期合作情况等。具体内容如表 7-3 所示。

表 7-3　收集相关资料内容

类　型	信息内容
近期出现服务事故的客户	客户遭遇的服务事故类型； 解决情况； 索赔情况； 公司目前能提供的解决方案及客户如何操作能避免相关问题的建议
满意度调查对公司不满的客户	客户表示不满的内容； 问题根源； 与相关部门沟通后的解决方案
较长时间没联系的客户	客户与公司人员联系不够紧密的原因(如是否因货量减少、对投诉处理不满等)； 该客户最近的合作情况
新开发运作的客户	此项目的实施情况，实施过程中的相关问题； 公司此项目中的其他人员对该项目实施情况的评价，有无调整相关操作的需要

(2) 实施阶段

首次致电需要完成的工作包括以下两项。

① 电话接通后礼貌地做自我介绍。

② 询问客户是否愿意接受电话拜访。若客户同意，约定具体拜访时间(或根据客户要求，马上进入拜访)，同时告知客户拜访所需要的大致时间及主要内容；若客户不同意，则询问缘由。对于不愿意被打扰的客户，礼貌结束谈话；对于近期没有时间的客户，约定下次拜访时间。

2. 抓住客户回访的机会

在客户回访过程中要了解客户在使用本产品时的不满意的地方，找出问题；了解客户对本公司的系列建议；有效处理回访资料，从中改进工作、改进产品、改进服务；准备好对已回访客户的二次回访。通过客户回访不仅可以解决问题，而且还可以改进公司形象和加深与客户的关系。

3. 利用客户回访促进重复销售或交叉销售

最好的客户回访是通过提供超出客户期望的服务来提高客户对企业或产品的美誉度和忠诚度，从而创造新的销售可能。通过客户回访等售后工作来增值产品和企业，借助老客户的口碑来提升新的销售增长，这是客户开发成本最低也是最有效的方式之一。开发一个新客户的成本大约是维护一个老客户成本的 6 倍，可见维护老客户是何等重要了。

4. 正确对待客户抱怨

客户回访过程中遇到客户抱怨是正常的，应正确对待客户抱怨，不仅要平息客户的抱怨，更要了解抱怨的原因，把被动转化为主动。通过解决客户抱怨，不仅可以总结服务过程，提升服务能力，还可以了解并解决产品相关的问题，提高产品质量，扩大产品使用范围，更好地满足客户需求。

(二) 快递 VIP 客户投诉管理

快递 VIP 客户投诉是指 VIP 客户接受快递产品或服务时，发现与自己期望值存在差异而向供方或管理部门提出要求处理的意见。总结VIP客户投诉的具体原因主要有:①业务人员操作失误;②客服人员操作失误;③供货操作失误;④代理操作失误;⑤VIP客户自身失误;⑥不可抗力因素。以上情况都会导致VIP客户对企业的投诉,快递企业对VIP客户投诉处理的不同结果会使企业与VIP客户的业务关系发生变化,因此,必须妥善处理VIP客户的投诉。

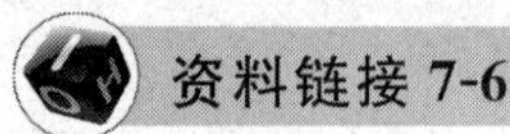
资料链接7-6

VIP投诉谁之过

某家电连锁店是某物流公司的大客户,近几年他们不断地拓展新市场,开店数量居全国第一,公司60%的利润都源于这家企业。作为公司的重点客户,需要经常同他们谈判以及处理突发事件。某天上午对方的采购总监打来了一个电话,因为库存不足,要求马上配送50台影碟机到中心库房,否则将按照相关规定罚款。可是马上调集50台影碟机是不可能的,因为这需要与总部、物流、财务等相关部门协调,即使一切顺利也达不到对方的时间要求。虽然罚款金额不大,但终究不是一件光彩的事,这么一个莫名其妙的罚款会影响企业的效益,特别是会对公司的信誉造成不良的影响。

此时作为物流公司的联系人,最应该冷静下来想一想事情的来龙去脉,其实并非想象中的那般复杂。依据大客户档案中大客户资料的记载:从历史销售数据可以得知,该连锁店不可能一天卖出50台影碟机,同时可以排除团体购物的可能,因为并没有可靠的消息。那么对方为什么要如此急切地向你要货呢?

其秘密就在于:他们的安全库存出现了问题!一定是销售和库存两个部门衔接、协调出现了问题,以至于门市店面无货可卖,甚至遭到了顾客的投诉。很明显这是店方的问题而不是物流公司的责任,他们却把这个棘手的问题转嫁给物流公司,这的确很不公平。但是物流企业必须妥善地处理好该客户的抱怨和投诉,否则就有可能造成该客户的离开。

因此,面对大客户的抱怨和投诉首先要进行详细的分析,找出背后的原因,并进行全面分析,为妥善解决客户的投诉提供依据。

VIP客户主动上门来投诉,这是一个沟通的机会;VIP客户往往会在投诉时观察快递企业的反应,这也是一个表现的机会,更是企业宣传自己的良机。

VIP客户投诉揭示了快递企业的弱点所在,除了要随时解决问题外,更应该防止同样的事情再次发生。但是通过成功的投诉处理,VIP客户会以回头客的方式回报企业。VIP客户投诉处理过程分为以下六个步骤。

1. 耐心倾听

当快递VIP客户投诉时,维护专员首先要学会倾听,收集数据,做好必要的记录,了解客户的要求。然后弄清问题的本质及事实,切记不要打断对方的谈话,不要跟客户争论,诚心实意地倾听,表示对客户的感谢、认可和理解。最后注意不要马上回答,要以时间换取冲突冷却的机会。

2. VIP 客户投诉调查

投诉调查的目的是对 VIP 客户投诉的内容判定是否成立。调查的方式有很多，必要的时候还要进行现场确认。通过调查，若投诉不能成立，即可以委婉的方式答复客户，取得客户的谅解，消除误会；若确定投诉成立，则要马上解决，不可对问题逃避、拖拉。

3. 对 VIP 客户投诉的事项进行分类，确定投诉处理责任部门

VIP 客户投诉的事项有可能涉及快递企业的许多部门，解决投诉的问题需要进行事项分类并按轻重缓急交由有关部门解决，并明确具体的权责范围。对于 VIP 客户的投诉，针对快递企业有关人员的失误建立客户投诉分类整理表格。有关的负责部门要根据投诉分类整理表，及时解决 VIP 客户投诉的问题，以完善快递服务。VIP 客户投诉分类整理表可采用“颜色管理”，在投诉点下配以相应的颜色和比例长度来提示相关节点，如表 7-4 所示。

表 7-4　VIP 客户投诉分类整理表

本月投诉总量					
投诉分类	送货不及时	丢失货物	缺货	配送差错	投诉回复慢
件数					
比重					
环节责任					
警示	红色	黄色	蓝色		

注：其中，红色表示问题已经很严重，黄色表示相当严重，蓝色表示问题一般。

4. 制订处理解决投诉的方案，把解决方案传达给 VIP 客户

制订处理解决投诉的方案的依据有 VIP 客户投诉的要求、VIP 客户投诉调查的事实、企业解决 VIP 客户调查的相关制度和其他参照因素等。拟订解决的办法可以在退货、换货、维修、折旧、赔偿中进行选择。处理方案制订出来后应立即经主管领导审批，然后根据审批方案及时向投诉的 VIP 客户表明解决投诉的态度、时间和内容等。

5. 追究责任部门责任，实施处理方案

追究责任部门和当事人的责任是一个很好的解决投诉的办法，特别是来自服务态度的投诉。当然，追究责任不是给 VIP 客户看的，而是为了避免再次发生类似的事件，对快递企业起着很大的促进作用。解决方案一经确定就要立即通知相应的实施部门尽快付诸行动，在实施过程中千万要吸取教训，不能造成新的投诉，同时实施后把实施结果、客户满意度反馈回来。

6. 总结评价

对快递 VIP 客户投诉过程和结果进行总结与综合评价，建档留存，吸取教训，提出改进对策，不断完善企业的经营管理和业务动作，以提高客户服务质量和服务水平，减少投诉事件的发生。

任务三　快递公司网点间的协作管理

情景导航

林阳曾是ST快递网点管理部的部门主管,辞职后进入SF某网点担任网点负责人。(ST公司实行特许加盟模式,SF公司实行直营连锁模式)工作一段时间后,林阳发现ST快递和SF快递的管理模式存在很大的区别,具体有何区别呢?

目前快递企业一般采用特许加盟和直营连锁两种经营运作模式,这两种模式都属于连锁经营。特许加盟是以一个品牌为主导,加盟者以法人资格加入,缴纳加盟费、风险金、管理费等费用,加盟商不承担连带的法律责任。该模式下对管理的要求很高,有时可能会出现总公司难以指挥、管理、控制与协调各加盟公司,各加盟公司各自为政的被动局面。国内民营的快递企业,如申通、圆通等都采用特许加盟模式。直营连锁则是以一个品牌为主导在各城市设立分公司,由公司总部统一指挥和运作,该模式下,总公司要承担各分公司的全部法律责任。这种模式的好处是管理和控制力强,不利之处是当公司业务快速发展时,可能会出现企业网络发展滞后于市场需求的情况。

一、特许加盟模式下网点间的协作管理

特许加盟是民营快递企业在原始积累过程中快速成长的主要模式,粗略估计,特许加盟连锁式民营快递的业态在民营快递行业中占到80%以上。在当前中国快递业各企业发展参差不齐的情况下,优秀企业通过特许加盟方式扩张无疑是规范行业经营秩序的良好手段。对企业而言,采取特许加盟方式地发展,可以借助加盟商的资源,迅速铺开网点,实现企业的快速扩张。而加盟总店的整套全方位的培训管理,也能够推动行业健康有序地发展。国内的民营快递企业,规模较大的都是由加盟扩张而逐渐形成的。

(一)特许加盟模式的基本内容

商业特许加盟按其经营方式不同可以分为生产特许、产品商标特许和经营模式特许三种类型。快递企业特许加盟属于经营模式特许,其中快递企业总部为特许人,网点加盟商为被特许人。在经营过程中,被特许人有权使用特许人的商标、商号、企业标志,以及广告宣传,完全按照特许人设计的单店经营模式来经营,在公众中完全以特许人企业的形象出现;而特许人对被特许人的内部运营管理、市场营销等方面实行统一管理,具有很强的控制。

在快递加盟双方各项意见达成共识以后,就会签订特许加盟合同,特许加盟合同是快递企业总部与网点加盟商之间权利和义务的规定。

(二)特许加盟模式的网点管理

1. 快递企业总部的基本权利和义务

快递企业总部的基本权利和义务包括以下几项。

(1)监督。为维护特许体系的统一性和产品、服务质量的一致性,快递企业总部有权

对网点加盟商的经营活动进行监督。值得注意的是，快递公司加盟不同于一般的产品加盟，其有着特殊的经营方式，所有的网点加盟商都只是代理商身份，不存在上下级关系，在总公司的监督管理下经营，地市公司没有权力监督下一级县级代理商。

(2) 收费。快递企业总部有权向网点加盟商收取特许经营费和其他各种服务费用。对于各项资格复审通过的快递加盟商必须缴纳一定的加盟费和保证金，快递公司为了加快扩展速度，加盟费和保证金费用一般都比较低廉。而其他服务费用则是快递企业总部为加盟商提供各种服务的保证和源泉，有时网点加盟商还必须承诺按时缴纳各种费用，如运费、中转费、丢件赔偿费、违规罚款等。

(3) 指导。快递企业总部对网点加盟商提供开业前的教育培训以及长期的经营指导。一般对网点加盟商的培训包括公司概况、市场推广与宣传、来电来访客户接待、谈判技巧、业务操作流程、内部控制系统(贷款控制、现金控制、欺诈控制、内审制度、人力资源管理)、风险规避等方面的内容，以帮助加盟商提高业务和市场拓展能力。

(4) 业务经营和支撑。快递企业总部必须负责快递网络平台的建设，以及网络系统品牌建设、业务策划、系统开发、商标、域名等工作；进行快递增值业务与产品的策划与实施，研发新型快递管理软件、通信终端设备及软件，以及做好全国性的广告宣传工作。

(5) 处罚。对违反特许经营合同规定、侵犯企业合法权益、破坏特许体系的行为，总部有权终止特许合同，取消网点加盟商的特许加盟资格。

2. 快递企业加盟商的基本权利和义务

快递企业加盟商的基本权利和义务包括以下几项。

(1) 网点加盟商享有快递公司总部的商标、域名及相关要件的使用权，并能从事与特许快递公司有关的合法的经营活动。

(2) 有权获得快递特许公司的统一管理及各项配套服务、业前培训及经营指导、IT服务系统及相关的技术支持；同时在加盟点位于贫困地区的条件下，由总公司确认，可以享有快递网络扶持政策。

(3) 加盟网点公司必须无条件接受快递总公司网管中心每年度组织的年检考核，其将从网点的总体实力、服务水准、信誉程度、公司管理、派送服务，以及总公司财务结算等方面，对加盟网点公司进行年度考核，在考核合格的情况下，加盟网点公司才能继续享有加盟资格。

(4) 网点加盟商在独立开展代理区域经营业务的同时，有义务协助总公司做好市场推广和销售工作，不得单独另行从事任何与快递相同或类似的业务，不得同任何与加盟快递公司构成直接、间接或潜在商业竞争关系的企业进行相同的合作。接受连锁网络管理中心的各项培训，遵守网管中心的各项规章制度与快件运作规则，做到一切行动听指挥，并且无条件地服从调度命令，同时必须使用由网络管理中心统一印制的运单及包装物。

(三) 特许加盟模式的管理弊端

1. 结算

特许加盟制的快递企业在包括取派件成本、搬运费成本、中转费成本等运输环节的结算和包括到货付款、代收货款、开箱验货、签单返还等在内的增值服务结算方面，由于内部成本无法回收等问题造成的矛盾日益突出，许多增值服务业务很难再推行下去。例如在特许加盟模式下,各分站点的特许加盟商在快递成本的重压下,总是从自身的利益出发,出于报复或反报复的目的,恶意扣押对方代收货款,这样就会导致运营中心垫付资金紧张,出现网络结算困难。网络资金结算问题不仅与快递公司一些加盟点的人员素质低有关,同时也与总部对各加盟点的管理控制不力有关。实际上,不只是加盟公司会出现现金流断裂问题,公司总部也会出现此类问题,一统快递公司倒闭的原因就是总部现金流断裂。

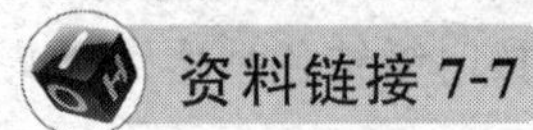
资料链接 7-7

星晨急便的陨落

"公司解散了,阿里的7 000万元,我的5 000万元全赔光了,现在客户的2 000多万元货款被加盟商非法侵占,也不能返还,1 400多名员工两个多月没有工资,我已倾家荡产。"2012年3月5日,星晨急便创始人陈平的一条短信无疑炸开了整个物流以及电商各方业界的"锅"。

2012年4月,时代周报记者来到位于广州天河公园附近的星晨急便广州分部,却被附近居民告知这个分部早已不存在了;而在上海杨浦区民京路,此前星晨急便设在此处的网店连店面招牌都早已撤下;同时,位于青浦的分公司如今也丝毫寻找不到快递公司的影子。而在北京,人们只能从屋外张贴的拖欠房租单上看到星晨急便的名字。

早在数月前,已有业内人对时代周报记者指出星晨急便资金链存在较大的问题:"星晨急便快速扩张,导致了它在资金、管理和业务等各方面都无法兼顾,又因为加盟模式带来的管理不善,公司实际上有可能会面临资金链断裂的问题。"然而随着2月传出星晨急便与宅急送合并的声音,业内对于快递老大哥陈平的疑虑大大减少。

当两者传出合并消息时,业内也只是在感慨陈平的折腾。但那时候在诸多的论坛与新浪微博上,人们已经常常可以看到有无数的商家针对星晨急便代收货款无法返还的消息爆出。这基于星晨急便属于B2C模式,有80%的业务主要是提供代收货款服务。

时代周报记者了解到,实际上从2010年开始,星晨急便代收货款就已经出现较大问题,但此时距离它成立不过一年的时间。2010年,有客户爆出星晨急便在代收了货款、客人都已签收的情况下,在长达近半年的时间内,星晨急便也没有依照承诺返还货款。

此外,酒悠网在2009年曾委托星晨急便运送2万元的红酒,但最终结果是送到了70%,最后还将这部分的款项与剩余的红酒一并私吞,到了2010年,酒悠网起诉星晨急便,但最终星晨急便仅仅赔偿了几千元便草草了事。

据悉,针对星晨急便的类似诉讼不胜枚举。甚至有网友直接在新浪微博上@陈平,在陈平博客中留言称自己的货款无法返还。而这也是陈平短信中提到"现在客户的2 000多万元货款被加盟商非法侵占,也不能返还"的由来。

当星晨急便爆出这般丑闻后,业内却有很多人士对时代周报记者表达了对陈平的惋惜和他对快递事业长久热情的钦佩。在资金链出了如此巨大问题的背后,则是星晨急便目前采用的加盟模式弊病。

有业内人士对时代周报记者称:"星晨急便做加盟的经验太少,对加盟商的管理很成问题,这就导致了管理上的诸多问题。"

——摘自《时代周报》

2. 市场竞争

由于从业人员的职业道德素质不高,快递企业总部的管理控制能力和资源整合能力不足,致使特许加盟制的快递企业始终在低端市场经营。在低端市场,各加盟公司面临的最现实问题就是无法上调服务价格以及不断上升的运营成本,盈利空间逐渐缩小,但是各加盟点仍然只能采取价格战的手段竞争,由此陷入恶性竞争的循环。如果特许加盟的快递企业跳不出低价竞争的怪圈,就将面临破产风险。

3. IT 应用

特许加盟快递企业在 IT 应用上存在很多问题,许多企业为了降低成本,只扫描运单号,不录入诸如客户信息等其他信息,这样不仅无法统计货物量,客户也无法通过信息系统查询快件情况。此外,特许加盟快递公司还不能充分有效地利用 IT 技术手段解决运输费用结算方面和增值服务业务方面的问题,技术应用程度不高。

4. 快件派送

许多快递公司的全国性快递配送网络不健全,现有网络多数由各加盟站点组成,这样的网络有时只能保证各站点所收取快件数的 2/3 可以通过自己的网络成功投送。因此在有些区域的快件本公司网络无法送达时,许多加盟站点就必须自己想办法来送邮件,由于超出了自身的派送能力,时常就会造成快件延误或亏损性派送,所以特许加盟商总是以各种理由缩小自己的派送范围。和直营快递子公司相比,特许加盟公司在派送范围和派送时限方面通常都缺乏竞争力。同时,特许加盟模式快递派送扣件敲诈的情况时有发生,加盟公司或员工个人将各地到本公司的快件进行藏匿,然后以电话的形式向加盟公司或加盟公司向特许总部提出敲诈的要求与金额,这通常是由加盟公司和特许人、员工与加盟公司之间的矛盾所导致的。

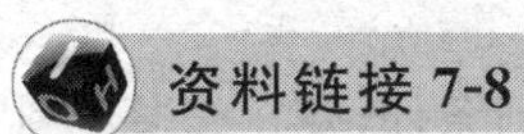

资料链接 7-8

快递员偷走圆通速递 80%的遗失件

在快递投诉中,遗失投诉占了很大比例。

"通过监控等发现,圆通 80%的遗失件,是被快递员偷走了。"圆通速递浙江区域负责人吴建飞说得很实在:快递员准入门槛低,对学历、经验都没什么要求,所以也不能排除行业内有一小撮"害群之马"。

为了应对内部偷盗,吴建飞说,圆通速递在分拣、运输等关键环节都装了电子监控,还专门设立了"员工黑名单",将有偷盗行为的员工记录在册,提醒其他网点在招聘时多加注意。

虽然做了很多工作,但真要追究起责任来也很难。

"大部分快件只值几百或千把块钱,没有达到法律规定的 2 000 元入刑标准,算不上盗窃罪。"吴建飞说:"没有严惩,就失去了威慑。《邮政法》中明确规定如果邮政工作人员隐匿、毁弃、私拆、盗窃邮件,贪污、冒领用户款项,邮政企业除了追回赃款赃物外,还要进行罚款,并根据情节轻重给予行政处分。建议将快件定为邮件,这样一来,就有《邮政法》的保护,快递员偷快件前,必须好好掂量掂量后果。"

——摘自快递物流咨询网

二、直营连锁模式下网点间的协作管理

直营连锁也称正规连锁,是一种由公司总部直接经营、投资、管理各个分公司的经营形态。直营连锁模式下的快递企业,由快递企业总部全资或控股开设,对各网点拥有全部所有权、经营权、监督权,实施商流、信息流、物流、资金流等方面的统一管理。国内仅有中国邮政和顺丰两家快递企业采用完全直营的商业模式。

(一) 直营连锁模式的网点类型

直营连锁模式的网点可分为自建营业网点和合作营业网点两种类型。

1. 自建营业网点

自建营业网点是指由快递企业自行设立网点,实行统一的标准化经营管理,负责各自区域的快递收取和派送工作。在分布自建营业网点时,要注意以下几点。

(1) 人口分布。人口分布是网点布局的首要考虑因素。人口稠密地区往往快递服务需求大,应该建立营业网点。因此,在自建营业网点时,要根据人口密度分布设立相应的网点。

(2) 消费习惯。为了满足顾客上门取件要求和缩短等待时间,在顾客和业务相对集中的地区应该设立特定的营业网点。例如,UPS 在上海写字楼密度高的社区专门开设了快递便利店,以门店为圆心,步行 30min 距离为半径划定便利店的服务区域,使得该区域内的企事业单位都可享受到非常快捷的投递和取件服务,顾客可随时将快件投递在该便利店,或由便利店店员上门取件。

(3) 区域发展情况。快递服务需求与当地的经济发展有直接关系。经济越发达,经济往来越多,文件专送和特殊物件递送的服务需求就越大。快递网点的布局要直接考虑当地的经济发展和其他商业指标。

(4) 道路交通情况。网点布局要最大限度地利用城市道路交通条件,要在交通便利的地方设立网点,既方便顾客,也方便企业。

(5) 建设成本。房价是快递企业营业网点建设中的一个重要成本。网点布局既要考虑顾客的方便,也要考虑营业网点的建设和使用成本,需要寻找两者的最佳平衡点。自建营业网点具有企业形象展示和服务业务展示的双重功能,网点的店面标识、环境布置、服务氛围营造等都要认真设计、严格统一;同时,营业网点是企业与顾客的重要接触场所,必须要设计好服务流程,有效开展营销工作。自建营业网点便于企业有效控制营销渠道,能够充分发挥渠道在销售、服务、宣传、信息搜集等方面的作用,但缺点是成本较高。

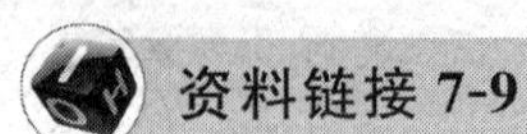

数学模型算出的网点布局

目前,快递网点布局混乱,已直接影响了消费者的用户体验,进而阻碍了快递企业

的进一步发展。不过据业内人士介绍，与众多快递公司相比，顺丰在网点规划上较为科学。

顺丰相关负责人表示，为了确保快递员能在1h内到达所属区域内的任何地点，顺丰规划部根据数学模型计算出不同客户数量与不同商业流通频率下的服务半径，在北京平均辐射半径为4.5km，平均一个网点配置30人左右，“网点的疏密程度并不是绝对的，在CBD、专业市场等区域的网点布局会较为密集，在郊区则可能远远大于7km的服务半径”。

虽然顺丰的网点布局已经通过网点人员数量、场地面积、人均效能等一系列经营指标进行了规划计算，但顺丰的网点布局并不是一成不变的。据顺丰相关负责人介绍，顺丰根据业务量、场地面积、人均效能等经营指标对网点的运营能力进行计算分析，从而决定是扩大网点基础设施建设还是进一步分拆。不过，顺丰所采取这种精密的网点布局模式，对于各自为战的加盟制快递企业而言却较难实现。

——摘自《北京商报》

2. 合作营业网点

合作营业网点是指为节省营业网点成本和迅速铺开营销网络，快递企业和其他企业合作建立的营业网点。该形式采用战略联盟的方式，利用合作渠道担任快递零售服务，使其成为快递的零售终端。

建设合作营业网点的主要目的是更好地方便顾客，开拓小批量快递市场，例如在一些居民区和大学校区附近选择报刊亭、小杂货店或便利商店等设置收、发的代理点。顾客只需将快递物品交给附近合作代理点，由代理点工作人员审核后，顾客填写快递单，代理点按快递要求，对物品进行包装和暂时保管，再统一交给快递公司的工作人员。当快递公司将邮件送达目的地的合作代理点后，由代理点通知收件人前来取件，并负责暂时保管。这种合作模式主要面对中小客户、家庭及个人消费市场，给寄件人提供方便，也节省了收件人的等待时间；同时减少了快递员的派送时间，提高了快递公司的工作效率；也有利于快递企业在社区树立更好的品牌形象。

（二）直营连锁模式的网点管理

1. 人员管理

直营连锁模式的网点人员从招聘入职、培训到聘用期的考核、薪酬发放等都由快递企业总部统一管理，各网点不具有自行招聘人员的权利。对于在职的网点员工，可根据其自身特点进行岗位、工作地点、职位的轮换。采用统一管理的方式，既有利于员工的晋升，同时也可以根据业务量的多少实时地调整各网点的人员，避免企业资源浪费和人员设置的不合理。

2. 门店管理

直营连锁模式下的网点实行标准化经营管理，包括店面规模、店容店貌、服务内容等。在日常运营过程中，网点完全按总部的意志行事，总部发布指令，各网点无条件地执行指令。若网点间存在快件的错发、丢失、误发等情况，则上报总部，由总部直接进行管理协调，而不存在网点间因利益产生冲突等情况。

3. 费用管理

直营连锁模式的快递企业费用管理统一化主要体现在三个方面:服务价格统一和网点成本统一和网点结算统一。直营连锁模式的快递企业各网点所提供的快递服务都由总部统一制定,并统一定价,因此不存在加盟模式下网点间价格不定、竞价竞争的情况。同时,采用统一的网点建设,由单一的投资者投资和统一结算,由总公司承担全部盈利损失,风险大但信誉好。

资料链接 7-10

顺丰速运:快和准带来的“高价”

在国内,民营快递大多给人以价格便宜、递送却不太让人放心的印象,但有一家叫“顺丰速运”的民营快递,却以“快人一步”的时效和“价高一筹”的服务,走出了一条完全不同的道路。目前年销售额已经突破了百亿元,成为可以与中国邮政 EMS 抗衡的民营快递巨头。

从一开始,“低价”就不是顺丰速运的经营之道,公司有非常明确的市场细分和产品定位:主要做文件和小件业务,其中尤以商业信函等高附加值的快件业务为主。

当然,告别低价的背后也需要各种系统和制度的支撑,与其他民营快递不同,顺丰速运拥有自己的飞机,而且实行直营,这是保证其服务质量和核心竞争力的重要因素。

直营管理下的时效考核

与申通、圆通等江浙民营快递巨头相比,顺丰速运的价格绝对可以称得上“昂贵”。以 1kg 重的包裹为例,从北京送到上海,顺丰速运的价格是 25 元,圆通快递只要 12 元,顺丰速运的起步价格高出同行价格 1 倍多。

不过,还是有很多客户尤其是企业客户愿意选择顺丰速运,因为它的确快而可靠。如果你在当天下午 4 点寄出包裹,基本上第二天下午就可以收到顺丰速运发送的相关信息。而如果选择其他快递公司,则需要三到四天,包裹到没到还需要自己打电话向对方确认。

当然,要做到“快而准”并不是一件容易的事。对此顺丰速运的一位管理人员告诉第一财经日报记者,顺丰速运与其他快递公司的差异,主要是由直营管理模式和管理制度规范的不同带来的。

在创业之初,顺丰速运和所有民营快递企业一样,为节约投资成本,加快网络扩张速度,新建的快递网点多数采用合作或代理的方式,这种形式和加盟类似,分公司归当地加盟商所有。不过,到 2002 年,顺丰速运最终将全部的经营网点股权收回,确立了直营模式,并在深圳设立了总部。

直营模式确立后,对各地网络的管理自然也会更加得心应手,顺丰速运负责递送的员工也开始按月进行绩效考核,表现与收入形成了直接的激励关系。同时,直营模式也为公司建立起贯穿整个快件流转环节的信息监控系统,对各环节的运转时效进行准确的控制提供了基础。

据记者了解,从 2010 年开始,顺丰速运就研发出包含对快件跟踪、时效预警、路由规划等全部环节监控的“时效管理系统”,从客户呼叫开始,系统就启动了跟踪流程,递送员要严格执行收1(1h内收件)派2(2h内派送签收)的时效要求,超时派件将直接影响当月的业绩考核。

——摘自《第一财经日报》

任务四　快递与终端落地配

情景导航

小林想在网上买一衣柜,但是又担心碰上快递费用高,自己安装烦琐,退换货麻烦等问题,结果卖家说小林所在城市有第三方服务商可以为线上家具卖家提供"最后一公里"的同城配送,以及上门安装服务。小林非常感兴趣,上网查询了一下原来是兴起的落地配服务,那么落地配到底是怎么操作呢?跟快递之间有着怎样的联系呢?

一、落地配的定义及发展

"落地配"其实在几年前就已经出现了,很容易从字面上理解为货物到目的地落地后,由目的地的物流公司进行最终的配送。而实际上一个完善的落地配公司身兼仓储、货运、客服查询、配送等多种职能,大部分还从事收件、送外卖等业务。

(一)落地配的定义

落地配由落地分拨、同城和地县转运、入宅服务三大要素组成。它主要是以开箱验货、半收半退、夜间送货、试穿试用、送二选一、代收货款、退货换货等核心的入宅服务为竞争亮点。

落地配和快递的最主要区别首先在于落地配是基于为电子商务配送代收货款业务而发展起来的,所以它更注重精细化和专业化;而快递则需要通过扩张自己的网络来拓展市场,因此注重的是规模化。其次落地配的收入来源于送件,快递则是取件;落地配对送件比较重视,而快递重视的是取件。

(二)落地配形式的发展

电子商务发展初期,各大电子商务网站主要将精力都放在了网站的建设上,而当大量的订单涌现,实物的传递成了制约电子商务企业发展的最大瓶颈,在国内物流发展不完善的时期,各大电子商务网站纷纷开始建立自己的物流网络,但它们很快发现这是一件很费钱、费力的工作,巨大的人工成本使得建立一张覆盖全国的物流网络成了一个不可能完成的任务。于是,各种只负责主要城市,将二三线城市的投递任务交给目的地的第三方进行配送的方式开始出现,并且演绎出了全家便利店、淘宝邮局、大学生代投、菜鸟驿站等多种形式。前两年议论纷纷的"最后一公里"服务就是基于这种模式。

但是,随着如开箱验货、夜间送货、试穿试用,尤其是代收货款、退货换货为核心的入宅服务成了用户的主要需求后,曾经被推崇的以个人为主体的代收代投网点逐步被服务网络较完善的落地配公司所取代。

现在的落地配公司大多是由三类公司发展而来的:一是从报刊发行公司转型而来;二是独立经营的区域快递公司;三是电商企业建立的配送中心。它们的共同特点如下。

(1) 有自己的邮件数据系统,可以和电商企业进行对接,可以用于邮件的实时查询。

(2) 有大型的分拣场地和人员,独立的货运队伍,将邮件分区域送到各个投递分部。

(3) 有较完善的投递服务网络,也有部分公司还是采取加盟的方式,将部分邮件交给区域物流公司或代投点。

(4) 能够办理COD(代收货款)业务,可以定制开箱验货、夜间送货、试穿试用、退货换货等特殊服务,这是落地配公司与其他区域物流公司的主要区别,也是大型电商企业与它们合作的关键。

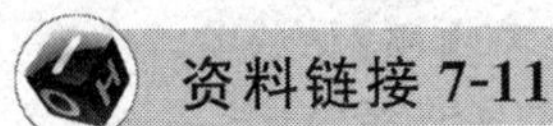

家具行业的落地配模式

家具商品具有的体积大、运输易折损、安装专业性等特点,使得家具电商的平台商和品牌商很难通过自建物流的方式完成商品的物流配送和安装售后,这也成了一直阻碍家具电商发展的一大难题。

亿邦动力网了解到,自2011年开始,一种新型的落地配服务模式正在兴起,部分第三方服务商通过整合本地的安装个体户,专门为线上家具卖家提供"最后一公里"的同城配送以及上门安装。业内具有一定规模的服务公司已有8家,但只提供区域性服务。

据北京合众阳晟科技联合创始人子渊介绍,落地配的服务模式相比于传统的家具配送方式,服务质量更有保证,且能够规模化服务。他透露,合众阳晟已在北上广深等50个主要城市建立了仓库和服务点,以北京为例,2.5m^2 的沙发配送加安装的服务费在200元左右,略高于个体户的收费,但全城采用统一的价格。

据亿邦动力网了解,虽然红星美凯龙等家居建材流通业巨头先后触"网",天猫和京东等电商大佬纷纷争抢这块蛋糕,将有可能进一步催熟市场,但面对大件商品的物流配送服务,无论是平台商自建还是现有的配送公司均难以满足要求。

业内人士向亿邦动力网指出,在落地配出现之前,家具电商多数依赖线下经销商和本地安装商实现商品的同城配送和安装,但这两种方式均存在一定的短板。

尤其是前者,受到了线下经销商较为激烈的抵制。主要原因在于单纯提供服务获取的利润较低,而家具产品生产周期较长,使得经销商不愿意为了线上商品的配送耽误门店商品的售卖;其次,若要为线上商品提供服务,经销商则需要配备专门的客服人员与消费者沟通,成本太高;再者,线上商品在同一地区的销量有限,仅靠提供服务,无法形成规模。

而选择与买家所在地的安装个体户合作,来完成最终的配送和安装,则存在着服务质量难以保证,家具有丢失风险等问题。且这些个体户一般没有自己的仓库,所以单次商品承载能力有限。

至于落地配能否成为家具电商的标配,仍取决于这类服务型公司未来的发展方向。据行业人士分析,这些落地配服务公司接下来可能会逐渐完成向上游的干支线物流布局,为家具电商提供工厂到目标城市的直达物流运输。

"像德邦、天地华宇等传统的物流公司并没有专门针对家具商品的物流服务,它们在

运输过程中，一般会经历大库、中转站等十几道中转程序，虽然通过集约发货降低了成本，但也加剧了家具在运输过程中磨损，而家具恰恰是属于每搬一次货都会有损坏的产品。”上述人士指出。

未来，落地配有望将电商、物流、配送和安装整合成一套完整的服务体系。但子渊表示，落地配的利润远高于干线物流，单件家具落地配服务费能够平均达到商品售价的15%。

——根据亿邦动力网相关资料整理

二、落地配的运作流程

落地配公司覆盖范围通常是一个或若干城市，需要与快递企业或干线企业合作，供货商通过干线公司将货物发给区域性落地配公司，区域性落地配公司在当地进行配送和投递，并会根据客户要求提供个性化服务。具体运作流程如图7-12所示。

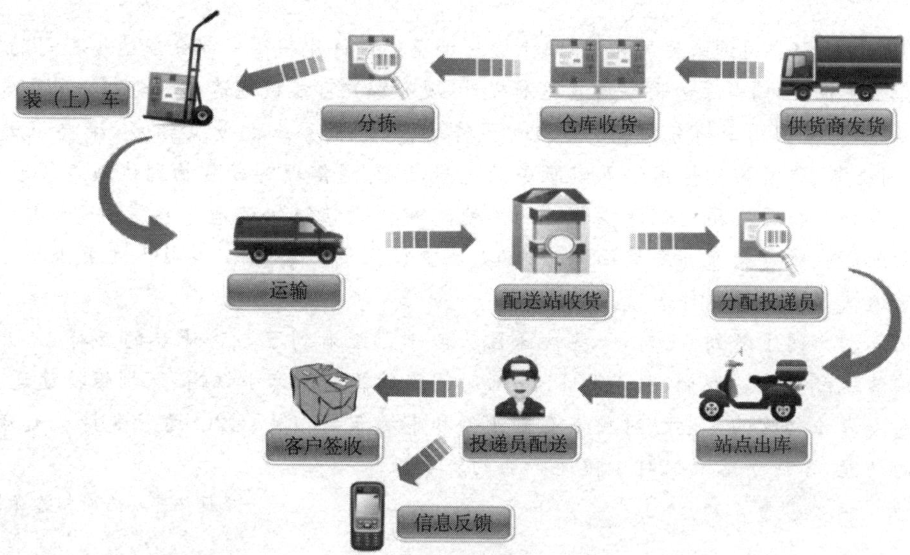

图7-12　落地配运作流程图

第1步：商家将当日出仓订单按照规划的配送区域逐一进行合包操作。

第2步：干线货物运输（空、铁、陆），由快递企业运输完成。

第3步：干线货物提货、验货、信息导入、分拣、异常反馈。

第4步：通过省内/区域末线班车，将货物转运至郊区或地县营业部。

第5步：宅配站点接货，协约时间，上门宅配。

第6步：箱验货＋增值服务（夜间配送、带货换货、半收半退、试穿体验、其他服务等）。

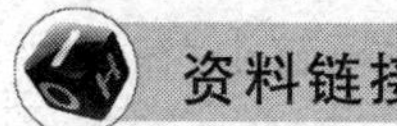

资料链接7-12

快递网点免费派件要取消？落地配机会来了

2015年9月16日消息，近日，有传闻称某“电商盟主”给国内六大加盟型快递公司下达指令,要求所有派件网点的派费最低标准要保证在2元一票。

传闻指出,目前有很多网点仍存在免费派件的情况,而该指令要求单票派费低于2元的,统一上调至2元;高于2元的,可保持原标准不变。

为此,亿邦动力网询问了物流公司的内部工作人员,均表示暂未收到官方通知。其中一位工作人员表示,该规定很可能只是某一家快递的行为。

此外,该人士补充,即使没有硬性要求,快递公司在运单高峰期也有价格变动的可能,或出台为快递员和加盟商提供更多福利的政策,以保证当时的服务质量和人员稳定性。

业内人士分析,若该消息属实,将造成以下几方面影响。

(1) 可以提高"最后一公里"配送服务质量,促进加盟型快递行业的服务水平;

(2)"三通一达"等加盟型公司恶性竞争的价格战即将结束;

(3) 大商家靠加盟型廉价快递获利的利润将消失,且通达类加盟型快递公司资费会上调;

(4) 落地配公司迎来发展机遇,马上做出调整的或许能获得一部分通达类公司的客户,而没有抓住机会的,当通达服务质量逐渐提升,现有客户可能被通达类加盟型公司蚕食。

据悉,落地配由落地分拨、同城和地县转运、入宅服务三大要素组成,主要以开箱验货、夜间送货、退货换货等核心入宅服务为竞争点,可通俗理解成货物到达城市落地后,由到达城市物流公司实施的配送操作。而落地配相较于传统快递有一些差异,如由于该模式是由配送代收货款业务发展而来,所以更注重精细化和专业化,其收入主要来源于送件而非普通快递依赖的取件等。

亿邦动力网了解到,此前,一些快递巨头似乎已经看到了与落地配的互补点,开始整合收购落地配企业。例如,顺丰2014年短时间连续收购北京小红帽、深圳银捷速递,更有业内人士评论称收购落地配对顺丰有着业务和市场布局拓展、O2O运营支持及大数据等多方面功能,体现了落地配对于快递行业的重要性。

——根据亿邦动力网相关资料整理

三、落地配面临的问题

随着电商业务的快速发展,落地配公司迎来了大发展的时期,看起来前途一片光明,但实际上还面临不少困难。

(1) 落地配形式产生的根基是大型电商企业自建物流体系无法满足线上业务量的高速增长和建设完善物流体系初期所需要的庞大资金。而随着电商企业的不断发展,其对信息流和实物流数据时效性要求的不断提高,必然会逐步建立起自己的物流网络,尤其是在中心城市更是会按照它们一贯的方式将服务做到极致。

(2) 落地配公司覆盖范围通常是一个或若干城市,这在初期利于它将业务不断的细化,这也是市场对它的要求,但是却限制了它进一步的发展。它们普遍规模较小,在大型物流企业的挤压和兼并时,无法做出有效的抵抗。

(3) 人工成本的不断增加也是制约落地配公司的一根绞索。物流行业毕竟还是一个劳动密集型行业,人工成本的增加对它的生存起着至关重要的作用,尤其是采取加盟方式利用区域物流公司进行投递的公司,甚至到了微利的地步。

(4) 落地配公司是靠个性化服务取得业务的，但随着用户要求的不断提高，维持较高的用户满意度就需要成本的支撑，各电商企业却不断压缩成本，将用户特殊要求转嫁给物流公司。最终，导致落地配公司无法满足用户新的需求而离场。

(5) 自身没有业务资源，一旦上游电商企业发生问题或变动，则整个业务来源便消失，直接影响公司的生存。

(6) 全民众包模式冲击。全民众包模式是由物流公司招聘非专业人员利用闲暇时间进行投递工作，无论任何人，只要符合基本条件，就可以成为该类平台的自由投递人。从2016年年底开始，以达达、人人快递、京东众包、闪送、快收等为代表的众包模式开始出现在人们的视野中，并受到了追捧。而这一形式的出现，为电商企业最终摆脱落地配公司提供了可能。

项目小结

本项目从供应链角度对快递公司的业务进行了介绍，包括快递公司与电子商务之间的联系、快递VIP客户业务的管理、不同模式下网点的管理以及终端落地配业务。企业之间的竞争是供应链之间的竞争，在物流量增速放缓、运力过剩、港口货量不足、仓储空置率高等背景下，物流企业必须融入供应链。例如，打造“客户离不开”的供应链体系，将上下游串起来。

课后练习

一、问答题

1. 简述电子商务快递的流程。
2. 简述VIP客户项目的开发和实施过程。
3. 简述VIP客户投诉处理的方法。
4. 试分析直营连锁模式与特许加盟模式两者的利弊。

二、案例分析

菜鸟网络的物流供应链平台

2013年5月28日，阿里巴巴集团、银泰集团联合复星集团、富春集团、顺丰集团、“三通一达”，以及相关金融机构共同宣布，“中国智能物流骨干网”(简称CSN)项目正式启动，合作各方共同组建的“菜鸟网络科技有限公司”正式成立。“菜鸟”小名字大志向，其目标是通过5～8年的努力打造一个开放的社会化物流大平台，在全国任意一个地区都可以做到24h送达的目标。至2016年年初，菜鸟网络为全中国超过7成的快递包裹提供数据服务。

据了解，菜鸟网络的注册资金为50亿元，前三期投资将合计3 000亿元。建立智能物流骨干网的一个重要基础是仓储干线建设。根据菜鸟网络的预计，发展初期将至少支持1 000万家新型企业发展和创造1 000万个就业岗位。而依照马云的设想，如果智能物流骨干网成熟运作后,我国占 GDP 总值 18%的物流费用将降至欧美发达国家的 12%左右。

菜鸟网络专注打造的中国智能物流骨干网将通过自建、共建、合作、改造等多种模式,在全中国范围内形成一套开放的社会化仓储设施网络。同时利用先进的互联网技术,建立开放、透明、共享的数据应用平台,为电子商务企业、物流公司、仓储企业、第三方物流服务商、供应链服务商等各类企业提供优质服务,支持物流行业向高附加值领域发展和升级,最终促使建立社会化资源高效协同机制。

传统物流不注重信息平台的资源整合,卖家发货往往绕一大圈才送到买家手上,卖家可以自主地选择与哪个快递物流公司合作,而快递物流公司这时候就稍显被动。这种运作方式,不仅造成资源上的浪费,而且不能发挥快递物流公司的主动权,造成整个物流业一片繁忙却甚少盈利的局面。菜鸟通过打造智能物流骨干网,对生产流通的数据进行整合运作,实现信息的高速流转,而生产资料、货物则尽量减少流动,以提升效率,这将颠覆传统物流模式。

"菜鸟网络作为一家以大数据技术为核心的科技公司,目前已经聚合了物流全产业链(涵盖了仓储、干线、快递、跨境物流等)上的优势资源,试图打造成数据驱动的第三方物流公司的协作平台,最终实现国内次日达、国际三日达的高效物流网络。"2016 年 3 月,国内券商长江证券在专项研究报告中称。菜鸟不是一家快递公司,它是一家数据公司!中国不缺快递公司,不缺仓储服务,缺的是技术革新和通力合作。

里昂证券指出,菜鸟搭建了一个"中央数据平台"(centralized data platform),通过标准化的电子面单及四级数据库,将合作伙伴的快递以及仓储服务连接起来,并通过大数据为它们优化了物流路线。"菜鸟为天猫超市和农村淘宝提供了至关重要的物流支撑。"来自菜鸟网络的数据显示,菜鸟通过社会化协同,目前已打通覆盖跨境、快递、仓配、农村、末端配送的全网物流链路,数千家国内外物流、仓储公司以及近 200 万物流及配送人员都在菜鸟数据平台上运转。

2016 年 6 月 22 日,国际投行高盛也发出研报,表示对阿里巴巴前景更趋乐观,认为阿里围绕新经济搭建的生态体系,已覆盖电商、物流、营销、云服务以及支付,这令它为商家提供的价值无所比拟,其中"菜鸟智能物流网络带来显著的物流效率提升以及一流的用户体验"。

瑞信证券指出,菜鸟代表着一种创新的商业模式——"共享物流信息系统"(proprietary logistic information system),核心价值在于它的大数据和云系统。这个共享物流信息平台,能为物流伙伴提供实时的路线规划和订单预测等。虽然菜鸟不直接向消费者提供快递服务,但它致力于与数以千计的物流伙伴一起,在全中国搭建一个高效的包裹派送服务体系。

——摘自《财经网》

问题:

(1) 菜鸟网络的物流反应速度快的原因有哪些?

(2) 菜鸟网络的物流模式与京东的物流模式有何区别?

三、实训操作

在网上查找一个快递客户的招标信息,按照网上招标书的要求,按小组撰写投标书,完成投标任务。

快递企业人力资源管理

学习目标

★ 了解快递企业人力资源的独特性。

★ 了解快递企业绩效评估的流程和模式。

★ 熟悉快递企业对人员的招聘要求和渠道。

★ 熟悉并掌握快递企业招聘的流程。

★ 熟悉并掌握快递企业培训的流程和方式。

关键词

人力资源　招聘　培训　绩效评估

联邦快递的人力资源体系

市场上一向低调的联邦快递，在内部的人力资源管理上却是异常的主动，多年以来，联邦快递已经形成了一套非常完整的人力资源体系来发现人才、培养人才、留住人才。也正是这种独特的管理文化，帮助全球超过27.5万名员工和企业一起持续成长与发展。

企业文化:以人为本

联邦快递最引以为豪的就是“以人为本”的企业文化，从各个方面充分考虑员工的需求，时刻把员工的利益放在首位，努力为员工创造一个宽松、民主、和谐的沟通与交流氛围，使每一个员工都能开开心心地工作，保持愉快的心情，从而更好地服务于顾客。

在联邦快递，员工可以根据自己的兴趣申请公司内部部门间调职或改变工作城市，他们可以求助于公司的Guaranteed Fair Treatment Procedure(保证公平待遇程序)，解决认为自己受到不公平待遇的问题。如果员工觉得受到不公平对待，可以向上一级领导举报，更可以越级举报，各级都要在7天之内对对错进行评判。

每年经理们也要接受员工们的考核，员工会给经理打分数，经理哪些地方做得好、哪些地方要改善，然后要和经理坐下来，把意见变为行动，作为未来一年的主导方针，这个也构成了联邦快递特有的高效沟通的SFA行动。

培训提升:留住员工

对联邦快递来说,有没有物流背景,并不是联邦快递选人的首要条件,最重要的是,需要对行业有敏锐的触觉、长远的视觉,并有"以客为先"的良好服务意识。而要留住人才,就要让他看到自己拥有一个广阔的发展空间。"这不仅仅是高工资、好福利就能等同的,给予员工在工作上、学习上都有更多的机会进步,让他们适应整个行业的快速变化。"

为此,联邦快递为全体员工设计了一系列培训计划,让每个员工都有一个"终身学习的环境"。在联邦快递,每一个员工每年都可以获得2 500美元的奖学金。员工可充分运用这笔奖学金来挑选相关培训。所有的递送员和客户服务代理人员要接受一年一次的"在线式"测试以更新知识并适应变化的脚步。所有的客户联络员在他们接到第一个客户电话之前都要接受为期六个星期的强化训练。

而对于经理和高层,联邦快递会推选有培养前途的经理在数个月内到公司不同的部门实习,以便其更全面地了解公司的业务,为今后在公司担任更重要的角色做准备。每一位经理人员在加入联邦快递的三个月内,必须参加公司内部为期五天的"MAPS"培训,以帮助经理人员理解和认同公司的内部管理体制。在加入联邦快递的六个月内,必须参加公司内部针对不同阶层管理人员而制定的为期五天的管理培训课程。

当有新的岗位空缺时,公司也总是优先考虑内部员工。联邦快递会定期拿出一定数量的领导岗位在公司内部公开招聘,凡具有竞争实力的员工均可通过公开招聘上岗。据了解,联邦快递目前在中国有一个名为"卓越领导力发展计划"的经理培训计划,它面向所有普通员工,是一个内部选拔、培训及进阶计划。为期12个月,参加者直接由高级经理一对一辅导,提供在职培训和实践,对他们将来被提拔为经理有很大的帮助。

一个企业或组织为了从事经营活动或实现其目标,必须拥有人力、财力、物力和信息等要素。我们将这些预期可为企业或者组织带来经济效益或社会效益的要素称之为资源。人力资源,就是企业或组织拥有的人员的数量和质量的总和,既包括有特殊才能的专业人才,也包括普通劳动者;既包括脑力劳动者,也包括体力劳动者。

所谓人力资源管理,是指企业或者组织对其拥有的人力资源进行的一种管理活动。对于快递企业来说,特别是中国民营快递企业来说,人力仍是企业资源的关键资源之一,人力资源管理的好坏直接影响到企业未来的发展。

我国快递业的发展起于20世纪90年代,20多年来,快递行业发展迅速,总体规模不断扩大,但是相应的快递专业人才并未同步跟上。特别是在一些大型快递企业上市之后,企业的专业管理人才、专业技术人才的需求猛增,从事复杂劳动的复合型快递人才缺口较大。在新的行业发展背景下,根据企业的实际情况引进并留住高层次的专业人才,是快递企业人力资源管理的一项重要而紧迫的任务。

——http://www.p5w.net/news/cjxw/200704/t864798.htm(根据《第一财经日报》相关文章改编)

任务一　快递企业人员的招聘

情景导航

经过几个星期的熟悉，小璐对人力资源的概念已经有了一定的了解。下半年是快递企业的用人高峰期，急需招聘一批快递人员，主管将小璐调入招聘组，让她暂时协助招聘组同事的工作。

人才招聘是指企业为了发展的需求，根据人力资源规划和工作岗位的要求，寻找、吸引那些有能力又有兴趣到本企业任职的人员，并从中选出适宜人员予以录用的过程。招聘工作是人力资源管理工作的第一个环节，也是整个企业人力资源管理工作的基础。一方面，招聘工作直接关系到企业人力资源的形成；另一方面，招聘和录用是人力资源管理中培训、绩效评估、薪酬、激励、劳动关系、人员流动等工作环节的基础，由于人力资源已经从战术管理的层次上升到了战略管理的层次，招聘和录用也向着战略化方向发展，对企业的战略发展目标起到了支持作用。

一、快递员工招聘要求

快递企业与其他企业相比，有其自身的特点，因此，对于人员的需求也必须具有自身的独特性。总结几家快递公司对员工的招聘要求，主要有以下几点。

(1) 融入快递公司企业文化：打上领带能见“老外”(懂英语，能与外商谈判)，穿上工作服能“扛麻袋”(能到操作现场指挥，与员工融为一体，成为伙伴)。

(2) 不把经验当成财富，而是把学习能力作为“绩优股”。

(3) 敬业，职业发展追求“高、新、久”，管理上追求“精、细、优”。

(4) 勇于挑战自己，执行力强，工作高效。

(5) 应具备的能力：应用文写作能力、基本的英文听说读写能力、信息技术应用能力、沟通能力、领导能力、压力承受能力、思辨能力、应变能力。

(6) 勇于承担责任，要为成功找方法，不为差错找理由。

二、快递企业招聘程序

招聘程序是指从公司内部出现职位空缺到候选人正式进入公司工作的整个过程所规定的途径。这是一个系统而连续的程序化操作过程，同时涉及人力资源部门及企业内部各个用人部门以及相关环节，具体流程如图 8-1 所示。

(一)制订招聘计划和策略

招聘计划是组织根据发展目标和岗位需求对某一阶段招聘工作所做的安排，包括招聘目的、信息发布的时间与渠道、招聘员工的类型及数量、甄选方案及时间安排等方面。

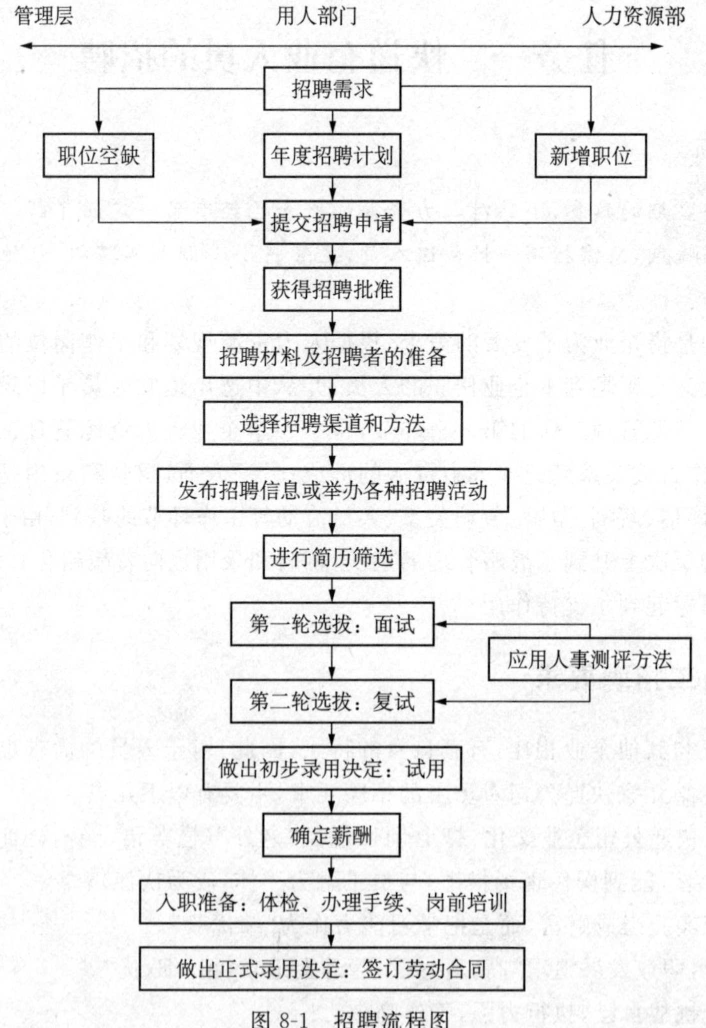

图 8-1　招聘流程图

具体来讲,员工招聘计划包括以下内容:①招聘的岗位、要求及其所需人员的数量;②招聘信息的发布;③招聘对象;④招聘方法;⑤招聘预算;⑥招聘时间安排。

(二) 发布招聘信息及搜寻候选人信息

企业要将招聘信息通过多种渠道向社会发布,向社会公众告知用人计划和要求,确保有更多符合要求的人员前来应聘。

企业可以通过以下方式搜寻候选人信息:①应聘者自己所填的求职表,内容包括性别、年龄、学历、专业、工作经历及业绩等;②推荐材料,即有关组织或个人就某人向本单位写的推荐材料;③调查材料,指对某些岗位人员的招聘,还需要亲自到应聘人员工作或学习过的单位或向与其接触过的有关人员进行调查,以掌握第一手材料。

(三) 甄选

甄选过程一般包括对所有应聘者的情况进行初步的审查、知识与心理素质测试、面试,以确定最终的录用者。

（四）录用

人员录用过程一般可分为试用合同的签订、新员工的安置、岗前培训、试用、正式录用等几个阶段。

试用就是企业对新上岗员工的尝试性使用，这是对员工的能力与潜力、个人品质与心理素质的进一步考核。

员工的正式录用是指试用期满后，对表现良好、符合组织要求的新员工，使其成为组织正式成员的过程。一般由用人部门根据新员工在使用期间的具体表现对其进行考核，做出鉴定，并提交人力资源管理部门。人力资源管理部门对考核合格的员工正式录用，并代表组织与员工签订正式录用合同，正式明确双方的责任、义务与权利。

正式录用合同一般应包括以下内容：当事人的姓名、性别、住址和法定社会身份；签订劳动合同的法律依据、劳动合同期限；工作内容、劳动保护和劳动条件；劳动报酬、劳动纪律、变更和解除劳动合同的条件与程序；违反劳动合同的责任与处置等。

（五）招聘工作评价

招聘工作评价主要是指对招聘的结果、招聘的成本和招聘的方法等方面的内容进行评估。一般在一次招聘工作结束之后，要对整个招聘工作做一个总结和评价，目的是为提高下次招聘工作的效率。

对招聘工作的评价一般应从以下两方面进行：一是对招聘工作的效率评价；二是对录用人员的评估。

三、快递企业人员招聘渠道

（一）外部渠道

外部招聘的渠道大致有：人才交流中心和人才招聘会、网上招聘、内部员工推荐、校园招聘和猎头推荐等。

1. 人才交流中心和人才招聘会

我国很多城市都设有专门的人才交流服务机构，这些机构常年为企事业用人单位提供服务。它们一般都建有人才资料库，用人单位可以很方便地在资料库中查询到条件基本相符的人才资料。通过人才交流中心选择人员，具有针对性强、费用低廉等优点。

人才交流中心或其他人才交流服务机构每年都要举办多场人才招聘会，用人单位的招聘者和应聘者可以直接进行接洽和交流。招聘会的最大特点是应聘者集中，用人单位的选择余地较大，费用也比较合理，而且还可以起到很好的企业宣传作用。

2. 网上招聘

网上招聘是近年来出现的一种新兴的招聘方式，它具有费用低、覆盖面广、时间周期长等优点，已超过招聘会和报纸广告的作用成为人才交流的主流媒体。越来越多的人选择上网求职，越来越多的公司利用互联网求才，在网上形成了一个日益庞大的人才资源库。

对于公司来说，网上招聘一般可以有以下几种渠道：注册成为知名人才网站的会员，如中华英才网、智联招聘网等，在此类网站上发布招聘信息，搜集求职者信息资料，查询合适人才的信息;在自己公司的主页或网站上发布招聘信息,收集求职者信息资料;在一些浏览量很大的网站上或在本行业一些较有影响力的网站上发布招聘广告;利用搜索引擎搜索相关专业网站及网页,发现可用人才,自己做猎头等。

3. 内部员工推荐

通过企业内部员工推荐人选,也是招聘的重要形式之一。因为内部员工对其推荐的应聘者及空缺职位都比较了解,加之推荐会涉及推荐者的声望,所以员工会推荐高质量的或合适度高的求职者。因此,当公司出现空缺职位时,不仅要鼓励内部员工积极应聘,而且要制订雇员推荐计划以鼓励员工利用自己的人际关系网络为本单位推荐优秀的人才,以该种渠道找到合适雇员的,公司应给予推荐者一定的奖励。

4. 校园招聘

学校是人才高度集中的地方,每年都向社会输送成千上万名毕业生,是公司获取人力资源的重要源泉。一般的校园招聘包括在学校举办毕业生招聘会、招聘讲座等,但越来越多的公司已经不满足于此类招聘方式,而采取更主动的预订方式。例如,与有关大专院校挂钩,预订企业所需人员;在相关院校专业设立奖学金或合作办学,为自己培养、储备专业人才;到校园开展各种形式的公共关系活动,甚至有的企业还邀请学生到本公司进行社会实践,充分展示公司形象以吸引学生。

校园招聘有哪些优缺点?

5. 猎头推荐

公司的人力资源部门由于受到工作范围、信息资源及人力、物力等的限制,对于招聘工作会心有余而力不足,而猎头公司则可以很好地弥补这个缺陷,同时有远见的猎头公司也有意识地将自己放在这个位置上,全方位地为公司人力资源开发服务,甚至提出作为公司的人事部门代理,以谋求自身更好的发展。可见,猎头公司的作用并不是人才的交流,而是一种综合性的人才开发。因为涉及招聘费用及猎头公司的性质,一般来说,用人单位会在招聘高级管理人才时聘请猎头公司进行操作。

(二)内部渠道

内部招聘就是将招聘信息公布给快递企业内部员工,使员工自己来参加应聘,用人部门从中选择可以胜任某项空缺岗位的优秀员工的一种招聘方式。

这种招聘方式可以给员工以提升职位的机会,会使员工感到有发展的机会,有利于调动员工积极性、增强组织凝聚力。从另一方面来说,内部选拔的人员对本公司的业务工作相对熟悉,能够较快地适应新的工作。

内部招聘和外部招聘的优缺点比较如表 8-1 所示。

表 8-1　内部招聘和外部招聘的优缺点比较

优、缺点	内部招聘	外部招聘
优点	① 对公司的忠诚度较高，对公司的企业文化、企业目标和价值观、行为规范等有较强的认同感 ② 内部选拔的方式可以激发员工的创造力，容易鼓舞员工士气并改善工作绩效 ③ 比外部招聘减少了人力成本、缩短了培训期和降低了培训费用，招聘程序更简化，所花时间少且成功率较高	① 新员工能带来新价值观、新思想、新方法和新生产力，对公司来说是与外界环境炕流的一种形式 ② 外聘人才可以在无形中给公司的老员工施加压力，形成竞争意识、危机意识和合作意识 ③ 外部招聘挑选员工余地较大，能招聘到很多优秀人才，同时还可促进人才合理流动，改善人力资源结构
缺点	① 内部招聘容易造成"近亲繁殖""团体思维"等现象，抑制了个体的创造性和创新思维 ② 对于某些关键性的职位，现有员工可能不具备胜任空缺职位所需要的知识、经验和技能，其成本可能高于雇用"已经过培训"的外部人才	① 筛选难度大，难以准确地判断应聘者的实际工作能力 ② 对于外部招来的员工需要花费较长时间和较高费用来进行培训和定位，成本较高 ③ 外部招聘容易挫伤内部老员工的上进心和工作积极性

任务二　快递企业人员的培训

情景导航

紧张的招聘季结束后，YT 快递公司招聘到了不少优秀的人才，但是因为行业的差异性，有部分新进员工对快递企业和本职工作并不十分了解，急需公司对其进行专业培训。小璐在进 YT 公司实习时也经过正式的培训，对其有一定的兴趣，于是自动向主管请示进入培训组进行相关工作。她接下来应如何安排好培训工作呢？

快递企业人员培训是指企业为了开展业务及培育人才的需要，采用各种方式对员工进行有目的、有计划的培养和训练的管理活动，其目标是使员工不断地更新知识、开拓技能，改进员工的动机、态度和行为，使其适应新的要求，更好地胜任现职工作或担负更高级别的职务，从而促进组织效率的提高和组织目标的实现。

一、快递企业培训内容

企业培训对象包括全体员工，由于员工担任的职位不同，因此培训方向具有多样化的特征，一般来说可分为以下几类。

(1) 岗前培训。针对新到岗员工进行的培训，由公司人力资源部负责，培训内容为快递企业简介、员工手册、人事管理规章的讲解；企业文化知识的培训；工作要求、工作程序、工作职责的说明等。

(2) 在岗培训。针对已经在工作岗位上工作过一段时间的员工所进行的培训，其目的在于提高员工的工作效率，以更好地协调快递企业的运作及发展。例如客服部对客服人员进行电话接线、投诉处理等方面的培训，帮助客服人员更好地处理顾客的投诉。

(3) 专题培训。针对员工某一方面技能、知识或理念进行的培训，一般是根据岗位需要对部分或全体员工进行某一主题的培训工作。例如,针对分拨中心内盗现象对全体操作员进行的反内盗培训。

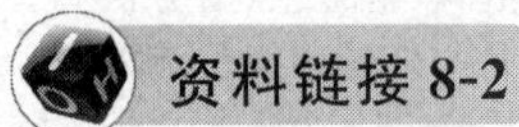

资料链接 8-2

为了能让员工更好地胜任本职工作,不断地更新知识、开拓技能,改进员工的动机、态度和行为,YD 快递有限公司专门成立了培训部,定期组织公司员工进行培训。

YD 现有的培训体系主要有五方面,面向不同的人群有不同的培训课程。①储备站长培训:面向全国分拨中心储备站长,为期六天,由人事部、营运中心、财务等相关负责人共同授课(具体安排如表 8-2 所示);②半工半训:面向全国分拨中心员工,为期四天,由人事部及各中转站相关负责人共同授课;③班组长培训:面向上海总部员工,为期 10 天,因上班时间问题,故安排在每天下午 5:00—7:00,由人事部、上海操作办等相关负责人共同授课;④新进员工培训:面向新入职的员工,为期一天,由人事部负责;⑤实习就业一体化培训:面向实习生,为期七天,前三天为全天培训,后四天为半工半训,主要由人事部、操作大厅等相关负责人共同授课。

表 8-2 储备站长授课安排表

日期	时间安排	课程主题	负责人
第一天	08:00—09:00	军训	耿 万
	09:00—12:00 13:00—18:00	快递操作质量管理培训	朱中生
第二天	08:00—09:00	军训	耿 万
	09:00—10:30	绩效考核推行宣贯	邓 平
	10:40—11:40	合理化建议推行宣贯	杨 剑
	14:00—16:30	财务知识	陈伟东
	16:30—17:30	分拨中心日常用品管理	蒲 红
第三天	08:00—09:00	军训	耿 万
	09:00—10:30	基础管理培训	朱中生
	10:30—12:00	分拨中心日常管理要求	朱中生
	13:00—14:00	反内盗培训	朱中生
	14:00—17:30	班前例会培训	朱中生
第四天	08:00—09:00	军训	耿 万
	09:00—11:30	高效会议	杨 剑
	14:00—15:30	分拨中心管理研讨	朱中生
	15:30—17:30	快件中转问题以及处理办法	闫 峻
第五天	08:00—09:00	军训	耿 万
	09:00—11:30	分拨中心人员岗位设置与人员定编标准	綦 军
	14:00—17:30	2017 年人力资源规划	綦 军
第六天	08:00—09:00	军训	耿 万
	09:00—11:30	仲裁知识	何秉祥
	14:00—15:00	违禁品知识	闫 峻
	15:10—18:00	培训评估/结业仪式	李 波

二、培训流程

培训流程包括以下各项。

(1) 各部门填写年度培训计划交由管理部审核，审核通过后可向部门负责人提交《年度培训计划表》，部门负责人审批后即可组织执行培训工作。

(2) 临时安排的培训计划，相应部门应填写《培训申请单》交培训部，培训部将在初审后上报至部门负责人进行审批，部门负责人审批通过后方可由培训部组织实施培训工作。

(3) 按照各部门所提交的培训计划进行培训，由培训部辅助各业务部门进行。

(4) 培训结束后，由培训部门进行培训后考核，一般包括培训老师评核、经理评核及员工自评等。

(5) 考核结束后，由培训教师填写《培训记录》，连同考核表、培训资料、签到表和培训评语一起交与培训部存档。

(6) 培训中如果涉及有关企业机密的内容，受训员工应严格遵守保密原则。如有泄漏，则由快递公司根据具体情况给予罚款等处罚。

三、培训方式及优缺点比较

企业在对员工进行培训前，需要考虑到培训的目的、培训的内容、培训对象的自身特点及企业具备的培训资源等因素，选择合适有效的培训方法，从而达到事半功倍的效果。

（一）培训方式

常见的培训方式包括讲授法、工作轮换法、工作指导法、研讨法和案例研究法。

1. 讲授法

讲授法属于传统模式的培训方式，是指培训师通过语言表达，系统地向受训者传授知识，期望这些受训者能记住其中的重要观念与特定知识，这也是企业培训中使用最多的培训方式。

2. 工作轮换法

工作轮换法又称轮岗法，是指让受训者在预定的时期内变换工作岗位，使其获得不同岗位的工作经验，一般用于新进员工。现在很多企业采用工作轮换法来培养新进入企业的年轻管理人员或有管理潜力的未来管理人员。

3. 工作指导法

工作指导法是指由一位有经验的技术能手或直接主管人员在工作岗位上对受训者进行培训，如果是单个的一对一的现场个别培训，则称为企业常用的师带徒培训。负责指导的教练的任务是教给受训者如何做，提出如何做好的建议，并对受训者进行鼓励。这种方法不一定要有详细、完整的教学计划，但应注意培训的要点：第一，关键工作换届的要求；第二，做好工作的原则和技巧；第三，需避免、防止的问题和错误。这种方法应用广泛，可用于基层生产工人。

4. 研讨法

按照费用与操作的复杂程序,研讨法又可分为一般研讨会与小组讨论方法两种方式。一般研讨会多以专题演讲为主,中途或会后允许学员与演讲者进行交流沟通,一般费用较高;而小组讨论方法则费用较低。研讨法培训是为了提高能力,培训意识,交流信息,产生新知。研讨法比较适合于管理人员的训练或用于解决某些有一定难度的管理问题。

5. 案例研究法

案例研究法是指为参加培训的学员提供员工或组织如何处理棘手问题的书面描述,让学员分析和评价案例,提出解决问题的建议和方法的培训方法。案例研究法为美国哈佛管理学院所推出,被广泛应用于对企业管理人员(特别是中层管理人员)的培训。目的是训练他们的决策能力,帮助他们学习如何在紧急状况下处理各类事件。

即问即答 8-2

针对实习生培训,采用什么培训方式比较合适?

(二)优缺点比较

企业培训的效果在很大程度上取决于培训方法的选择,不同的培训方法具有不同的特点,其自身也各有优劣。其优缺点如表 8-3 所示。

表 8-3 培训方式优缺点比较

培训方式	优　　点	缺　　点
讲授法	运用方便,可以同时对许多人进行培训,经济高效;有利于系统地接受新知识;容易掌握和控制学习的进度;有利于加深理解难度大的内容	学习效果易受培训师讲授水平的影响;由于主要是单向性的信息传递,缺乏教师和学员之间必要的交流和反馈,学过的知识不易被巩固
工作轮换法	能丰富培训对象的工作经历;能识别培训对象的长处和短处,从而更好地开发员工的所长;能增进培训对象对各部门管理工作的了解,扩展知识面	如果员工在每个轮换的工作岗位上停留时间太短,所学的知识不精;由于此方法鼓励"通才化",适合于一般直线管理人员的培训,而不适合于职能管理人员的培训
工作指导法	通常能在培训者与培训对象之间形成良好的关系,有助于工作的开展;一旦师傅调动、提升,或退休、辞职时,企业能有训练有素的员工顶上	不容易挑选到合格的教练或师傅,有些师傅担心"带会徒弟饿死师傅"而不愿意倾尽全力。所以应挑选具有较强沟通能力、监督和指导能力以及有宽广胸怀的教练
研讨法	强调学员的积极参与,鼓励学员积极思考,主动提出问题,有助于激发学习兴趣;通过教师与学员间、学员与学员间的信息传递,有利于学员发现自己的不足,加深对知识的理解,促进能力的提高	运用时对培训指导教师的要求较高,讨论课题选择得好坏将直接影响培训的效果,受训人员自身的水平也会影响培训的效果、不利于受训人员系统地掌握知识和技能
案例研究法	教学方式生动具体,直观易学;容易使学员养成积极参与和向他人学习的习惯;将学员解决问题的能力的提高融入知识传授中,有利于学员参与企业实际问题的解决	案例的准备需时较长,且对培训师和学员的要求都比较高;案例的来源往往不能满足培训的需要

任务三　快递企业人员的绩效评估管理

情景导航

经过半年多的实习，小璐对人力资源的招聘和培训任务都已经非常熟悉，但对公司的绩效任务一直处于了解状态，因此趁公司内部招聘的机会，她顺利转岗来到了绩效评估组。

绩效评估是一种正式的员工评估制度，通过系统的方法、原理来评定和测量员工在职务上的工作行为和工作成果，其结果可以直接影响到薪酬调整、职务升降等诸多员工的切身利益。

一、绩效评估流程

1. 制订考核计划

制订考核计划即明确考核的目的和对象、考核内容和方法以及考核时间，具体到某个岗位、方法和时间。

2. 进行技术准备

绩效考核是一项技术很强的工作，其技术准备主要包括确定考核标准、选择或设计考核方法以及培训考核人员。

3. 收集资料信息

收集资料信息首先要为建立一套与考核指标体系有关的制度服务，其次要为考评过程中所需信息做准备，最后要为以后评价打基础。

4. 做出分析评价

被培训后的考核人员，利用考核标准、指标体系等工具，遵循考核计划，结合收集到的公正、客观的资料，对被考评对象进行分析和评价。

二、绩效考核模式

绩效考核发展到现在一直被人力资源管理所沿用，说明绩效考核对于人力资源管理来说仍存在一定的合理性和有效性，其发展模式如下。

1. “德能勤绩”式

“德能勤绩”的考核模式具有非常悠久的历史，曾一度被国有企业和事业单位在年终考核中普遍采用，其本质在于“德”“能”“勤”三方面占考核指标的大多数，而业绩考核指标相对较少，且评价标准不统一，无评价依据。

2. “检查评比”式

国内有不少企业采用这种模式，其特点在于按岗位职责和工作流程详细列出工作要求及标准，确定考核项目，单项指标所占权重很小；评价标准多为扣分项，很少有加分项；在大多数情况下，由企业组成考察组对下属部门逐一进行监督检查。

3."共同参与"式

在国有企业和事业单位中比较常见的考核方式是"共同参与"式,其特征在于绩效考核指标较宽泛,缺少定量硬件指标;崇尚360°考核,上级、下级和自我都要进行评价,且自我评价占较大比重;绩效考核结果和薪酬发放联系不紧密,不会得到大家的极力抑制。

4."自我管理"式

该模式得到了世界一流企业的推崇,但在国内快递企业中极少使用,需要员工通过自我管理来实现个人目标,且很少进行过程控制考核,大都注重最终结果,与中国社会的发展水平不太相符。

资料链接 8-3

ST 快递公司通过绩效评估的实施,针对 VIP 客户员项目组长的绩效考核制订了一套评价指标,如表 8-4 所示。

表 8-4　VIP 客户部员工绩效评价表

岗位名称:项目组长　　　　姓名:__________　　　　考评日期:__________

序号	绩效评价主要内容	考核分	考核评价具体标准	自评	组长考评	经理考评
1	业务操作质量	40分	① 项目维护各环节监督与检查是否到位,VIP 快件服务质量控制情况(6分)			
			② 组员工作分工、工作协调是否合理(4分)			
			③ 工作信息反馈是否主动、及时(4分)			
			④ 工作指导(尤其对于新员工)是否到位(4分)			
			⑤ 报表质控情况,差错发生率是否过高(5分)			
			⑥ 疑难问题解决是否及时(3分)			
			⑦ 邮件信息接收是否及时(5分)			
			⑧ 项目工作协调、组员工作调配是否合理(4分)			
			⑨ 组员管理质量有无提升,组员考评分是否达到合格(5分)			
2	工作态度	20分	① 各工作环节,是否主动工作(4分)			
			② 有无出现消极怠慢工作情况,包括刻意逃避问题(6分)			
			③ 有无散布部门消极言论(4分)			
			④ 是否按照上级安排工作(6分)			
3	员工关系	20分	① 团队合作情况,工作互助协调方面(10分)			
			② 同事间是否传播流言,有无言论抨击(10分)			
4	制度遵守	15分	① 是否违反公司行政规章制度(不管有无被查处)(10分)			
			② 是否违反部门规章制度(5分)			
5	会议参与	5分	① 部门会议是否准时参加(2分)			
			② 是否积极参与会议讨论,充分发言(3分)			
			总得分			

项目小结

本项目介绍了快递公司对人力资源的管理，阐述了人力资源的定义、特征及内容，重点介绍了快递企业的招聘、培训以及绩效评估管理的流程、要求、方式等。对于快递企业来说，特别是中国民营快递企业来说，人力仍是企业资源的关键资源之一，人力资源管理的好坏直接影响企业未来的发展。因此，对人力的管理至关重要，通过制订正确的人力资源管理策略可以达到更好的管理效果。

课后练习

一、问答题

1. 简述快递企业建立人力资源管理系统的意义。
2. 对于快递的一线操作管理人员，你认为应采取何种招聘方式？
3. 针对快递的一线操作人员，可以设置哪些绩效考核指标？

二、案例分析

案例一

99%的管理人员来自一线，看看德邦的人才管理经

“德邦物流已经是连续第四次荣膺智联招聘最佳雇主 30 强。”德邦学院负责人说，正是良好的用工环境，推动了德邦物流的快速发展。

据悉，从 2011 年到 2015 年，德邦物流门店数量从 1 000 家扩张至 6 000 多家、员工总数从 2 万人发展到 9 万人、营业收入从 20 多亿元增加到 100 多亿元，并从单一的零担业务发展到零担、快递、仓储等综合业务。这背后，招人、育人、留人的功劳不可忽视。

招人：为人才“画像”

企业在快速发展过程中，人才甄选是最重要的环节之一。十年前，德邦物流就开始在高校招聘应届毕业生。在这个过程中，德邦物流结合内部成长的优秀管理人员的共同特征，描摹出自身的“人才画像”。其背后的逻辑是物流行业较为艰苦，且德邦正在全国快速扩张，需要吃苦耐劳、抗压能力强的人，同时要求思路开阔、创新意识强。

因此，在德邦物流的校园招聘版图上，较为侧重中西部和东北部院校，例如西北农林科技大学。用德邦物流人力团队的话说，这个“学习如何种花花草草”的学校成了德邦的人才基地。德邦物流秉持的原则是，“宁选鸡头，不选凤尾”。此外，校园招聘是为储备中高层管理人才，招聘的所有毕业生需要有学生干部经历。截至 2015 年，德邦物流已累计招聘应届本科生 8 800 人，硕士、博士研究生 900 多人。

随着公司业务规模扩大，德邦物流组织架构也在发生变化，从单一的快运向快递、仓储等领域发展。对于德邦物流而言，快运是主要业务，每年营收在 100 亿元左右，而快递业务 2016 年营收超过 40 亿元，传统的职级架构也会出现变化。对于管理层而言，也意味着产生更多的晋升机会。

育人:让所有人有晋升空间

招聘到应届毕业生以后,接下来的工作就是要对这些新人进行培养。在德邦物流,主要通过培训、轮岗、项目三种方式对管理层进行培养。

“培训需求来自一线。”据介绍,德邦学院主要是让员工尽快上手,缩短适应时间,并从文化角度让学员认同德邦物流。目前德邦学院常规性讲师有1 000多人,“我们会给新员工安排一些工作任务,以导师训练的方式,不断提高业务技能。”

而德邦的管理层大多有类似经历——轮岗。新员工进入德邦物流,在一线门店熟悉业务后,公司会根据每个人的特质、能力以及表现,将其分配到不同的岗位,并进行轮岗。德邦学院负责人告诉记者,员工在7年调动10个岗位的情况屡见不鲜。因为轮岗次数多,员工熟悉各个业务领域,便可以胜任管理职务。德邦各层级高管的平均晋升周期仅为20个月。

从2011年起,德邦物流与麦肯锡、IBM等咨询公司合作,借此补齐人才短板。传统咨询项目中,咨询公司对企业问题进行诊断,然后交付解决方案。德邦物流咨询项目不同:每个咨询项目中,1名咨询顾问要配备2～4名德邦物流人员,原本需要咨询顾问交付的解决方案,最终也由德邦物流参与项目的人员完成。据悉,德邦先后投入4亿多元,借助外部咨询公司的力量实施了53个项目。

到目前为止,德邦物流99%的管理人员均由一线工作岗位培养产生,而在9万多名员工中,中层以上管理人员的平均年龄不到27岁。

留人:有狼性也有温情

记者在德邦物流时发现,墙上张贴了许多让人热血沸腾的标语,激励员工。此外,德邦物流员工大多是年轻人,人际关系简单,在这里也能感受到校园般的气息。这里有许多小人物奋斗努力的事迹,也有员工互相帮助的故事。有狼性,也有温情,成就了德邦物流的文化。

除了有竞争力的薪资待遇,德邦物流有很多特色福利:“亲情1+1”,给父母每个月汇钱,员工出一部分,公司出一部分;“全程无忧”则是一个覆盖面极广的福利包,包括结婚贺礼、生育贺礼、员工孩子全程的教育津贴等。这些举措大大提升了员工对德邦物流的归属感,也出现不少“夫妻档”。

除此之外,德邦物流还非常注重企业内部沟通。在信息传播的过程中,减少误差的最好方式就是减少传播的层级。德邦物流开发了自己的移动办公平台App,在App里设立德邦e站,鼓励员工在德邦e站发表对企业管理的看法,自下而上参与管理,让员工拧成一股绳,推动企业快速发展。

——根据《中国邮政快递报》相关资料整理

问题:

(1) 德邦公司的人力资源管理策略有哪些方面值得借鉴?

(2) 企业应如何利用新技术完善人力资源管理?

案例二

大学生做“快递小哥”有蔓延之势：为近利还是远谋

2016年年底是求职高峰期，甘肃兰州各大人力资源市场人潮涌动。连续数周周末，用人单位和应聘者云集招聘会，各类招聘会场场火爆。

火爆求职季，“快递小哥”需求大增，引来众多大学生竞相应聘。其中，有不乏本科毕业生求职“快递小哥”。随着电商的发展，大学生兼职做“快递小哥”在校园有蔓延之势。

大学生当“快递小哥”，是为眼前的利益还是有长远打算？记者在兰州各高校展开了相关调查。

“快递小哥”需求旺，大学生应聘忙

在最近召开的2017“一带一路”沿线城市甘肃春季大型人才招聘会上，兰州市多家快递企业参会，纷纷招揽快递员。

一家知名快递企业招聘简章显示，快递员按计件工资发薪酬，工资范围3 000～10 000万元，上不封顶，工作地点依据住址就近安排。甘肃远成集团共招聘快递员20人，明确工资待遇为每月6 000～7 000元，并为快递员缴纳五险一金。“公司快递员紧缺，想尽快招到合适的人。”该公司人力资源主管范经理说。

同样急需快递员的还有中国邮政，该公司一位王姓工作人员介绍，邮政从事派件工作每月保底工资有3 000～4 000元，派送量大还有提成，但兰州市安宁区派件员仍有缺口。

中专毕业、20岁出头的小李是京东的派件员，每月能有3 000多元的收入，且公司包吃包住，“虽然辛苦，但是维持自己生活所需没有问题”。可兰州市安宁区京东负责人仍在想办法招快递员，“一开学，快递单就会猛增，得尽快补齐缺口，以前网购量没这么多，现在一月比一月多，一天比一天多。”这位负责人表示。

在招聘会现场，快递公司纷纷开出了各种条件吸引求职者。快递公司开出的工资大都在3 000～5 000元，有些企业有底薪，加上绩效工资收入更高，一些企业还承诺缴纳各种保险。

良好的待遇吸引了众多大中专毕业生前去咨询，有相当一部分求职者留下了简历。记者注意到，有一家快递企业一上午就有15人填写了应聘登记表，其中10人应聘收派员一职，当中有3个人的学历为本科，7个人的学历为大专，其余是中专毕业生。

选择加入快递公司，很多大学生都有自己的想法。“快递员虽然辛苦，但多劳多得，工资还挺高，而且可以选择在居住地附近上班。”一名三本院校毕业的大学生告诉记者。

“快递行业正处于上升期，我想先从基层做起，多积累一些经验，说不定以后自己创业也干这行呢！”一位大专毕业生如是说。

“我是学物流专业的，与快递业对口、工资还不错，更重要的是这家企业名声响亮，发展空间大。”物流专业毕业的一位大专生选择做快递员，在他看来，大学毕业没工作经验，从基层干起，积累经验，深入了解行业，“即使辛苦一点，但对自己的职业发展有好处”。

大学生兼职“快递小哥”，出发点各不同

除了招聘全职“快递小哥”，一些快递企业也选择面向大学生招聘兼职快递员，记者进一步调查发现，在高校云集的兰州市安宁区，大学生兼职投递员甚至成了“快递小哥”的主力军。

在兰州交通大学大学生快递服务中心,顺丰、申通、百世汇通等快递公司并排而立,几乎每家快递公司都有几名兼职大学生。

来自兰州交通大学市场营销专业的学生李明吉说自己兼职做快递,主要是为了积累社会经验。在该学校的韵达快递站点,李明吉负责将货物编号并且派发给学生。“1小时5块钱,虽然并不算多,但是不会占用学习时间”。

“快递小哥”并不是李明吉的第一份兼职。大一时,因专业课程多,李明吉没有多少空余时间,无法去勤工俭学,大二课余时间增多,他在学校餐厅做过后勤清洁工。

“在餐厅做清洁工真的太辛苦,且中午要一直耗在那里,觉都睡不了。”由于工作量大,严重耽误休息,影响上课效果,李明吉感觉得不偿失,在餐厅没干多长时间便选择了离开。后来,他还体验了促销等其他兼职工作。

在李明吉看来,选择做兼职“快递小哥”,是多次尝试后的理性选择。“学习始终是排在第一位的。”他说,“起初想找一份跟专业相关的兼职,但就近并不好找,有些单位太远,来回奔波太费时间,也会影响学业。”

到了大三,李明吉选择了在学校内部的快递站点工作。“兼职不在于能挣多少,而在于积累社会经验,更早地认识社会。”李明吉认为自己学市场营销专业,和快递业正好相关,还能观察销售市场动态。

也有一些大学生因为经济原因,需要通过兼职来补贴日常。“虽然干快递挺辛苦,但能够通过自己的双手创造财富,养活自己,为家里减轻压力,也是很不错的。”来自农村,今年大二的刘晓刚是兰州交通大学会计专业的学生,开学后开始在该校申通站点工作,记者见到他时,他正在不停地用扫描机扫描已被签收的快递单。

“现在基本上每半天就有将近400份快递。”同在申通站点兼职,已经上大学四年级的学生宋鹏说,大四课程很少,毕业季花钱又多,出来找份兼职干,顺便可以给自己挣一些零花钱,快递站点在学校也方便。

“快递小哥”兼职起家,小规模创业

记者调查发现,也有大学生做“快递小哥”兼职起家,已做起了小规模创业。如今,就读甘肃政法学院行政管理专业的大三学生朱明君,不仅是韵达快递该校站点的工作人员,也是该站点的承包商。

“上大学不能只注重理论学习,还有更多的东西需要自己去尝试。”抱着这样的心态,朱明君大一就开始尝试兼职做促销员。尽管父母希望他好好学习,不同意他干与学习无关的“副业”,以便将来找一份稳定工作,但朱明君还是“不安分”,在大学的前两年,他课余时间经常跑市场,尝试了各种兼职。

一晃已到大三,较之身边的其他同学,朱明君拥有了丰富的社会经验,也有一小笔存款。2016年10月,该学院韵达站点寻找新的承包商,朱明君得到消息后,经认真考察研究,最后瞒着家里人将快递站点承包下来。

“先前做快递小哥对这一行有些了解,大三课不多,合计了一下觉得能挣钱,就花了3万多元承包下来了。”朱明君说,现在站点每天能派件40件左右,收件400多件,每月除去承包费及其他开支,自己一个月保底收入5 000多元。

据记者发现，在西北师大、兰州交大、甘肃政法学院等兰州高校校园，快递站点都有大学生忙碌的身影，即便如此，一些站点依然存在人员紧缺。学校开学已经有了一段时间，京东、圆通等快递站点纷纷打出招牌，继续面向大学生招聘兼职岗位。

然而，在记者采访调查的过程中，经常听到这样的议论："大学生做快递，大材小用，太亏了！"

注：应被采访者要求，文中李明吉、刘晓刚、宋鹏、朱明君均为化名。

记者观察

大学生选择做"快递小哥"，无论是兼职还是全职，都有蔓延之势。"大学生做快递，大材小用，实在太亏了！"记者在调查采访时，听到这样的评论。

记者调查兰州招聘市场发现，由于快递业务快速增长，快递公司对快递员的需求旺盛，为了能留得下快递员，一些快递公司设置了底薪，承诺缴纳各种社会保险，快递员的收入有了明显改观。

快递企业纷纷抛出橄榄枝，想尽快充实快递员队伍，满足市场需求，扩大快递业务；与此同时，一些大学生也选择了快递行业，决心从快递员干起，开启自己的职业生涯。

在接受记者采访时，选择快递行业的大学生求职者都有大致的职业生涯规划：有的先就业，解决大学毕业后的基本生计，把自己安顿下来；有的专业和物流相关，目标就是从基础工作干起，深入了解这个行业，再在行业中找到自己的定位和发展方向；也有人看好这个行业，有创业计划，打算先做一段时间"卧底"，为将来创业打好基础。

同时，记者还发现在校大学生也纷纷兼职"快递小哥"，兼职大学生也是各有目标。有的想挣点小钱，补贴日常，正好快递点在校园，不耽误学业，就选择了兼职"快递小哥"；有的专业相关者想通过这个窗口，观察市场，实践所学，充实自己；还有大学生通过兼职，进而尝试快递项目的创业。

经过一段时间的调查，记者发现，尽管更多的人所学专业并不对口，很多大学生已然乐于选择快递行业。但这并不意味着做"快递小哥"就是浪费了自己的专业，恰恰相反，更多的大学生，是在很好地利用了快递这个行业的特点，他们通过参与快递投送、信息整理等业务，锻炼自己适应社会、和人打交道的能力；同时，也充分利用这个窗口，通过研究快递承载的商业信息，提升自己的专业能力，为将来的职业发展或创业规划做准备。

"现实是此岸，理想是彼岸。中间隔着湍急的河流，行动则是架在川上的桥梁。"俄罗斯作家克雷洛夫曾如此告诫过世人。看来，在就业市场上，很多大学生做"快递小哥"仅仅是个"小目标"，做做又何妨？

——根据《中国青年报》相关资料整理

问题：

(1) 为什么越来越多的大学生愿意从"快递小哥"做起？

(2) "如果没有两至三年在快递一线的工作经验，你就不可能成为一名优秀的快递管理人员。"谈谈你对这句话的理解。

三、实训操作

请针对快递企业的实习生，制订一套培训方案。

参考文献

[1] 徐勇．民营快递管理实务[M]．上海：学林出版社，2010.

[2] 迈克·布鲁斯特，弗雷德里克·达尔泽尔．变中求胜——UPS百年成功之道[M]．钱睿，吴婷婷，译．北京：机械工业出版社，2008.

[3] 田宇．第三方物流服务分包管理[M]．广州：中山大学出版社，2006.

[4] 徐明达．怎样当好班组长[M]．北京：机械工业出版社，2011.

[5] 徐瑜青，王瑞娟，杨露静．第三方物流企业物流成本计算及案例[J]．工业工程与管理，2010(4).

[6] 国家邮政局．快递客户服务与营销[M]．北京：人民交通出版社，2010.

[7] 国家邮政局．快递业务操作与管理[M]．北京：人民交通出版社，2011.

[8] 国家邮政局．电子商务与快递服务[M]．北京：北京邮电大学出版社，2012.

[9] 国家邮政局．快递业务概论[M]．北京：人民交通出版社，2011.

[10] 速卖通大学．跨境电商物流[M]．北京：电子工业出版社，2016.

[11] 戴维·麦克亚当斯．博弈思考法[M]．杨佩艺，唐源旃，译．北京：中信出版社，2016.

[12] 付守永．工匠精神[M]．北京：中华工商联合出版社，2015.

[13] 陈威如，余卓轩．平台战略[M]．北京：中信出版社，2013.

[14] 凯文·凯利．新经济　新规则[M]．刘仲涛，译，北京：电子工业出版社，2014.

[15] 快递物流咨询网．http://www.cecss.com/.

[16] 中国物流采购联合会网．http://www.chinawuliu.com.cn/.